무엇보다도 이 책은 흡인력이 강하다. 일단 읽기 시작하자, 다른 일을 하거나 잠을 자기 위해 책을 덮어야 한다는 게 화가 날 정도였다! 또한, 이 책은 상당히 많은 정보를 제공해 준다. 윈 박사는 독자들을 주후 29년 유대 땅으로 데리고 가, 그때 그곳에서 작동한 복잡한 정치 역학에 따라 그럴듯하게 짜여가는 음모의 거미줄에 빠져들게 한다. 이 역학은 복음서를 무심히 읽어 나가는 사람들은 대개 알아차리지 못한다. 윈 박사는 예수께서 잡혀서 심문당하고 유죄 판결받는 현장의 뒷방에서 어떤 일이 꾸며지고 있었는지에 관한 담대한 가설을 내러티브 형식으로 전개하고 있다. 이 가설은 복음서에서 전해지는 이 사건들에 대한 일반적 견해는 물론 다른 자료를 통해 알려진 당시 권력자들의 면면을 공정하게 다루고 있다. 윈 박사의 가장 훌륭한 업적은 아마 가야바와 빌라도 같은 인물들의 초상을 놀라우리만치 균형 있고도 공감할 만하게 그려낸다는 점일 것이다. 이 소설은 아마 인간 역사상 가장 결정적인 한 주간에 대한 우리의 이해를 풍성하게 해줄 것이며, 어쩌면 그 이해에 도전을 던질 수도 있다.

: **데이비드 A. 드실바** | 애슐랜드 신학교 신약과 헬라어 석좌교수

1세기의 종교와 정치 현실을 확실하게 파악하고 있는 애덤 윈은 예수 처형을 둘러싼 사건들을 생생히 재현한다. 그리하여 조작에 능한 권력자들, 탐욕스런 밀고자들, 멀어진 친구 관계가 등장하지만, 궁극적으로는 예수라는 인물 자체에서 소망이 밝아온다. 이 모든 이야기를 한 소설가가 기백 있고 당당하게 펼쳐낸다.

: **헬렌 K. 본드** | 에든버러 대학교 기독교의 기원 교수, 신학부 학장

쉽게 읽히면서 많은 지식과 정보를 제공해 주는 책으로, 예수의 처형을 둘러싼 복잡한 사건들에 어떤 사회적·정치적·역사적 현실이 작용했는지를 애덤 윈이 견실히 이해하고 있음을 잘 보여 준다. 복음서 기사는 수많은 의문을 미탐구 상태로 남겨 놓았다. 이는 누가 무엇을 했는지에 관한 의문일 수도 있지만, 특히 의문인 것은 유대와 로마 지도자들이 왜 그처럼 행동했는가이다. 어떤 동기가 예수의 십자가형이라는 결과를 낳았는가? 유대의 공의회는 어떻게 그리 신속하게 예

수는 죽임을 당해 마땅하다고 판정할 수 있었을까? 예수께서 체포되었을 때 그분의 제자들은 왜 한데 뭉쳐서 예수와 함께 있지 않았을까? 이 사건에서 유다의 역할은 어떻게 설명해야 할까? 등등. 윈은 복음서 기사와 그 기사가 제기하는 역사적 쟁점을 존중하는 동시에 그 당시 막후에서 어떤 일이 진행되고 있었는지를 유쾌하고도 정교한 이야기로 그려 낸다.

: **조엘 B. 그린** │ 풀러 신학교 신약해석학 교수 겸 신학대학원 부학장

애덤 윈은 예수의 죽음의 서곡이 되는 사건들에 관한 이 설득력 있는 이야기를 통해 역사적 예수 연구에 독특하고도 전복적으로 이바지한다. 애덤은 다양한 인물 유형의 시선을 통해서 예수 당시의 역사적·사회적·정치적 세계를 조명하고, 복음에 대한 상투적 이해에 도전을 던진다. 예수와 복음 연구를 둘러싼 쟁점과 의문들에 신학도나 목회자나 교인들을 참여시키고 싶다면, 이 책을 읽어야 할 것이다.

: **엘리자베스 E. 쉬블리** │ 스코틀랜드 세인트앤드루스 대학교 신약학 부교수

수 세기 동안 그리스도인들은 그리스도의 원수인 유대인이 그분의 죽음에 책임이 있다고 보는 것만이 복음서를 읽는 유일한 방식이라고 배워 왔다. 윈은 바로 그 복음서를 자료로 동시대 최고 학자들의 연구에 도움을 받아, 우리가 잘 알고 있는 그 유월절 주간에 있었을 수도 있는 일에 대해 그럴듯한 대안적 해설을 제시했으며, 신약성경을 반(反)유대적으로 해석하는 방식이 필연적이지는 않다는 점을 증명한다.

: **데이비드 폭스 샌드멜** │ 랍비, 반명예훼손 연맹을 위한 초교파 연대 디렉터

영화제작자인 나는 흥망이 걸린 정치적 음모에 말려든 복잡한 캐릭터들의 흥미진진한 이야기에 귀가 솔깃해진다. 애덤 윈은 정밀한 연구 조사와 빈틈없는 상상을 통해 예수의 십자가 처형을 신선하게 재구성한 장면을 독자들에게 제공한다. 인간 역사의 궁극적 중심점인 사건을 재기 넘치게 탐구한 책이다.

: **크레이그 데트와일러** │ 페퍼다인 대학교 교수, *Into the Dark, iGod* 저자

환영과 처형 사이에 선 메시아

신약학자가 복원해 낸 메시아 예수 죽음의 비밀

애덤 윈 지음 · 오현미 옮김

환영과 처형 사이에 선 메시아

: 신약학자가 복원해 낸 메시아 예수 죽음의 비밀

초판 1쇄 인쇄 2021년 5월 3일 | 초판 1쇄 발행 2021년 5월 10일

지은이 애덤 윈 | 옮긴이 오현미

펴낸곳 북오븐 | 펴낸이 이혜성 | 등록번호 제2020-000093호
이메일 bookoven@bookoven.co.kr
페이스북 facebook.com/bookoven | 인스타그램 instagram.com/book_oven
총판 비전북 주문전화 031-907-3927 | 주문팩스 031-905-3927

ISBN 979-11-974071-0-9 (03230)

어렸을 때부터 내게
성경 사랑하는 마음을 키워 주신
내 어머니 케미 원에게
이 책을 바칩니다.

| 차례 |

◆ 감사의 말   8
◆ 주요 인물 소개   10

프롤로그   11

1. 위태로운 평화   21
2. 다가오는 폭풍우   54
3. 대비하기   107
4. 위기   142
5. 음모   172
6. 책략   248
7. 처형   282
8. 그 후   302

◆ 저자의 말   319
◆ 예수의 죽음과 반유대주의의 역사   332
◆ 생각과 토론을 위한 질문   337
◆ 주   341

| 감사의 말 |

이 프로젝트는 14년 전 내가 맡은 첫 강좌 중 예수의 수난 서사 강의를 위한 하나의 착상으로 시작되었습니다. 당시 나는 복잡하지만 도전 의식을 불러일으키는 학문 세계에서 내 나름의 길을 찾으려 애쓰는 파릇한 새내기 부교수였지요. 내가 이런 구상을 한다는 말을 처음 듣고 잘 받아들여 준 학생들, 그리고 이후 이 구상이 전개되고 무르익어갈 때 참을성 있게 들어 준 학생들에게 감사드립니다. 나중에 이 소설의 중심 주제가 된 논제로 학술서 출판을 제안했을 때 이를 수락해 준 전 IVP의 학술 부문 편집주간 댄 리드에게 감사드립니다. 그 학술서를 소설로 만들겠다는 생각을 비웃지 않고 받아들여 준 IVP의 애나 기싱에게도 감사드려요! 역사 소설을 쓰겠다는 학자를 신뢰한다는 것은 어느 모로 보나 용기가 필요한 행위임이 분명하지요. 나와 이 프로젝트를 믿어 줘서 고마워요, 애나! 역시 이 프로젝트를 신뢰해 준 IVP의 편집진에게도 감사드립니다. 결함투성이 초고를 가장 먼저 읽고 한 페이지 한 페이지 교정해 주신 내 장모님 실 필드 여사에게도 감사드립니다. 초기 원고를 읽고 소중한 의견을 준 데이비드 윌하이트, 에이미 질 레바인, 데이비드 샌드멜, 팀 브루킨스에게 감사드립니다. 이들의 지혜 덕

분에 훨씬 좋아진 최종 원고가 나왔습니다. 이런 집필 작업은 가족들과 함께해야 할 소중한 시간을 잡아먹기 마련인데 그런 때에도 하루하루 사랑과 지지를 보내 준 아내 몰리, 딸 브레넌에게 감사드립니다. 그대들 두 사람을 내가 살아 있는 동안 사랑하겠습니다. 마지막으로, 내 주 예수 그리스도의 아버지 하나님께 감사드립니다. 주님을 통해 저는 헤아릴 수 없는 복을 받았습니다. 부디 이 책이 주님의 나라가 든든히 세워져가는 데 작디작은 역할이라도 했으면 합니다.

주요 인물 소개

갈렙   밀정, 도기 상점 주인, 유다의 사촌 형
유다   비밀 저항 운동 지도자, 갈렙의 사촌 동생
유다   예수의 제자
미리암   갈렙의 여동생
시므온   비밀 저항 운동 대원
사무엘   비밀 저항 운동 대원
요셉   비밀 저항 운동 대원
나사로   밀정, 석공

가야바   대제사장
안나스   전 대제사장, 가야바의 장인, 엘르아살의 외할아버지
엘르아살   제사장, 가야바의 아들
요안나   엘르아살의 아내
아론   제사장, 가야바의 형, 밀정 관리자
에스라   제사장, 가야바의 사촌
시므온   제사장, 가야바의 동생

빌라도   유대 총독
고넬료   사령관, 가이사랴 보병대의 백부장

프롤로그

유다

유다는 방 안을 둘러보았다. 가장 친하고 가장 믿을 만한 친구들의 얼굴이 보였다. 모두 유다처럼 스물다섯 살이 넘지 않는 젊은이들이었고, 대부분 어릴 때부터 알아 온 친구들이었다. 자랑스러움과 겸연쩍음이 뒤섞인 모순된 감정이 유다의 가슴을 가득 채웠다. 친구들이 이 일에, 가장 위대한 대의(大義)에 몸을 던진 것이 자랑스러웠고, 그 대의를 이뤄나가려고 자신에게 리더 역할을 맡겨 준 것이 쑥스럽고 어색했다.

오늘 밤, 하나님의 나라가 한 걸음 더 가까워질 터였다. 오늘 밤, 하나님의 원수들이 피를 흘릴 터였다. 오늘 밤, 이스라엘에게 그토록 혹독한 고통을 안긴 압제자들이 거꾸로 그 고통을 맛볼 터였다.

친구들은 저마다 로마에 직접 피해를 본 경험이 있었다. 시므온은, 겨우 열두 살 어린아이였을 때, 그 나이의 아이다운 장난을 하다가 주사위 놀이를 하고 있던 로마 병사들을 방해한 적이 있었다. 시므온은 그 일로 톡톡히 대가를 치렀다. 그는 오른쪽 광대뼈가 으스러졌고, 잘 생겼던 그의 얼굴은 흉하게 변형되어 영원히 회복되지 않았다. 요셉의 어머니는 작은 선술집을 운영하면서 로마 병사들에게 꾸준히 음식을 제공했다. 하지만 병사들이 요셉의 어머니에게 감사를 표하는 방식은 밥값을 내지 않는 것이었다. 이유는 음식이 형편없기 때문이었는데, 음식에 대해 불평을 늘어놓으면서도 자꾸 찾아오는 것으로 보아 이들의 말은 거짓이었다. 게다가 이제 이들은 가게 안에서 시끄럽게 고함을 지르고 상스럽게 행동해서 다른 손님들을 쫓아버리기까지 했다. 사람들 사이에서는 요셉네 가게가 길게 버티지는 못할 거라는 소문이 돌았다.

로마 병사들은 수시로 이들을 불러내 무거운 장비를 운반시켰고, 그 바람에 이들은 장사를 못 하기도 하고, 하기로 했던 일을 놓치기도 하고, 약속을 못 지키기도 하는 등 자주 개인적 손해를 입었다. 요한의 아들들인 야곱과 나다니엘은 로마가 부과한 과중한 세금은 다 냈지만, 어찌할 수 없는 재정적 부담 때문에 오랜 가업(家業)을 잃고 말았다. 유다와 가장 친한 친구이자 사촌인 사무엘은 그중에서도 가장 비열한 범죄의 피해자였다. 로마 병사들이 바로 두 주 전 사무엘의 누이를 강간한 것이다. 유다는 그 일만 생각하면 속이 뒤집어지면서 분노가 치밀었다. 예루살렘의 장로들은 이 일을 법으로 처리하고자 했지만, 회의 탁자에 둘러앉은 이들은 다 알고 있었다. 정의란 없으리라는 것을. 로마 병사 중 이 일로 죗값을 치를 자는 한 명도 없을 터였다. 고통과 분노가 순진하고 잘 생겼던 사무엘의 얼굴을 일그러뜨렸다. 유다를 돌아보는 얼굴마다 고통과 분노가 서려 있었다. 모인 사람들 하나하나가 다 자신의 하나님께서 자신을 이 큰일로 부르셨다고 믿기는 했지만, 그날 밤 피를 보아야겠다는 욕구에 불을 붙인 것은 바로 그 고통과 분노였다.

유다의 목소리가 침묵을 깨뜨렸다. "너희 얼굴에서 고통이 보인다. 이 신성모독자 로마 사람들 밑에서 시키면 시키는 대로 다 하면서 살아온 너희 삶을 내가 다 안다. 그자들이 너희 집에 어떤 고통을 안겼는지도 다 안다. 오늘 밤 우리는 하나님의 공의를 시행할 것이다!"

방안에서는 으르렁거리는 듯한 거친 함성이 터져 나왔다. 한 유명한 바리새인의 지하 필사실이라는 격리된 공간이 아니었다면 쓸데없이 사람들의 관심을 끌었을지도 모르는 함성이었다.

유다가 말을 이어갔다. "오늘 밤 우리의 마음은 진심이고, 하나님과 하나님의 약속에 대한 우리의 열심은 순수하고, 우리의 계획에 하나님께서 행운을 내려 주셨다."

모두 그 즉시 나지막한 소리로 이스라엘의 하나님께 감사의 기도를 드리기 시작했다.

확실히 하나님께서는 이들에게 행운을 내려 주셨다. 몇 달 전, 요셉은 어머니의 가게에서 술 취한 로마 병사 두 사람이 하는 말을 어깨너머로 들었다. 매주 한 번 소규모의 로마 병사들이 가이사랴에서 총독의 중요한 통신문과 함께 금과 은이 들어 있는 작은 궤를 가지고 예루살렘 성으로 오는 것 같았다. 이 소식을 듣고 유다와 친구들은 병사들이 주중의 어느 날 밤에 도성의 어느 문으로 들어오는지 알아내려고 지난 두 달 동안 애를 썼다. 그리고 3주 전, 이들은 두 가지를 다 알아냈다. 매주 첫째 날 욥바 문이었다. 이를 알아낸 이들은 병사들의 일주일간 활동을 추적하기 시작했고, 확실한 활동 패턴이 드러났다. 로마 기병대 병사 다섯 명이 아홉 시 무렵 욥바 문에 도착했다. 이들은 매번 작은 두루마리를 가지고 왔는데, 보초는 두루마리를 확인만 할 뿐 자세히 살피지는 않았다. 하지만 그는 작은 궤는 늘 열어 보았다. 성문 보초를 상대로 이렇게 간략한 출입 절차를 마친 병사들은 도성을 통과해, 예루살렘의 로마군 사령부인 안토니아 요새로 향했다. 이들은 매번 늘 똑같은 경로를 이용했는데, 이 경로는 유다에게 완벽한 매복 장소를 제공해 주었다.

"우리는 계획을 세웠고, 훈련도 했고, 또한 하나님 앞에 마음을 정결하게 했다. 하나님께서는 우리 조상들과 함께하셨듯, 우리의 성실함이 하나님의 성실함과 발맞춰 갈 수 있게 해주실 것이다. 하나님께서는 싸움터에서 우리를 맞아 주실 것이고 우리에게 승리를 주실 것이다! 오늘 밤 로마는 피를 흘릴 테지만, 그것이 마지막은 아닐 것이다. 오늘 밤 우리는 한낱 저들의 육신을 상하게 하겠지만, 오늘이 많은 날의 시작일 것이다. 우리의 결의는 마침내 이 비열한 로마 놈들을 우리의 거룩한 도성에서 완전히 몰아낼 것이다!"

함성이 또 한 번 방 안을 가득 채웠다.

"때가 왔다. 무엇을 해야 할지 여러분은 알고 있다. 하나님께서 우리에게 힘을 주시고 승리를 주신다."

필사실에서 나온 이들은 위층 주택을 가로질러 밖으로 나온 뒤 예루살렘 성 안으로 각자 흩어져 들어갔다. 날은 벌써 서늘한 어스름 무렵이었다. 정해진 위치까지는 사람들의 주의를 끌거나 의혹을 받지 않도록 꼼꼼히 계획을 세워 동선을 짰다. 두툼한 외투 속으로 각자 작은 활과 화살 통 하나씩을 숨겼다. 로마 당국은 예루살렘 주민들의 무기 소지를 허용하지 않았지만, 적당한 연줄이 있으면 무기를 조달할 수 있었다. 유다와 아홉 친구는 일 년 조금 넘도록 은밀히 활 쏘는 훈련을 했다. 근접전으로는 사실상 로마 군인들을 이길 수 없었기 때문에, 매복해서 활을 쏘는 것이 로마 병사들을 죽이기에 가장 적당한 방법이었다.

　자신에게 정해진 위치로 가면서 유다는 아버지 이삭을 생각했다. 여호수아, 삼손, 요나단, 다윗, 그리고 자신과 이름이 같고 마카비우스라고 불리는 사람 이야기를 귀가 닳도록 들려준 사람이 바로 아버지였다. 특히 마카비우스는 바로 이백 년 전 마치 쇠망치처럼 이교도 헬라 군대를 박살 내고 유대인들을 독립으로 이끌었다고 했다. "이 사람들은 참 믿음의 사람들"이라고 아버지는 말씀하시곤 했다. "이 사람들은 겁쟁이처럼 뒤로 물러나 앉아 하나님께서 대신 움직여 주시기를 기다리지 않았지. 이들은 믿음으로 걸음을 내디뎌, 하나님의 원수들과 정면으로 맞섰고, 그래서 하나님께서는 그 믿음에 승리로 상 주셨다!"

　유다의 아버지는 바리새인을 경멸했는데, 이들은 폭력적 저항은 절대 반대하면서 인내와 정결을 통해서만 하나님의 약속을 얻을 수 있다고 가르친 유대인 분파였다. 그건 정말 웃기는 말이었다. 손을 잘 씻거나 안식일 준수에 관한 엄격한 규정을 잘 지키면 로마인들을 벌벌 떨게 만들 수 있기라도 한가! 바리새인들이 로마 편이 아닌 것은 확실했지만, 이들의 가르침은 사람들을 무력하게 만들고 있었다. 로마가 거룩하기 그지없는 이 도성에서 이교도의 권위를 휘두를 수 있는 이유는 바리새인들의 이런 체제 때문이었다.

하지만 상황은 달라지기 시작했다. 도성 안에 점점 불만이 커졌다. 유다도 이를 느꼈다. 바리새인들이 요구하는 인내심은 점점 바닥나고 있었고, 해방에 대한 욕구가 로마의 권력에 대한 두려움보다 커지기 시작했다. 유다가 생각하기에 이들에게 필요한 것은 작은 불꽃뿐이었다. 무엇이 되었든 그 불꽃만 있으면 팽배한 불만의 불씨가 혁명의 불길로 타오를 터였다. 바로 그 불꽃이 되고자 하는 것이 유다의 가장 깊은 갈망이었다.

유다는 약속된 매복 장소에 도착했다. 길은 여기서 오른쪽으로 90도 꺾였고, 20미터쯤 더 가면 다시 왼쪽으로 90도 꺾여서 원래 방향으로 진행했다. 그래서 말을 타고 지나가는 병사 다섯 명을 쉽게 에워쌀 수 있는 작은 공간이 생겼다. 유다는 대원들이 매복할 곳으로 주변에 있는 집들의 지붕을 정해 두었다. 지붕은 비교적 높이가 낮아서 목표물을 겨냥하기 딱 좋은 각도였을 뿐만 아니라 몸을 가리고 활을 쏠 수 있는 엄폐물이 되어 주기도 했다. 유다는 말을 타고 다가오는 병사들 정면으로 자기 자신을 포함해 세 명의 궁수를 배치했고, 병사들의 오른쪽과 왼쪽 측면에 각각 한 명씩의 궁수를 배치했다. 목표는 이 다섯 명의 궁수가 적에게 최대한의 피해를 주는 것이었다. 이들은 기습 공격을 하게 될 텐데, 화살이 명중만 한다면 병사 다섯을 다 죽일 기회였다. 유다는 이것이 별 가망 없는 일임을 알았지만, 첫 공격으로 최소한 세 명은 제거할 수 있기를 바랐다. 유다는 나머지 다섯 명의 활잡이는 출구가 될 만한 지점 두 군데에 배치해서, 매복 공격을 뚫고 나가려는 병사가 있으면 이 지점에서 일제히 화살을 쏟아 붓게 했다. 모든 게 계획대로 된다면 살아서 빠져나갈 자가 없을 터였다.

거사가 벌어질 곳에 유다가 가장 먼저 도착했고, 곧이어 야곱과 나다니엘이 합류했다. 그때 나지막한 휘파람 소리가 들렸고, 뒤이어 다른 친구들도 정해진 위치에 자리 잡았음을 알리는 신호가 세 번 더 이어졌다. 유다는 가슴이 쿵쾅거렸다. 친구들의 짧고 급한 숨소리에서도 초조한 긴장을 느낄 수 있었다. 모두 활 쏘는 법을 훈련하기는 했지만, 실제 전투를 벌여 본 적은 한 번도 없었다. 로마 병사들 앞에서 공포감을 이겨낼 수 있을까? 두려움 때문에 몸이 굳지는 않을까? 두려움이 그동안 단련한 실력을, 이들의 목표를 압도하지는 않을까?

멀리서 들려오는 말발굽 소리에 유다는 퍼뜩 정신을 차렸다. 근육이 팽팽히 긴장되는 게 느껴지면서 목이 콱 메었다. 유다는 길고 낮은 휘파람 소리로 대원들에게 활을 당기라는 신호를 보냈다. 다섯 병사 모두가 첫 번째 모퉁이를 돌아 매복 장소로 들어오기까지는 아무도 활을 쏘아서는 안 되었다. 말발굽 소리가 가까워지자 유다와 대원들은 활시위를 팽팽히 했다. 길을 따라 밝혀져 있는 횃불 불빛에 유다는 첫 번째 병사가 모퉁이를 도는 것을 확인했다. 갑자기 마음이 착 가라앉는 것이 느껴졌다. 활을 거머쥔 손에 힘이 들어갔다. 손은 전혀 떨리지 않았다.

또 한 번의 휘파람으로 다섯 병사 모두가 모퉁이를 돌았음을 알렸고, 이는 곧 행동을 개시할 시간이 다가왔다는 신호였다. 유다가 선두 병사를 조준했다. 화살을 날린 그는 화살이 목표물의 목에 구멍을 내며 관통하는 것을 지켜보았다. 후두(喉頭)에서 나는 비명과 함께 병사는 피가 솟구치는 목을 움켜쥐고 말에서 떨어졌다. 그 즉시 활시위 튕기는 소리와 화살이 날아가는 소리가 사방을 가득 채웠고, 병사들과 공포에 질린 말들이 비명을 질렀다. 혼돈이 이어졌다. 말들이 뛰어오르자 병사들은 땅으로 굴러떨어졌다. 병사들은 갈팡질팡하며 무기를 찾거나 부상자를 도왔다. 유다는 병사들이 자신을 알아차리지 못함을 눈치챘지만, 첫 번째 일제 사격으로 죽인 병사는 겨우 한 명뿐인 것 같았다. 부상자가 한 명 정도 더 있을까?

살아남은 병사들이 방패 뒤에서 방어 자세를 취하자 유다는 마음이 약해지는 느낌이었다. 그는 두 번째 일제 사격 신호를 보냈고 이어서 세 번째 신호도 보냈다. 하지만 화살은 로마 병사들의 방패에 맞아떨어지면서 저들에게 아무런 피해도 입히지 못했다. 엄청난 두려움이 유다를 짓눌렀고 그와 동시에 머릿속으로 오만 가지 생각이 스쳤다. 그동안 받은 훈련이 얼마인데 어떻게 이렇게 형편없이 실패할 수 있을까? 하나님께서 승리를 허락 안 하시려는 것일까? 아직은 도망갈 시간이 있으니 지금이라도 후퇴 명령을 내려야 할까? 도망칠 수는 있을까? 병사들이 추격해 오지는 않을까? 계속 여기 머문다면, 로마의 지원 부대가 도착하고 우리 대원들이 포위될 때까지 시간을 얼마나 확보할 수 있을까? 내가 친구들을 모두 죽음으로 몰아넣은 것일까?

　그런데 바로 그때였다! 로마 병사들이 방패로 몸을 가린 채 뒷걸음질을 치고 있었다. 바로 유다가 쳐 놓은 덫을 향해 말이다! 화살 날아가는 소리가 다시 한 번 허공을 가득 채웠다. 유다가 쏘는 화살이 아니라 대원들이 적들의 뒷걸음질을 차단하려고 쏘는 화살 소리였다. 화살이 표적들에 명중하자 모든 두려움이 사라졌다. 고통에 겨운 비명이 다시 밤하늘을 꿰뚫었고, 방패 벽은 힘없이 무너졌다. 명령을 내릴 필요도 없이, 대원들은 또 한 번 일제히 화살을 날렸다. 대부분이 명중이었다. 남아 있던 병사 넷 중 셋이 고꾸라졌고 한 명이 아직 서 있었다! 놈은 방패를 앞세워 전진하더니 날랜 동작으로 남아 있는 말 한 마리에 올라탔다. 놈이 빠져나갈 것 같아 두렵던 순간, 화살 하나가 날아와 말의 엉덩이에 꽂혔다. 말은 비명을 지르며 솟구쳐 올랐고, 병사는 땅으로 굴러떨어졌다. 때를 놓치지 않고 유다와 대원들이 그의 등에 화살을 퍼붓자 쓰러진 병사는 아무 움직임이 없었다.

　마침내 다섯 명의 로마 병사가 다 쓰러졌다. 한 명은 아마도 즉사한 것이 분명했지만, 꿈틀거리며 신음하는 소리가 들리는 것으로 보아 나머지 병사들은 부상당한 게 확실했다. 그러나 마지막 일제사격으로 신음과 꿈틀거림도 이내 멈추었다. 그러자 마지막 몇 분 동안의 혼돈 대신 이제 으스스한 침묵이 공기를 가득 채웠다. 짧은 휘파람 소리가 세 번 이어졌다. 해산 신호였다. 대원들은 이제 필사실로 다시 모여야 했다.

　하지만 유다에게는 아직 한 가지 할 일이 남아 있었다. 유다는 고개를 한 번 끄덕여 보이면서 요셉에게 활을 넘겨주었고, 활을 받아든 요셉은 서둘러 그곳을 빠져나갔다. 유다는 건물 뒤편을 통해 지붕에서 내려왔다. 그는 주택 건물 측면을 지나 로마 병사들이 쓰러져 있는 길거리로 들어서며 단검을 뽑아들었다. 두려움에 숨이 막힐 것 같았다. 만일 병사 중 한 명이라도 사실은 죽지 않고 살아 있어서 아직 싸울 수 있다면, 자신은 도저히 그를 이길 수 없으리라는 사실을 유다는 알고 있었다. 부상을 당했다 해도 로마 병사는 지독했다.

　유다는 가만히 선두 병사에게 다가갔다. 자신의 화살로 목을 관통시켜 죽인 자였다. 죽은 병사의 두 눈에는 아직도 충격과 공포가 가득했다. 그 눈을 보는 유다에게 일순 쾌감의 파도가 밀려왔다. 유다는 시신 옆에 무릎을 꿇고 앉아 진홍색 망토를 들어 올렸다. 바로 거기, 유다가 찾던 물건이 있었다. 작은 두루마리였다! 돈궤도 손에 넣을 수 있다면 자신들이 하는 일에 재정적으로 큰 힘이 될 텐데 하는 생각이 들었지만, 궤를 짊어지고 있던 말은 혼란 중에 달아나 버린 것 같았다.

　하지만 두루마리를 풀어 읽어본 유다는 돈보다 훨씬 귀중한 것을 손에 넣었다는 사실을 깨달았다. 바로 로마와 내통한 밀고자 두 사람의 이름이었다. 그중 하나는 유다도 아는 이름이었다. 곧 또 한 번 피를 보아야 할 것 같았다.

1.
위태로운 평화

갈렙

늦은 밤이라 예루살렘 거리는 오가는 사람 없이 조용했다. 이 시간에 거리에 나오는 일이 드물었던 갈렙은 낮에는 맛볼 수 없는 고요를 한껏 즐겼다. 길거리가 낮에 시끄러운 것은 대도시의 부산스러움과 혼잡함 때문만은 아니었다. 한 가지 갈망으로 도성의 분위기와 시민들의 마음이 평안할 수가 없기 때문이었다. 예루살렘이라는 이름 자체가 '화평의 도성'이라는 뜻이었지만, 갈렙은 평생 화평을 모르고 살았다. 지금 이 소중한 이 도성을 차지하고 있는 낯선점령자 로마는 평화 전달자를 자처했고, 어떤 의미에서 이는 맞는말이었다. 로마는 검(劍)으로 온 세상을 복종시켰고, 그 결과 '평화'가 뒤따랐지만 이는 그저 전쟁이 없다는 뜻일 뿐이었다. 예루살렘에는 오랫동안 전쟁이 없었다. 하지만 로마가 예루살렘에 안겨 주었다고 하는 평화는 폭정에서 해방되고 싶어 하는 사람들의 마음 속에 끓어오르는 불안정, 적개심, 절망을 덮어 가리는 얇은 겉치장일 뿐이었다.

갈렙은 그런 갈망을 뚜렷이 감지할 수 있었던 상인 모임을 이제 막 마치고 돌아오는 길이었다. 갈렙은 예루살렘에서 적당한 규모의 도기(陶器) 상점을 소유하여 운영 중이었다. 어릴 때부터 이 가게에서 자란 그는 얼마 전 돌아가신 아버지에게서 이를 물려받았다. 갈렙의 아버지는 로마가 예루살렘을 점령한 이 분위기에서 다수가 힘을 합쳐 일하면 경제적 생존이 좀 더 수월하게 이뤄질 거라는 생각을 가지고, 로마의 점령 후 생겨난 복잡한 경제적 문제들을 헤쳐 나갈 목적으로 상점주와 장인(匠人) 모임을 조직하는 데 애써 온 사람이었다. 모임 사람들은 가격 책정, 거래, 세금 등을 비롯해 경제적 성공과 관계된 여러 가지 문제들을 함께 고민했다. 이들은 걸핏하면 바뀌는 로마의 정책에 공동으로 보조를 맞추고자 했고, 대체로 이 전략은 꽤 성공적이었다. 이런 모임은 로마 당국이 위험하게 여길 가능성이 높았기에 이들은 모임 자체는 물론 참석자들의 이름도 비밀에 부쳤다. 모임 중에 이따금 선동적 정서가 드러날 때도 있었지만, 치안을 교란하는 게 이들의 목적은 아니었다.

오늘 밤 모임에서는 이번 유월절 기간에 이 지역의 로마 관리들이 새로운 세금 제도를 도입할 계획이라는 소문에 관해 의논했다. 유월절은 유대인의 수도(首都)에서 이 거룩한 절기를 지키려는 유대인 순례자들이 제국 전역에서 대규모로 몰려오는 시기였다. 유월절 기간에는 예루살렘 인구가 보통 다섯 배 정도 늘어나서, 삼십만 명에 이르렀다. 이렇게 사람들이 유입됨에 따라 이 지역에서 장사하는 사람들에게는 이 시기가 대목이었고, 이 벼락 경기를 이용해서 일 년 치 매상을 달성하는 이들도 많았다. 그러나 새로운 세금 제도가 도입되면 수익이 뚜렷이 줄어들 것이라는 우려 때문에 이들은 걱정스럽기도 하고 화가 나기도 했다. 어느 정도의 가격 조정에 모두 합의하기만 하면 아마 살아남을 수 있을 터였다.[1]

다른 상인들은 아마 살아남을 수 있을 것이다. 하지만 갈렙은 자신도 그럴 수 있을지 확신이 없었다. 아버지가 돌아가신 후 그의 가게는 조금씩, 그러나 꾸준히 손님이 줄고 있었다. 갈렙의 아버지는 사람을 좋아하는 성격이라, 크게 애쓰지 않아도 주변에 사람들이 모여들었고, 그래서 많은 이들에게 크게 사랑받는 분이었다. 사람들은 갈렙이 어머니를 훨씬 더 많이 닮았다고 했다. 조용하고 분석적이며, 친절하지만 속내를 잘 보이지 않는다는 것이다. 하지만 주변에서 그렇게 아버지와 자신을 비교하는 말을 확인할 방법은 없었다. 갈렙의 어머니는 갈렙이 겨우 세 살 때 여동생을 낳다가 돌아가셨다. 어머니에게서 물려받은 이런 특성은 토라를 배우고 공부할 때는 크게 도움이 되었지만,[2] 도기 상점을 하루하루 운영해 나가는 일에는 별 도움이 안 되었다. 도기는 주로 그의 누이 미리암과 사촌 형제가 제작했기 때문에 품질에는 변화가 없었지만, 판매량은 줄어들었다. 갈렙이 보기에 손님이 줄어든 유일한 요인은 손님들이 가게를 찾았을 때 이들을 상대하는 주인이 바뀌었기 때문인 것 같았다. 처음에는 손님들의 충성도가 여전했다. 가게에 찾아왔고, 선물이나 먹을 것을 가져오기도 했고, 갈렙의 아버지가 얼마나 멋진 사람이었는지 추억하는 이야기를 들려주기도 했다. 하지만 시간이 지나자 사람들의 충성도는 시들해졌다. 사랑하던 사람은 세상을 떠났고, 손님들과 가게를 친밀히 엮어 주던 과거의 경험도 함께 사라져 갔다. 물론 친한 친구들과 친척들은 여전히 찾아왔지만, 장사는 겨우 가게를 유지하면서 입에 풀칠할 수 있을 정도였다.

장사를 얼마나 오래 할 수 있을지 갈렙도 확신할 수 없었다. 가게를 닫으면 무슨 일을 해야 할지는 더욱 오리무중이었다. 여동생을 어떻게 먹여 살려야 할까? 이런 걱정 저런 걱정을 하던 중 갈렙은 그날 저녁 가게 문을 닫을 무렵 나타났던 정체불명의 손님에게 생각이 미쳤다. 그 손님의 제안이 이 상황에서 벗어날 출구가 될 수 있을까?

생각에 골몰해 걷던 갈렙은 하마터면 집을 그냥 지나칠 뻔했다. 집 안으로 들어갔더니 미리암이 빵 반죽을 주무르고 있었다. 사람들은 미리암이 엄마를 닮았다고 모두 말했다. 미리암은 길고 검은 머리카락이 계란형 얼굴을 감싸고 있었고, 짙은 갈색의 커다란 눈에 피부는 올리브색이었다. 가족이 겪은 역경의 흔적을 찾아볼 수 없는 순진무구한 외모였다. 갈렙이 집으로 들어서자 미리암은 언제나 그랬듯 따뜻한 미소를 지어 보이며 오늘 하루는 어땠느냐고 물었다. 미리암은 생김새는 어머니를 닮았지만, 성격은 아버지를 빼닮아서 늘 낙천적이고 한량없이 다정했다. 보통은 누이의 따뜻함과 쾌활함에 호응을 해주려 애쓰지만, 오늘은 그럴 수가 없었다. 미리암은 갈렙의 얼굴에 드리운 근심을 금세 알아챘다. "오빠, 왜 그래요? 무슨 일 있었어요?"

"아니야, 예쁜 내 동생, 아무 일 없었어." 갈렙은 거짓말을 했다. 그래 봤자 소용없으리라는 것을 알고 있었지만.

"무슨 일이 있는 게 분명해요, 오빠. 얼굴에 씌어 있어요. 무슨 일인데요?"

"로마 놈들!" 갈렙은 화가 잔뜩 난 목소리로 한 마디 내뱉고는 얼른 마음을 가다듬었다. "로마 놈들 때문이지."

"그래요, 알아요." 미리암은 갈렙을 놀리듯 말했다. "그런데 그냥 로마 놈들 때문이 아니잖아요. 로마 놈들이 이번엔 무슨 일로 오빠를 괴롭히는 건데요?"

"놈들이 또 세금을 매기려 한다는 소문이 있어, 그러면 다가올 절기 때 우리 수익이 상당히 줄어들 거야. 순례자들이 몰려들어서 돈벌이가 되는 걸 알고 이득을 볼 기회로 삼는 거지. 그런데 그 이득이라는 게 우리 주머니에서 나가는 거야. 언제나 그랬듯 지금도 말이야!"

"전에도 이런 식의 세금 다 냈잖아요, 오빠. 이번에도 낼 수 있을 거예요." 미리암은 차분히 대답했다. "다른 상인들은 이런 세금에 준비가 안 되어 있대요?"

"준비되어 있지, 그 사람들은. 내가 걱정하는 건 우리 가게야, 미리암. 상황이 안 좋아. 네가 알고 있는 것보다 더 안 좋아." 갈렙은 자신의 염려와 낙심을 감출 수가 없었다.

"우리는 전에도 어려운 시기를 이겨냈어요, 오빠." 미리암은 갈렙을 안심시켰다. "이번에도 이겨낼 수 있을 거예요. 믿음을 지켜요. 하나님께서 마련해 주실 거예요."

"이겨낼 수 있을까? 하나님께서 마련해 주실까? 나는 너처럼 확신할 수가 없구나, 미리암." 이런 대화는 이번이 처음이 아니었다. 그리고 그때마다 갈렙은 몹시 지쳤다.

"오빠의 믿음이 걱정이에요. 한때 그토록 강한 믿음이었는데 말이죠, 아버지의 믿음처럼. 아버지는 하나님의 약속을 믿었어요. 하나님을 신뢰하셨다고요. 오빠도 아버지만큼 하나님을 신뢰했죠." 갈렙은 누이의 목소리에 실린 실망을 읽을 수 있었다.

갈렙은 고개를 가로저었다. "아버지의 믿음을 내게 일깨워 줄 필요는 없어, 미리암. 나도 잘 알고 있으니까. 하지만 이 도성을 한 번 둘러봐. 사람들은 무거운 세금을 내느라 허덕이고 있어. 시골에서 농사짓는 사람들은 한때 자기 소유였던 땅을 부유한 지주들한테 빼앗기고 그 땅을 갈아먹고 살지. 말도 안 되는 융자금 이자를 못 갚아서 말이야. 수익이 생겨도 로마 놈들한테 다 바치고 나면 가족들 먹여 살리기도 힘든 게 대다수 사람 형편이야. 돈 많은 상인은 자재 가격을 제 마음대로 주무르고는 힘 있는 사람들하고 짜고 그 가격을 유지하지. 로마가 지배하는 한 아무것도 달라지지 않을 거야, 미리암."

"하지만 로마가 이 도성을 영원히 지배하지는 않을 거예요. 우리는 참아내야 해요." 미리암이 확신에 차서 말하자 갈렙은 한숨을 내쉬었다. 갈렙은 미리암이 무슨 말을 하려는지 알고 있었다. 그 말을 또 들어야 한다니 견딜 수 없었다.

"하나님께서 메시아를 보내 주실 거예요, 오빠. 그 날이 가까웠다고 아버지가 말씀하셨어요. 메시아가 어쩌면 우리 가운데 벌써 살고 있을 수도 있다고요. 그리고 하나님께서 그분을 일으켜 세워 우리 모두에게 나타내실 거라고요. 그분이 오시면 로마 사람들을 쫓아내 주실 거예요. 우리 땅에 공의와 의와 화평을 안겨 주실 거예요. 알잖아요, 오빠도!" 그러고 나서 미리암은 가라앉은 목소리로 말했다. "아니, 적어도 전에는 알았었잖아요."

"아버지가 많은 걸 말씀해 주셨지, 미리암. 하지만 아버지는 이제 돌아가셨다고!" 갈렙은 미리암의 얼굴에 슬픔과 아쉬움이 번져가는 것을 보고 미안한 마음이 들었다. "미안하다, 미리암. 그런 말은 해서는 안 되는 거였는데. 하지만 이런 대화를 또 할 수는 없어. 난 이제 자야겠다." 갈렙은 누이의 이마에 입을 맞추고 방에서 나왔다.

갈렙은 침대에 누워 누이가 한 말을 곰곰이 생각해 보았다. "메시아가 오실 거예요." 도성 사람들은 이 생각에 사로잡혀 있었다. 비록 이 메시아가 어떤 인물일지에 대해서는 의견이 제각각이었지만 말이다. 이스라엘 선지자들의 글을 보면 하나님께서 이스라엘에게 과거의 영광을 회복시켜 주실 시대가 약속되어 있다. 그 시대는 평화, 공의, 의의 시대일 터였다. 그때가 되면 이스라엘은 이제

외인들에게 압제당하는 피해자가 아닐 것이며, 하나님께서 이스라엘을 권세와 영광의 자리로 일으켜 주실 것이었다. 이 선지자들은 한 인물을 암시하며 이 인물을 통해 하나님께서 이 새 시대를 열어 주시리라고 말하는 듯했지만, 그저 파편적으로만 말해 줄 뿐이라서 어떻게 이를 다 수집해 통일성 있는 전체로 만들어야 하는지는 아무도 몰랐다.

이 인물이 다윗 왕의 후손이리라는 데에는 많은 이들의 의견이 일치했다. 그러나 한때 다윗 계보와 아무 상관 없는 유다 마카비우스를 메시아로 여긴 사람들이 많았다는 사실로 볼 때 메시아를 알아볼 수 있는 이 표지조차도 논의의 여지가 있다는 것이 드러났다. 어떤 이들은 메시아가 둘이며, 한 메시아는 제사장이고 또 한 메시아는 왕일 거라고 생각했다. 또 어떤 이들은 메시아는 하나님께서 태초부터 정해 놓으신 어떤 사람일 거라고 생각했다. 어떤 이들은 메시아는 그 신실함을 보고 하나님께서 메시아로 세우시는 사람일 거라고 생각했다. 어떤 이들은 사람들을 이끌고 로마에 반역을 일으켜 성공할 인간 전사(戰士)가 메시아일 거라고 생각했다. 또 어떤 이들은 하늘의 군대를 이끌고 와서 로마를 쳐부수고 이스라엘을 온 세상 위로 들어 올릴 천상적 존재, 심지어 천사 같은 인물이 메시아일 거라고 생각했다. 어떤 이들은 하나님께서 이스라엘과 맺은 언약, 토라에 충실하면 그 결과로 메시아가 오시리라고, 순결하고 순종적인 이스라엘에 하나님께서 감동하셔서 행동에 나서시리라고 생각했다. 그리고 비록 소수이긴 하지만 로마에 대항해 무기를 듦으로써 하나님의 구원에 대한 믿음을 보여야만 메시아가 오시리라고 생각하는 이들도 있었다. 사람들이 그런 믿음을 보여야만 하나님께서 그들 중에서 메시아를 일으켜 세우시리라는 것이었다. 갈렙보다 두 살 어린 사촌 동생 유다가 바로 이 입장을 열렬히 옹호하는 사람이었으며, 유다는 갈렙을 그런 사람들 편으로 끌어들이려고 부단히 애쓰고 있었다.

지금까지 살아오면서 갈렙은 많은 시간을 그런 공론에 쏟아 부었고, 메시아의 도래에 대한 뜨거운 소망을 안고 살아왔다. 이는 상당 부분 아버지의 영향 때문이었다. 아버지는 성경을 열심히 공부했을 뿐만 아니라 갈렙이 걸음마를 시작할 무렵부터 이런 공부가 몸에 배게 만들었다. 그러나 아버지가 돌아가신 이후 지난 이 년 동안 그 소망은 다 사그라졌다. 갈렙의 믿음이 흔들린 것은 단지 아버지의 죽음 때문만이 아니었다. 물론 아버지의 죽음이 어느 정도의 역할을 하기는 했다. 하지만 동족의 미래 전망이 암울하다는 사실, 그리고 로마의 권력이 요지부동으로 예루살렘뿐만 아니라 온 세상을 무겁게 짓누르고 있다는 사실이 갈렙의 믿음을 흔들어 놓았다. 특별히 의미 있다 할 만큼 로마의 위세가 전복되리라는 기대는 갈렙이 보기에 어리석은 희망에 지나지 않았다. '메시아'를 자처하는 사람을 수없이 많이 보았지만, 이들은 하나같이 다 '팍스 로마나', 즉 로마에 의한 '평화'의 손에 곧 끔찍한 최후를 맞았다.

최근 요한이라는 선지자가 등장했는데, 세례자(baptizer)라고도 불린 이 사람은 하나님의 새 시대가 이제 곧 밝아올 것이니 모두 자기를 깨끗이 하여 그 시대를 맞을 준비를 해야 한다고 선포하면서 많은 사람을 자기 주변으로 불러 모았다. 갈렙도 그 사람이 하는 이야기를 들어 보려고 직접 광야로 나가보기까지 했다. 요한이라는 이 사람은 비범한 은사가 있고, 열정적이며, 설득력이 있었다. 그의 말을 듣고 있노라니 갈렙의 마음에 새로운 소망이 돋기까지 했다. 하지만 로마가 임명한 갈릴리 통치자 헤롯 안디바가 요한을 체포해 처형하자 소망은 어리석은 일이라는 갈렙의 확신은 오히려 더 단단해졌다.

그럼에도 여전히 침착하게 믿음을 유지하는 사람들이 많았다. 유대인 형제자매 대다수는 앞으로 오실 메시아에 대해 깊은 소망을 품고 있었다. 그 소망은 예루살렘 도성에 긴장이 조성되는 궁극적 근원이었다. 예루살렘을 점령하고 있는 로마인들은 가이사의 통치를 받았고, 도성 거민들은 앞으로 오실 다른 왕의 다스림을 받으며 살았기 때문이다. 서로 다른 왕의 다스림을 받으며 사는 이 모순된 상황이 언제까지 공존할 수 있을까? 갈렙도 답을 몰랐지만, 그 갈등이 최고조에 이르렀을 때 결국 우세한 쪽은 로마일 것이라고 그는 확신했다. 로마가 이길 터였다. 로마는 언제나 이겼다.

그런 생각 끝에 갈렙은 오늘 저녁에 찾아왔던 정체를 알 수 없는 그 손님과 그가 제시한 소망을 다시 떠올렸다.

엘르아살
엘르아살은 침대에 비스듬히 누운 채 아내 요안나를 바라보며 오늘 정말 예쁘다는 둥 대추야자의 맛이 아주 신선하다는 둥 마음에도 없는 찬사를 늘어놓았다. 오늘 저녁 부부 동반으로 참석하기로 한 비공식 만찬에 자신은 빠져야 할 것 같다고 했더니 요안나는 잔뜩 토라진 얼굴로 여종에게 화장을 맡긴 채 외출을 준비하고 있었다. 하지만 엘르아살에게는 더 긴한 일이 있었다. 그리고 솔직히 말하자면 이런 만찬은 너무 유치했다. 예루살렘의 젊은 귀족들에 대해 이러쿵저러쿵 한담이나 나누는 파티는 지루하고 시시했다.

"아버님하고 회의하는 건데 왜 이번 한 번쯤 빼먹을 수 없는 건지 도통 모르겠어요." 아내가 드디어 불평을 시작했다. "내가 이 파티를 얼마나 목 빠지게 기다렸는지, 당신이 이 파티에 참석하기를 내가 얼마나 바랐는지 알잖아요. 살로메하고 버니게도 남편하고 같이 올 텐데, 나는 내내 혼자 있으라고요? 안 보이는 곳에서 날 비웃지들 않겠어요?"

"여보, 갈 수 있는 형편이면 함께 갈 거라는 거 당신도 알잖소. 그런데 이번 회의는 아주 중요한 거라서 말이오." 엘르아살이 말했다. "유월절이 다가오고 있으니 준비를 해야지."

"유월절 준비는 당신이 아니라 대제사장이 해야죠." 요안나가 따지고 들었다. "회의에는 빠지고 나중에 회의 결과만 보고받으면 안 돼요?"

"당신도 잘 알면서 왜 그래요, 여보. 내가 꼭 참석해야 한다고. 계획을 세우기 위해서가 아니라 계획이 어떻게 세워지는지, 계획 세우는 걸 누가 돕는지 보고 배워야 한다고. 언젠가 내가 대제사장이 되려면 알아야 해. 다스리는 법을 알아야 할 뿐만 아니라 다스리려면 뭐가 필요한지도 알아야 한다고. 아버지가 이렇게 말씀하셨지. '성공적 권위는 정책과 절차 위에 세워지는 게 아니라 내 주변 사람들을 그 사람들 자신보다 더 잘 아는 데 세워진다. 이렇게 하면 그 사람들보다 두 걸음 더 앞설 수 있다'고."

엘르아살은 예루살렘 성전의 대제사장 가야바의 맏아들이었다. 대제사장은 유대 땅에서 로마인이 아닌 사람 중에서 가장 신분이 높았고, 실질적 의미에서 대제사장이 예루살렘 도성을 지배하는 권력이었다. 로마 총독은 가이사랴에 거주했고, 예루살렘에 관한 일은 대제사장에게 권한을 위임했다.

가야바는 자신의 임기가 끝나면 엘르아살이 대제사장직을 이어받기를 바랐다. 대제사장직은 큰 권한과 명성이 따르는 직분이었고, 그래서 몹시 탐나는 자리이기도 했다. 대제사장은 로마 총독이 임명했기 때문에 아버지에게서 아들에게로 계승된다는 보장은 없었다. 물론 그런 선례가 없지는 않았다. 문제는 그런 일이 발생하는 것을 막으려고 다른 유력한 제사장들이 어떤 짓이든 서슴지 않으리라는 것이다. 특별히 위협이 되는 인물은 가야바의 장인이자 엘르아살의 외할아버지인 안나스였다. 안나스는 애초부터 가야바가 대제사장으로 임명되는 것을 반대했고, 그래서 가야바는 지금도 안나스가 자기 친아들 중 한 사람을 대제사장직에 앉히려고 책략을 꾸미고 있다는 것을 알고 있었다.

"당신 말이 맞기는 해요, 여보." 요안나가 말했다. "하지만 당신 사촌 야곱하고 맛다디아도 파티에 올 텐데, 그 두 사람하고 의논하는 것도 득이 될 거예요. 안나스 할아버지의 계획이나 당신 외삼촌들의 생각에 대해서는 그 두 사람에게서 더 많은 걸 알아낼 수 있어요. 그렇게 해볼 만하지 않아요? 정치적 투자, 아마도?"

멋진 시도이긴 했지만, 엘르아살을 설득할 가망은 없었다. 그렇다, 안나스와 외삼촌들, 그러니까 안나스의 아들들은 면밀한 관찰을 요구하는 정치적 위협이었다. 하지만 야곱과 맛다디아는 아둔해서 정치적 지형에 대해서는 사랑하는 그의 아내만큼도 아는 게 없었다.

"사촌들은 쓸모없소. 그 사람들은 로마의 최신식 만찬에 대해서는 잘 알아도 우리 도성이 어떤 위협에 직면했는지에 대해서는 아는 게 없단 말이오. 여보, 지금은 걱정스러운 시대요. 지난주만 해도 활 쏘는 자들이 길거리에서 로마 병사들 다섯을 매복 공격했소. 새로운 세금 이야기에 사람들의 분노는 쌓여만 가고, 이번 유혈 참사 때문에 로마가 우리 도성에 강력한 조처를 할 가능성도 높아지고 말이오. 게다가, 유월절이 다가오고 있으니, 당신도 알다시피 평화에 더 큰 위협이 될 거요. 오늘 밤 회의에는 꼭 참석해야 해!"

"알겠어요." 요안나는 낙심해서 하나마나 한 말을 또 했다. "그런데 당신은 어디 갔느냐고 모두 물을 텐데, 그 사람들한테 뭐라고 대답해요? 아버님하고 고위 제사장들하고 은밀히 모여 예루살렘의 안전을 의논하고 있다고 해요?"

"농담하지 마세요, 여보." 엘르아살은 단호하게 대답했다. "이 모임 이야기는 누구한테도 해서는 안 돼. 특히 내 사촌들이나 말 많은 그 아내들한테는." 엘르아살의 사촌들은 밀가루 포대만큼 아둔할지는 몰라도, 고위 제사장들이 은밀히 회동한다는 기미만 있어도 냉큼 자기들 아버지에게 달려가 고해바칠 터였다. "내가 몸이 좀 안 좋다고, 잔치에 참석 못 해서 유감이라고 말해요."

"그런 일을 왜 비밀로 해야 하는지 모르겠네요." 요안나는 적당히 풀이 죽은 얼굴로 말했다. "당신하고 사촌들은 다 한가족이잖아요, 모두 다 제사장이고요. 모두 평화를 바라지 않나요?"

"그렇기만 하다면 오죽 좋을까." 엘르아살은 짐짓 생색을 내며 말했다. "하지만 안나스 할아버지 집안은 무엇이 이 도성과 도성 사람들의 믿음에 가장 이득이 되는지는 안중에 없소. 그 사람들이 관심 있는 건 자기들 이익뿐이지. 만일 이 도성의 평화가 깨져서 아버지가 대제사장직에서 쫓겨나면 그 사람들은 이때라면서 권력을 되찾으려고 할 거요. 그 사람들은 제사장 중에서도 최악의 부류요, 여보. 우리의 성결한 믿음을 권력과 명성을 얻는 도구로 취급하지. 조상의 유산, 언약, 이스라엘의 하나님에게는 별 신경도 안 쓰고, 정치적 이득을 위해서라면 이런 것들을 얼마든지 희생시킬 사람들이란 말이요. 하긴, 그 사람들이 그런 것들 때문에 정치적 이득을 잃을 상황까지 가지는 않겠지만. 조상의 유산이나 언약은 확실히 우리 믿음에 쓸모가 있지."

엘르아살의 아버지는 외할아버지나 외삼촌들과는 전혀 달랐다. 가야바는 엘르아살이 어렸을 때부터 유대인으로서의 정체성과 유대 유산의 가치를 가르쳤다. 어린 시절 엘르아살은 성결한 언약, 토라, 족장들과 모세 이야기를 읽으면서 히브리어를 익혔고, 이런 것들의 중요성과 의미에 관해 꾸준히 아버지와 대화를 나누었다. 아버지는 이스라엘의 창조주 하나님, 곧 유대 백성에게 언약을 주셔서 이들이 열방의 빛이 될 수 있도록 하신 분에 대해 가르쳐 주었다. 아버지는 이런 사실들의 중요성을 가르쳐 주었을 뿐만 아니라 모범을 보여 주기도 했다. 아버지는 사두개인들 중에서 참되고 성실한 믿음을 가진 사람으로 유명했고, 그래서 사두개파 안에서 많은 사람에게 존경을 받았다. 사실 이 명성 덕분에 아버지는 걸출한 바리새파 사람들에게서도 두루 존경받았다.[3] 그래서 마침내는 대제사장으로 임명되기에 이른 것이다.

"당신 집안에 대한 이런 의견은 전에도 여러 번 들었어요, 여보." 요안나가 말했다. "하지만 내가 보기에는 너무 가혹해요. 안나스 할아버지는 늘 저를 다정히 대해 주셨고, 외삼촌들도 그러셨죠. 당신 사촌 형제들 부부는 내 친구가 되었고요. 나는 그 사람들한테 비밀 같은 거 갖기 싫어요. 그 사람들은 가족이고, 그 사실을 정치적 이득보다 더 중요하게 여겨야 해요. 하지만 당신을 사랑하니까 당신이 바라는 대로할게요. 오늘 밤 비밀회의에 대해서는 아무 말도 하지 않을게요."

요안나는 선한 사람이었지만 그만큼 순진하기도 했다. 요안나는 엘르아살의 아버지가 대제사장으로 임명될 당시 외할아버지 안나스가 은밀하게 그를 배신했다는 사실을 모르고 있었다. 가야바는 안나스가 로마 총독을 직접 찾아가, 가야바가 유대인의 신앙에 충성심이 강하기 때문에 대제사장 후보로서는 적당치 않다고 주장했다는 것을 나중에 알게 되었다. 안나스는 가야바처럼 확신이 강한 사람은 로마와 타협이 요구되는 직분을 성공적으로 이행할 수 없다고 주장했다. 그런 주장에도 불구하고 로마 총독 발레리우스 그라투스(Valerius Gratus)는 가야바를 대제사장으로 임명했다. 총독은 예루살렘 사람들에게 존경받고 청렴하다고 인정받는 대제사장도 가치가 있다고 믿었다. 안나스는 호락호락 물러서지 않았고, 자기 아들을 대제사장 자리에 앉히려는 책략을 여전히 진행 중이었다. 물론 안나스는 다른 가족들을 대하는 것과 다름없이 겉으로는 요안나에게 친절했다. 하지만 가야바는 이 친절을 믿지 말라고 엘르아살에게 거듭 일깨웠다.

"당신은 아름답기만 한 게 아니라 그만큼 순진하기도 하지. 하지만 이 일만큼은 나를 믿어야 해요." 엘르아살은 말했다. "외할아버지는 무엇이 우리에게 가장 이득인지는 심중에 없소. 부디 말조심하도록 해요. 내 사촌들은 보기만큼 우호적이지 않을 수도 있소."

"걱정이 지나치군요. 여보." 요안나가 말했다. "걱정은 덜어내고 인생을 좀 더 즐기도록 해요. 전 이제 출발해야겠어요."

요안나는 남편의 뺨에 가볍게 입을 맞추고는 우아한 걸음걸이로 방에서 나갔다.

그리고 일 초도 지나지 않아 방문 틈으로 고개를 들이밀고는 싱긋 웃으며 장난스럽게 말했다. "비밀회의가 즐겁기를 바라요."

아내의 장난에 엘르아살의 얼굴에도 미소가 번졌다. 그는 아내를 사랑했다. 그리고 아내가 분별력을 발휘하기만을 바랐다.

혼자 남은 엘르아살은 가야바처럼 믿음 좋은 사람은 예루살렘에서 대제사장 직분을 잘 이행할 수 없다는 안나스의 주장을 다시 떠올렸다. 아버지는 로마 총독과 원만하게 협력할 수 있는 능력을 보여 줌으로써 안나스의 주장이 틀렸음을 곧 증명했다. 이번 총독 본디오 빌라도와 특히 관계가 좋았다. 사실 안나스의 정치적 공작이 궁지에 빠진 것은 바로 빌라도와의 이런 원만한 관계 덕분이었다. 빌라도가 총독으로 있는 한 가야바의 입지는 비교적 안전했다.

가야바가 수완 좋게 정치 생명을 유지하는 모습이 여러 적수에게는 놀라운 일로 다가왔지만, 엘르아살에게는 놀랄 일이 아니었다. 엘르아살이 오랫동안 보아온 아버지는 실용주의자여서, 유대인으로서의 정체성과 믿음을 지키는 데는 열심이었지만 그 믿음을 어리석게 드러내서 어려움을 자초하지는 않았다. 그런데 예루살렘 도성에는 그런 어리석은 풍조가 만연했다. 이스라엘이 회복된다느니, 새롭고 영광스러운 시대가 밝아온다느니, 로마가 멸망한다느니, 다윗 계통의 왕이 기름 부음 받는다느니 하는 것은 가야바가 보기에 말도 안 되는 이야기들이었다. 하나님에게서 직접 말씀을 들었다고 하고 이스라엘 백성의 영광스러운 미래를 보여 주는 환상을 보았다고 하는 옛 "선지자들"의 말에 이 백성들이 맹목적으로 의지하는 데서 그런 말도 안 되는 믿음의 기원을 찾을 수 있었다.

이런 예언적 글을 성경으로 여기는 유대인들도 많았지만, 사두개파는 그렇지 않았다. 아주 어릴 때부터 아버지가 유대교의 그런 표현을 조롱했던 것을 엘르아살은 기억할 수 있었다. "그 바보들의 말에 귀 기울이지 말아라, 아들아. 그 사람들은 좋게 표현하면 눈먼 자들이고 나쁘게 말하자면 사기꾼들이다. 사실 하나님께서는 우리에게 말씀하셨다. 그리고 그분의 말씀은 토라에서 찾아볼 수 있다. 토라에 대한 충성이 하나님을 세상에 드러내 준다. 그리고 우리는 그 책임에 충실해야 하고." 가야바는 인간 왕은 하나님께서 이스라엘에게 바라시는 게 절대 아니라고 늘 역설했다. 토라에 따르면 오직 하나님만이 이스라엘의 왕이셔야 했다.

아버지가 빌라도와 그렇게 협력하며 일할 수 있었던 것은 메시아에 열광하는 유대교에 대한 이런 거부반응 때문이었다. 아버지와 빌라도에게는 예루살렘의 평화 유지라는 공동의 목표가 있었으며, 이 목표를 이루려면 유대교 신앙이 극단적으로 표현되어 평화를 위협하는 상황이 되지 않도록 늘 경계해야 했다. 안나스와 달리 가야바는 권력과 명성을 좇아 움직이지 않았고, 그보다는 예루살렘 사람들의 유익을 추구했다. 가야바는 유대인들이 메시아에게 열광하며 로마의 멸망을 소원해 보았자 결국 고초만 당하게 되리라는 것을 알고 있었다.

그러나 빌라도와 원만하게 지내면서도 가야바는 이 로마 총독과 그가 대표하는 권력이 어떤 일까지 할 수 있는지 잘 알고 있었다. 폭동 혐의자들이 십자가형을 당하는 것을 너무 많이 보아온 가야바는 로마에 의한 평화에 조금이라도 실질적 위협이 되는 움직임은 이 도성에 곧장 응징을 부른다는 것을 알게 되었다. 가야바는 그런 비운(悲運)을 피하려고 지칠 줄 모르고 일했다. 엘르아살도 자신이 언제든 대제사장이 되면 아버지와 똑같은 목표에 몸 바칠 생각이었다.

엘르아살은 방문을 두드리는 소리에 깊은 생각에서 깨어났다. 집안의 수석 노예인 빌립이 들어와 손님들이 도착했음을 알렸다.

빌라도

계절에 어울리지 않게 따뜻했던 하루가 지나고, 빌라도는 전용 집무실 발코니에 앉아 온몸에 시원한 바닷바람을 맞고 있었다. 대기에서 짭짤한 소금 맛이 났고 피부에서도 소금기가 느껴졌다. 이 발코니에 앉으면 사실상 가이사랴 마리티마(Caesarea Maritima) 도성 전체가 한눈에 보였다. 이곳에는 아우구스투스 대제를 예배하는 거대한 신전, 위풍당당한 원형경기장, 거기 딸린 경마장이 있었고, 무엇보다 인상적인 것은 아마 규모와 아름다움 면에서 세계의 다른 어떤 항구에 뒤지지 않는 인공 항만일 것이다.

항구는 16만 제곱미터 규모에 장엄한 느낌의 콘크리트 제방으로 에워싸여 있었고, 제방 위에는 도시의 중요 교역을 촉진하는 데 쓰이는 육중한 창고가 세워져 있었다. 또한 제방 위에는 거대한 청동상(像) 여섯 개와 하루 24시간 불을 밝히는 등대가 서 있었다. 항구에 접안하는 배에서 보면 정말 경이로운 풍경이었다. 가이사랴는 현 갈릴리 통치자 헤롯 안디바의 아버지인 종속왕(client king) 헤롯 1세가 아우구스투스 황제의 명을 받아 건설했는데, 이 도시의 아름다움은 건축주 아우구스투스의 명성에 필적했다. 아름다움 면에서 예루살렘 대성전에 버금가는 지중해 연안의 이 도시를 포함해 이 지역에서 감탄할 만한 건축물들은 모두 고인(故人) 헤롯이 지은 것 같았다.[4]

이따금 가이사랴 시내를 걷노라면 빌라도는 화려한 로마 제국의 이 외진 벽지가 아니라 본국 로마에 돌아와 있는 것 같은 착각에 빠졌다. 가이사랴와 예루살렘을 제외하면 유대 지역에는 이름난 도시가 거의 없었다. 작은 마을들이 점점이 흩어져 있었고, 마을의 농지에서는 제국을 위해 그다지 의미 있다 할만큼의 부(富)를 생산해 내지 못했다. 멀리 로마에 있는 동료들이 보기에 이곳에서의 임무는 하찮고 별 가치 없어 보이겠지만, 동료들이 모르는 게 하나 있었다. 지리적으로 유대는 로마 제국의 곡식 창고 애굽으로 향하는 육로와 바닷길을 다 제어하는 위치에 있었다. 또한 유대는 로마 제국과 로마 제국의 가장 위협적 원수인 바대(Parthia) 사이에서 중요한 완충지대 역할을 했다. 하지만 유대 지역이 그 정도로 중요한 의미가 있다고 해서 이곳에서의 자신의 임무를 그렇게 비꼬듯 논평하고 농담하는 말들을 조금이라도 더 수월히 받아넘길 수 있는 것은 아니었다. 로마에 있는 사람들에게는 인식이 곧 현실이었다.

멀리 본토에 있는 친구들은 유대 땅의 물리적 위치가 빌라도에게 가장 안 된 일이라고 생각할지 모르지만, 사실은 그렇지 않았다. 정말 싫은 일은 이 속주(屬州)를 다스리는 일이었다. 로마 제국 전역에서 각 속주는 로마의 감독과 보호 아래 번성했다. 헬라와 소아시아의 도시들은 로마 치하에서 충성스런 속주의 수도라는 정체성 덕분에 정말 크게 번영했다. 로마가 안겨준 평화와 안정성 덕분에 경기는 호황이었고, 그 결과 제국 전역에 엄청난 부가 축적되었다. 그런 부에서 이득을 본 대부분 사람들은 로마와 그 통치자들에게 깊이 감사하면서 이들을 깊이 존경했다.[5]

유대 땅에 사는 사람들은 대부분 그렇지 않았다. 유대는 유대인들의 본토였고, 유대인들은 그 오래된 역사만큼이나 이상한 민족이었다. 이들은 오직 한 신만 믿고 다른 신들에게 경배하기를 거부했다. 심지어 이들은 자기들이 믿는 신의 상(像)도 만들지 않으려 했고 그 신의 이름도 입에 올리지 않았다. 물론 빌라도는 이 사실을 경험으로 어렵사리 깨달았다.

유대인들의 신앙의 중심은 이 신이 이들에게 준 율법을 개설해놓은 일련의 오래된 문서였다. 많은 유대인이 동족 선지자들이 남긴 글 또한 아주 귀중히 여겼다. 대다수 유대인은 자기들의 신이 독특하게 이 문서들을 통해 자신들에게 말씀했다고 믿었는데, 그중에서 예언서들이 문제의 핵심으로 보였다. 이 문서들은 이들 유대인이, 수도 얼마 안 되고 힘도 없는 이 무리가 온 세상을 다스릴 때가 올 것이라 약속했다. 이들의 수도 예루살렘이 새로운 세상의 중심이 될 것이며 이들의 신은 예루살렘의 한 산 정상에 있는 신전에서 살 거라고 했다. 마치 이 산이 새로운 올림포스 산이기라도 한 것처럼 말이다! 그리고 세상 모든 나라가 이들을 섬길 것이며 이 신을 경배하러 올 거라고 했다.

얼마나 터무니없는지! 이 사람들은 이것이 불가능한 일임을 깨닫지 못하는 것인가? 이들에게는 군대도 없고, 전투에서 승리하는 데 필요한 무기도 없고, 성벽을 무너뜨릴 공성(攻城) 장비도 없고, 무엇보다도 이런 것들을 조달할 수 있는 아무런 자원도 없었다. 이들은 환상 속에 살고 있었다. 거의 이백 년 전 이들이 헬라인 실루기아(Seleucids, 셀레우코스)와 싸워 승리했다는 사실은 아무 도움도 안 되었다. 이 승리 사실은 낙관적 전망을 보일 만한 이유가 못 되었다. 당시 실루기아는 다른 전선에서도 싸움을 벌이고 있었고, 그래서 전쟁에 필요한 자원을 이 성가신 유대인들을 쳐부수는 데 쏟아 부을 수 없었기 때문이다. 하지만 로마의 경우는 그렇지 않았다.[6]

그러나 이런 소망이 어리석다 해서 무해(無害)하지는 않았다. 그렇다, 이 소망은 증오를, 로마와 로마의 점령에 대해 깊은 증오를 키웠다. 에베소와 데살로니가 같은 도시들은 로마가 안겨 준 많은 은혜에 감사하는 한 방식으로 신전을 짓고 장중한 제전(祭典)을 벌였지만, 유대 땅의 유대인들은 로마의 것이라면 드러내 놓고 다 멸시했다. 이들은 로마와 그 신들을 높이는 신전이 예루살렘에 들어서는 것을 허용하지 않았다. 이들은 그 신들에게 예배 비슷한 것을 드리기를 거부했다. 이들은 수도 안에 로마인의 모습을 새긴 상(像)조차도 못 세우게 했다. 이 또한 빌라도가 어렵게 깨달은 사실이었다. 로마의 권력이 이 지역에 안겨준 큰 부에 대해서도 전혀 감사가 없었고, 로마 통치자들이 예배의 자유를 허용해 주었어도 "고맙다"는 말 한마디 없었다.

　빌라도가 이 지역에서 해야 할 일 중 가장 힘든 부분은 이 증오심 때문에 생겨난 복잡한 현실을 타개하는 것이었다. 하루하루가 치안 유지를 위한 쉴 새 없는 싸움처럼 느껴졌다. 잠 못 이루는 밤도 많았다. 물론 유대인들은 로마의 권력에 정말로 위협이 될 수는 없었다. 하지만 이들은 이 지역의 안정을 위협할 수는 있었다. 이들은 길거리에서 소요를 일으킬 수도 있었고 로마 병사들을 죽일 수도 있었다. 그리고 어쩌면 총독까지도. 소요가 일어나면 공공연한 폭동으로 이어질 수도 있었다. 빌라도는 그럴 가능성을 인식하고 있었고, 특히 자신에게는 그런 일을 막을 만한 군사력이 없다는 것 또한 알고 있었다. 이 지역에서 빌라도가 재량껏 동원할 수 있는 병력은 대략 로마 병사 천팔백 명쯤과 약간의 기병대뿐이었다. 일개 군단의 삼 분의 일에도 못 미치는 병력으로는 혁명에 적극적으로 가담하는 사람들을 막기에 역부족이었다. 이 지역의 로마 병력은 수리아의 로마인 총독 관할 아래 있었고, 수리아 총독은 약 만 팔천 명에 이르는 세 개 군단 전체를 동원할 수 있었다. 예루살렘에서 공공연한 반란이 일어날 경우, 이 병력에서 지원군이 도착하려면 적어도 두 주는 기다려야 할 터였다. 그때쯤이면 빌라도는 이 세상 사람이 아닐 가능성이 아주 높았다.

　얼마 되지 않는 병력으로 치안을 유지하려면 지역 통치자와 막후의 유력자들과 협력할 수 있는 능력, 어느 정도의 외교적 수완, 본능적 교활함, 의지, 약간의 명민함이 요구되었고, 무엇보다도 이 모든 것에 순전한 운(運)도 약간 보태져야 했다. 이는 쉴 새 없이 발버둥 쳐야 하는 일이었고, 그래서 빌라도는 상대적으로 우호적인 속주의 총독들이 부러웠다. 그런 곳에서는 총독 업무가 비교적 수월할 뿐만 아니라 그곳 사람들이 총독에게 고마워하기까지 하니 말이다!

그러나 이 업무가 힘들었던 만큼, 빌라도는 지난 오 년 이상 이 일을 아주 능숙히 해내게 되었다. 초기에는 확실히 일부분 실수가 있었다. 고통스럽고 당혹스러운 실수였다. 로마에서 이곳에 처음 부임했을 때의 허세와 오만, 그리고 그 허세와 오만 때문에 얼마 안 가 창피를 당한 것을 생각하면 지금도 얼굴이 붉어졌다. 이 외진 지역으로 오기 전, 이곳에서 마주하게 될 난관이며 앞으로 그를 증오하게 될 사람들에 관해 많은 이들이 빌라도에게 경고했다. 젊고 어리석은 빌라도는 정중히 그 사람들의 말을 경청했지만, 결국에는 그 경고를 다 무시했다. 로마의 권세를 극적으로 증명해서 이 사람들을 다 손아귀에 넣을 수 있다고 무모하게 자신했다. 로마의 엄혹함을 한번 확실히 맛본다면, 자신들이 사랑하는 폭동 주동자가 칼날에 쓰러지거나 십자가에 달려 죽는 모습을 지켜본다면, 뉘라서 고분고분해지지 않겠는가? 빌라도가 그렇게 본때를 보여 줄 기회는 오래지 않아 다가왔다.

유대에 도착한 지 얼마 지나지 않아 빌라도는 예루살렘을 방문했다. 이 중요 도시를 둘러보고 일반인들과 지도층 관리들에게 자신을 소개하기 위해서였다. 조언자들은 이곳 사람들이 어떤 상(像),

혹은 사람이든 동물이든 살아 있는 것의 형상을 만들어 전시하는 일에 매우 유별난 태도를 보이며, 그래서 전임자들은 그런 형상들을 이 도시에 가지고 들어오지 않으려 매우 조심했다고 귀띔해 주었다. 전임자들은 병사들의 제복과 군기(軍旗)에 혹 그런 형상들이 있으면, 그것이 짐승의 형상이든 황제의 형상이든 예루살렘에 들어올 때는 다 떼어냈다고 했다. 하지만 빌라도는 그런 결정이 심약함을 드러낸다고 보고 이제는 이 유대인들이 로마의 권세가 자신들을 다스린다는 사실을 받아들일 때가 되었다고 판단했다. 형상을 비롯해 모든 면에서 말이다! 빌라도는 이것을 과민함의 문제로 보고, 귀찮은 일을 일으키지 않기 위해 병사들을 한밤중에 데리고 들어왔다.

다음 날, 사람들은 간밤에 어떤 일이 있었는지 곧 알아차렸고, 과거 헤롯 대제의 궁이었던 곳(빌라도가 예루살렘을 방문할 때 관저로 쓰는) 밖에서 항의가 시작되었다. 군중은 함성을 외치고 고함을 질렀지만, 빌라도는 무슨 말인지 거의 알아들을 수 없었다. 이 사람들은 라틴어나 헬라어를 쓰지 않았기 때문이다. 빌라도는 흥분한 군중 대신 지도층 관리들을 만나기로 했다. 바로 대제사장 가야바와 그의 고문들이었다. 이들은 빌라도가 얼마나 중대한 잘못을 저질렀는지를 설명했다. 평화를 유지하고 싶다면(평화는 이들이 원하는 것이기도 했다) 형상이 새겨져 있는 방패를 당장 치워야 한다고 했다. 빌라도는 로마가 유대인에게 얼마나 고마운 일을 많이 했는데 왜 로마에 존중을 보이지 않느냐는 논리로 응수했다. 그는 형상을 치우기를 거부했다. 하지만 대제사장 일행의 많은 간청 끝에 그는 이 문제를 재고해 보고 수일 내에 최종 결정을 내리기로 합의했다. 물론 그는 생각을 바꿀 의도가 전혀 없었다. 빌라도는 며칠 지나면 항의하는 사람들도 지쳐서 가 버릴 거라고 예상했다. 밤이 되면 무리의 숫자가 줄어들기는 했다. 하지만 여전히 많은 이들이 남아 일부는 기도를 하고 일부는 함성을 질렀다. 그리고 아침이 되면 사람들의 숫자가 전날보다 더 늘어난 것 같았다.

빌라도는 참을 만큼 참았다. 함성과 울부짖는 소리는 사람을 지치게 했고, 고마워할 줄 모르고 고집만 센 이 사람들에 대한 빌라도의 불만은 한계점에 도달했다. 닷새째 되던 날 아침, 빌라도는 이 시위자들을 포위하라고 병사들에게 지시했다. 병사들이 사람들을 에워싸자 빌라도는 관저에서 나와 연설을 시작했다. 그는 이들의 행동이 로마를 욕보이는 행동이라고 꾸짖었고, 유대인이 누리는 평화와 번영의 원천인 로마를 욕보이는 행동을 그만두고 단념하라고 명령했다. 누구든 명령에 따르기를 거부하면 폭동죄로 잡아서 없애 버리겠다고 했다. 빌라도는 실제로 무력을 행사하겠다고 위협하면 이들의 기세가 꺾이리라고 확신했다. 하지만 충격적이고 경악스럽게도, 무리 중 지도자 한 사람이 무릎을 꿇고 목을 내밀며 고개를 뒤로 젖혔다. 그러자 나머지 사람들도 천천히 그를 따라 했다.

이 사람들은 자신들의 신념이 얼마나 단단한지를 이 행위에 실어 보였다. 이 행위로써 이들은 "당신은 당신이 할 일을 하시오, 우리는 우리가 할 일을 할 테니"라고 말했다. 빌라도로서는 예상하지 못한 반응이었다. 많은 이들에게 주의를 듣기는 했지만 그는 이 사람들이 이 정도로 완강할 줄은 몰랐다. 모두 잡아서 처형하라고 할까 싶은 마음이 들었지만, 그런 폭력은 보복을 부르리라는 것을 그는 알고 있었다. 어쩌면 사람들이 폭동을 일으킬 수도 있었고, 그런 사태는 로마가 탐탁해 하지 않을 터였다. 이 지역에 부임한 지 겨우 몇 주였다. 지난 칠십오 년 동안 지속해 온 평화가 그의 부임 몇 주 만에 깨진다면 황제가 뭐라고 할까? 빌라도는 칼을 거두고 해산하라고 병사들에게 명령했다. 그리고 다음날, 형상들은 예루살렘에서 치워졌다.

그 순간은 빌라도에게 끔찍이 당혹스러운 순간이었다. 이 유대인들이 자신의 권한에 도전해서 뜻을 관철했고 그래서 자신을 유약한 사람으로 보이게 만들었다는 느낌이 들었다. 화가 났지만, 자기 자신 말고는 누구도 탓할 수 없었다. 많은 경고에도 불구하고 빌라도는 이 사람들을 죽음 직전으로 몰고 갔고, 이 사람들은 전혀 주저하지 않고 죽음의 문턱까지 갔다. 빌라도는 이 사람들의 확신을 과소평가하는 중대한 실수를 했다. 하지만 그런 실수는 두 번 다시 없었다. 그는 이 사람들을 좀 더 잘 이해하기로 다짐했다. 이들을 높이 평가해서가 아니라 이들을 통제해서 잘 다스리고 싶었기 때문이다.

살아남는 길의 핵심 열쇠는 대제사장들이라고 하던 전임 총독 발레리우스 그라투스의 조언을 빌라도는 늦게나마 떠올렸다. 그라투스는 이렇게 말했다. "열광적 신념을 지닌 사람들을 살펴보면 이들이 사리를 분별할 줄 아는 사람들이라는 것을 알 수 있소. 이 사람들은 권세 있는 자리를 좋아하기 때문에 다루기가 훨씬 수월하지." 그래서 예루살렘을 떠나 가이사랴로 돌아가기 전 빌라도는 대제사장 가야바의 의견을 듣는 자리를 은밀히 마련했다.

이 회동에서 빌라도는 짐짓 겸손한 태도를 내비쳤다. 이는 지금까지 정치인으로 살아오면서 그가 내린 판단 중 가장 현명한 판단으로 손꼽힐 만했다. 빌라도가 보니 가야바는 정말 분별력 있고, 합리적이고, 대화가 통하는 사람이었다. 가야바는 유대인에 대해서, 그리고 이들의 역사, 이들의 신앙에 대해 풍성한 정보를 갖고 있었다. 이들 유대인은 빌라도가 생각한 것처럼 동질성(同質性)을 지닌 사람들이 아니었다. 몇 가지 핵심 신앙이 이들에게 행동을 촉발하는 것은 확실했지만, 이들의 신앙과 관습은 대단히 다양했다. 심지어 일부 교리는 전혀 다르게 해석될 수도 있었다. 바리새파와 사두개파 같은 지역 분파가 등장해, 저마다 독특한 영역을 형성하면서 별개의 가치를 신봉했고, 이 가치를 위해서 기꺼이 죽고자 했다. 이들은 어떤 문서가 참으로 성결한 성경인지에 대해서도 각자 의견이 달랐고, 개인적으로든 집단적으로든 유대인의 내생에 대해서도, 운명과 자유의지에 대해서도, 전례(典禮)의 정결 관련 규정 등에 관해서도 생각이 달랐다. 이들 집단은 어느 집단에도 속하지 않은 일반 유대인에게 어느 때든 영향을 끼칠 수 있었으며, 그중에서도 바리새파가 다수 대중에게 가장 큰 영향력을 자주 행사하는 것 같았다.

또한 빌라도는 대다수 유대인들 사이에 로마에서 독립하기를 바라는 깊은 열망이 있다는 것을 알게 되었고, 이들이 자신들을 구원해 줄 모종의 지도자를 갈망하고 있으며, 도성에서 무엇이든 로마의 분위기를 풍기는 것에 대해서 점점 적대감이 커지고 있다는 것도 알게 되었다. 그러나 무엇보다 중요한 것으로, 빌라도는 가야바가 그런 모든 개념에 반대하며 이 지역의 평화라는 큰 뜻에 깊이 헌신하고 있다는 것을 알게 되었다. 빌라도는 가야바에게서 로마가 바라는 것과 여러 면에서 같은 것을 바라고 있는 협력자의 모습을 보았다. 안정, 평화, 그리고 가능하다면 지속적 번영까지 말이다. 하지만 가야바는 빌라도가 그 평화를 폭력을 통해 성취해서는 안 되며, 폭력을 썼다가는 결국 반란이라는 결과를 낳을 것이라고 단호한 태도를 보였다. 폭력보다는 정치적 요령, 교묘한 조작, 그리고 무엇보다 중요한 것으로, 정보야말로 평화와 안정을 유지하는 데 꼭 필요한 수단이었다.

정보가 있으면 평화와 안정을 위협하는 요소들이 실제 문제로 확대되기 전에 정체를 밝혀내서 무력화할 수 있었다. 정보가 있으면 사람들에게 영향력을 끼칠 수 있는 유력한 제사장, 성경 교사, 장색(匠色)들을 조종할 수 있었다. 정보가 있으면 유리한 관계를 설정할 수 있고, 지나치게 자부심 강한 사람을 타격할 수 있으며, 특별한 이익을 축적해 나갈 수 있었다. 유대 땅의 정치는 복잡했고, 정보를 더 많이 가진 사람은 그런 복잡한 현실을 효과적으로 헤쳐나갈 수 있었다. 가야바는 자신이 이미 상당한 숫자의 밀정들을 확보해 두었다고 빌라도에게 귀띔했다. 그는 빌라도가 원한다면 정보를 공유할 수 있다고 하는 한편, 빌라도 자신도 나름의 정보망을 만들어나가는 게 좋을 거라고 했다.

빌라도의 전임자도 정보를 활용하는 게 잔인한 무력을 쓰는 것보다 더 도움이 될 거라고 조언했다. 심지어 그는 잘 조직된 밀정 연락망을 빌라도에게 남겨 주기도 했다. 하지만 빌라도는 창피를 당하고 나서야 비로소 그런 조언에 귀를 열었다. 정보를 활용하기보다 무력을 먼저 쓰는 일은 두 번 다시 없을 터였다. 또한 그는 이 대제사장의 말도 다시는 무시하지 않겠다고 다짐했다. 발레리우스 그라투스가 빌라도에게 유대의 대제사장과 잘 지내보라고 한 것은 정말 정확한 조언이었다. 하지만 그라투스가 한 가지 잘못 생각한 게 있었다. 가야바는 권력욕에 따라 움직이는 사람이 아니었다. 권력욕보다 훨씬 더 강한 무언가가 이 제사장을 움직이는 힘이었다. 그것은 바로 평화에 대한 깊은 갈망으로, 이 갈망은 진실한 신앙적 확신과 자기 백성에 대한 사랑에 바탕을 두고 있었다. 빌라도가 가야바를 움직이는 데 필요한 수단은 권력이라는 과시적 요소가 아니었다. 그보다는 빌라도 자신이 평화 문제에 깊이 천착하고 있으며 진심으로 유대인에게 관심을 두고 있는 모습을 보여주고 이를 이용해야 했다.

빌라도가 깊은 생각에 잠겨 있는 그때 수석 보좌관 루시엔이 들어와 말했다. "북부의 밀정들이 갈릴리 사람 예수에 관해 보고서를 보내왔습니다, 각하. 보고서는 각하께서 말씀하신 대로 봉인되어 있습니다."

"고맙네, 루시엔. 탁자 위에 놓아두게."

"달리 지시하실 것은 없습니까, 각하?"

"지금은 없네, 루시엔. 보고서를 읽어 보고, 가야바에게 전갈을 보내든지 아니면 헤롯 안디바에게 보내든지 해야겠지. 그러려면 서기관이 있어야겠군. 서기관이 필요하면 자네를 부르지."

"알겠습니다, 각하. 필요하시면 언제든 부르실 수 있도록 서기관을 대기시켜 놓겠습니다." 루시엔은 그렇게 말하고 방을 나갔다.

빌라도는 창밖으로 펼쳐진 아름다운 바다 풍경을 한참 동안 바라보면서 최대한 마음을 평온하게 했다. 그리고 잠재적으로 정치적 위협이 될 수 있는 인물에 관한 그 보고서를 집어 들었다. 그 사람은 바로 갈릴리 출신 '선지자' 예수였다.

유다

때가 된 듯, 배신자는 집을 나와 근처의 한 선술집 쪽으로 향했다. 유다 일행은 지난 이레 동안 그를 감시해 왔다. 패턴은 늘 똑같았다. 그 사람은 해 질 무렵 자신의 가게에서 나왔고, 집에 가서 가족들과 저녁 식사를 한 뒤 선술집으로 가서 한 시간가량 사람들과 어울렸다.

남자의 이름은 나사로, 아나니아의 아들이며 바리새인이었다. 아나니아는 예루살렘에서 가장 뛰어난 석공(石工)이었다. 성전 건축 때 큰 계약을 따낸 그는 탁월한 솜씨로 공사를 해내 자신의 명성을 크게 높였다. 아나니아는 건물과 주택을 짓는 일은 물론 중요한 개

조 공사까지 해내서 예루살렘 상류층 사람들에게 총애를 받았다. 하지만 지난해 아나니아는 건강 문제 때문에 일을 하지 못했다. 그래서 아들 나사로가 가업을 넘겨받았는데, 갖가지 보고를 종합해 보면 나사로의 경영 수완으로 사업은 계속 번창 중이었다. 하지만 나사로가 로마를 위해 밀정으로 일하고 있다는 사실을 알게 된 이후 유다는 나사로가 돈을 벌어들이고 있는 게 어떤 식으로든 그의 배신행위와 연관이 있지 않을까 의심했다.

유다는 다른 무엇보다도 배신자들만 생각하면 피가 끓어올랐다. 로마는 이 세상 최대의 악이었지만, 로마보다 더 악한 것은 돈을 위해 자기 민족을 배신하는 유대인들이었다. 배신자들은 하나님의 심판의 큰 날 게헨나의 뜨겁디뜨거운 불에 탈 것이다. 배신자들 때문에 동족이 외부의 점령자들에게 예속된 상태가 계속되었다. 그뿐만 아니라 이들이 이권을 독차지하는 바람에 마땅히 돈을 벌어야 할 사람들이 돈을 벌지 못하는 결과가 빚어졌다. 유다가 알기에는 입찰 경쟁에서 줄곧 나사로에게 지는 바람에 재정적으로 어려움을 겪고 있는 석공이 두 사람이나 되었다. 물론 이들은 나사로보다 더 경쟁력 있는 입찰 조건을 제시했다고 한다. 게임이 이렇게 불공정하면 이런 사람들은 어떻게 살아남는다는 말인가? 이런 배신과 불공정 행위가 있기에 매복 공격을 계획하는 일이 훨씬 정당성을 가질 수 있었다. 오늘 밤, 나사로는 자신의 배신행위에 대해 비싼 값을 치르게 될 터였다.

처음에 유다는 나사로를 처치하는 일이 간단하리라고 생각했다.

술집에서 나와 포도주에 만취한 걸음걸이로 비틀거리는 순간이라면 손쉽게 해치울 수 있을 것 같았다. 유다의 대원들이 나사로를 낚아채 빈 건물로 끌고 들어가서 심문을 한 뒤 끝장을 내면 될 터였다. 하지만 감시 이틀째로 들어가면서 상황은 생각보다 복잡해졌다. 나사로를 감시하던 대원들은 그가 가는 곳마다 몸집이 커다란 남자 두 명이 그를 따라다닌다는 것을 눈치챘다. 그 두 남자도 나사로를 감시하는 것일까, 아니면 그를 보호하는 것일까?

두 남자의 정체를 알아내려고 유다는 불량배로 명성이 자자한 남자아이 둘을 고용했다. 한 아이가 모퉁이를 돌아 나사로에게로 달려들어서는 거의 때려눕혔다. 이제 나사로가 몸을 일으키려고 할 때 또 한 아이가 그를 넘어뜨릴 계획이었다. 그런데 첫 번째 아이가 나사로에게 달려들자마자 두 남자가 한꺼번에 튀어나와 비틀거리는 나사로를 부축했다.

원래 길거리에서 술 취한 남자 하나 낚아채기만 하면 되는 간단한 일이 갑자기 그를 보호하기 위해 고용된 근육질 남자 둘까지 없애는 일로 확대되었다. 하지만 유다는 겁내지 않았다. 로마 병사 다섯을 처치한 경험이 있지 않은가. 그 일에 비하면 이 얼뜨기 둘 처리하기는 일도 아닐 터였다.

2.
다가오는 폭풍우

엘르아살

엘르아살은 안채에서 나와 저택을 길게 가로질러 아버지의 서재로 향했다. 예상대로 방 안에 모인 사람은 몇 명 되지 않았다. 고위 제사장은 단 세 명, 가야바의 두 형제와 사촌만 참석했다. 세 사람 모두 수행원을 데리고 왔는데, 다들 혈연관계가 있는 사람들이었다. 가야바는 방 안에 있는 모든 사람을 무조건 신뢰했다. 안나스와 그의 아들들은 고위 제사장 공식 모임에 자주 참석하기는 했지만, 가야바의 집에서 모이는 이런 은밀한 회합에는 한 번도 초대받은 적이 없고, 이런 회의의 존재도 몰랐다. 진짜 업무가 처리되는 곳, 제사장들의 공식 회의에서 다뤄야 할 안건을 정하는 곳도 바로 이곳이었다.

아버지가 입맞춤으로 그를 맞이하고는 신속히 개회를 선언했다.

"오늘 밤 모임에 와 주신 여러분 모두에게 감사드립니다. 아시다시피, 유월절이 다가오고 있고, 늘 그랬듯 준비는 서두를수록 좋습니다. 유월절 자체를 준비하는 동안 제사장들이 할 일은 천천히 논의해도 됩니다. 관례와 순서를 잘 정비해 놓았으니 앞으로 두어 달간 검토해 보면 될 겁니다. 가장 시급한 문제는 유월절 주간에 치안을 유지하는 일입니다. 유월절에는 늘 예루살렘과 유대 지역 전역에 치안과 사회 안정에 대한 우려가 제기됩니다. 하나님의 신실하심과 우리의 거룩한 전통, 그리고 모세가 우리 백성을 애굽에서 인도해 낸 데서 비롯된 우리 삶의 방식을 축하하는 데 초점이 맞춰지도록 우리가 최선의 노력을 다하기는 합니다. 하지만 우리의 그런 노력은 로마의 권세에서 해방되기를 바라는 대중영합주의자들의 요구에 부딪혀 종종 헛일이 되고 말지요. 바리새파 형제들은 유월절을 기회 삼아, 선지자들이 외세의 압제에서 두 번째로 해방될 것을 약속했고, 완전히 회복된 주권적 이스라엘의 태평성대를 약속했다는 것을 사람들에게 계속 일깨우고 있습니다. 물론 바리새파 형제들은 폭력으로 로마에 맞서는 행동은 배격합니다. 그런데 이 형제들은 이스라엘의 영광스런 미래를 내다보는 자신들의 말 속에 도사린 위험을 보지 못합니다. 선지자를 사칭하는 자들이나 열혈 혁명가들이 폭력 혁명 사상으로 그 씨앗에 물을 줄 수도 있습니다."

엘르아살은 이런 연설을 여러 번 들었다. 제사장 파당인 사두개파는 다른 여러 쟁점에 관해서는 바리새파와 번번이 불화했지만, 로마의 권세에 폭력으로 저항하는 것에 대해서는 두 파 모두 대체로 반대했다. 그러나 바리새파가 비폭력을 옹호함에도 아버지가 바리새인들을 위험하게 여기는 것은 이스라엘의 영광스러운 미래에 관해 그들이 하는 말 때문이었다. 바리새인들이 말하는 미래에는 로마의 멸망이 암시되어 있었다. 가야바가 보기에 로마에 대한 이념적 저항과 물리적 저항 사이에는 별 차이가 없었다. 이념적 저항은 언제나 물리적 저항에 불을 붙이는 연료였다.

연설은 평상시의 형식대로 진행되었다. "유월절 때마다 우리는 맹목적이고 어리석은 사람들 문제를 처리해야 합니다. 이들은 약간의 도발만으로도 아무 희망 없는 폭력 사태에 가담할 수 있습니다. 그 폭력이 더 큰 폭력을 불러와 자신들을 짓뭉개리라는 것은 생각하지 않고 말이지요. 그래서 우리는 그 맹목적인 사람들에게서 눈을 떼지 말고 이들이 자기를 스스로에게서 보호할 수 있게 도와야 합니다. 사람들이 이 거룩한 절기를 한껏 축하할 수 있게 최선을 다하는 한편 이 축하 분위기를 틈타 정치적 불안이 조성되는 일이 일절 없게 해야 합니다. 유월절이 돌아올 때마다 나의 가장 깊은 소원은 우리 백성이 정치적으로 어려운 처지에 있다는 생각은 다 잊고 하나님의 택함을 받은 백성이라는 정체성에 초점을 맞춰 주었으면 하는 것입니다. 천지만물의 하나님 앞에 나가는 길을 알려 주는 거룩한 언약, 토라를 선물로 받은 백성이라는 사실 말입니다. 그런 행보야말로 이 하나님을 로마인 지배자들에게 보여 주는 유일한 길입니다. 온 이스라엘이 제사장 나라여야 한다는 토라의 부름대로 산다는 것은 바로 그런 의미입니다. 물론 나는 지금 의인들을 대상으로 말하고 있습니다! 오늘 밤, 우리는 시민들을 불안하게 할 우려가 있는 일들을 처리해서 치안을 유지하는 전략을 의논해야 합니다. '의논이 없으면 경영이 무너지고 지략이 많으면 경영이 성립하느니라'라는 잠언 말씀은 확실히 진리입니다. 내가 가장 신뢰하는 지략가들이여, 어떤 의논을 제시하겠습니까?"

가장 먼저 입을 연 사람은 가야바의 형 아론이었다. "선지자를 사칭하는 자들과 관련해서는 확실히 좋은 소식이 좀 있다네. 사람들이 선지자라고 부르던 말썽꾼 요한이 마침내 공정한 최후를 맞았지. 작년 이맘때 그자는 심각한 위협이었어. 광야에서 세례인지 뭔지를 받고 죄 사함을 얻으라던 그자의 말은 우리 제사장들의 권위뿐만 아니라 성전 자체의 권위에도 도전을 던졌지. 하나님의 참 선지자라면 어떻게 하나님의 참 거처의 명예를 깎아내린단 말인가?"

가야바의 사촌 에스라가 참견했다. "우리는 그자에게 정치적 야망이 있는 것 아닐까 의심했는데, 그자가 빌라도의 심기를 건드린 게 분명합니다. 하나님의 나라가 가까웠다고도 하고 엄청나게 많은 이들이 그자를 따르기도 하니 빌라도가 병사들을 보내 그자를 잡아들이고 따르는 이들을 해산시킬 준비를 했답니다."

아론이 다시 이야기를 이어갔다. "그렇지, 그 광신자가 갈릴리로 가서 헤롯 안디바를 괴롭히지 않았다면 우리가 책임져야 할 폭력 사태가 또 한 번 발생했을 것이네. 인기 있는 선지자가 체포되기만 해도 열심당원들이 사람들을 자극해 격앙시켜서 무장 저항에 나서

2. 다가오는 폭풍우

게 만들 테니 말이지.”

엘르아살의 아버지가 빌라도와 우호적인 관계이기는 했지만, 아론도 에스라도 빌라도가 부임 초기에 저지른 실수를 용서하지 않았다. 두 사람은 총독이 자신의 경솔하고 분별없는 행실에서 교훈을 얻었다고 하는 가야바의 말이 미심쩍었다. 자신들의 이런 생각을 입증하는 증거가 있다고 여겨질 때마다 이들은 바로 이 증거를 지적했다.

아버지가 침착하게 아론의 말에 끼어들었다. “확실히, 그런 위험이 실제로 있었습니다, 형제 여러분. 하지만 사람들에게 존경받는 우리 총독을 깎아내리지는 맙시다. 과거에 총독이 지혜롭게 행동하기보다 성급하게 행동한 적이 많다는 것을 저도 인정합니다. 그리고 이런 폭력적 태도는 평화를 추구하는 우리의 대의에 부정적 영향을 끼쳤습니다. 하지만 여러분이 아시다시피, 지난 몇 년 동안 총독과 저의 관계는 아주 견고해졌습니다. 이곳 예루살렘과 유대 땅의 미묘한 상황과 거기 얽힌 복잡한 일들에 대해 제가 총독을 교육할 기회도 있었고요. 평화를 유지하려면 지혜가 필요하다는 것을, 그리고 감히 말하건대 교활함도 필요하다는 것을 총독은 배워가고 있습니다. 요한이 빌라도의 심기를 건드린 것은 확실하지만, 여러분이 생각하는 것처럼 그 선지자를 무력으로 억압하려는 지경까지 가지는 않았습니다. 물론 고려는 했지만요.”

가야바가 이쯤 양보하자 에스라와 아론은 서로 젠체하는 표정을 주고받았다. 가야바는 못 본체하고 이야기를 이어갔다.

"저의 안내로 빌라도는 다른 전략을, 즉 잠재적 위협을 은밀히 관찰하는 전략을 선택했습니다. 무력을 쓰지 않고도 위협 요소를 제압하는 다양한 전략들과 함께 말입니다. 밀정을 영리하게 활용하면 이 상황에 매우 도움이 될 수 있다고 제가 총독을 설득했습니다. 위협이 있을 때 그것이 어떤 성질의 위협인지 밀정들이 정보를 제공해 줄 수 있다고요. 밀정을 적소(適所)에 심어 두면 잠재적 위협이 있을 때 그 위협을 우리에게 좀 더 유리한 쪽으로 방향 전환을 시킬 수도 있습니다. 요한이 왜 갈릴리로 이동했는지 자신 있게 말씀드릴 수는 없지만, 그의 측근 가운데 있던 한 밀정이 헤롯이 동생의 아내 헤로디아와 불법한 결혼을 한 것에 대해 시끄럽게 떠들어댔다는 소문이 있습니다. 요한이 갈릴리로 관심을 돌린 이유가 그 밀정 때문이었는지 누가 알겠습니까만, 어쨌든 그는 갈릴리 쪽으로 관심을 돌렸고, 덕분에 우리는 평화를 확보할 수 있었던 겁니다."[7]

가야바는 아론과 에스라를 향해 의미 있는 시선을 던졌지만, 두 사람은 여전히 설득되지 않은 얼굴로 고개를 가로저었다. 빌라도가 유능한 통치자요 믿을 만한 우군이 되었다고 두 사람을 설득하기란 정말 끈질긴 노력이 필요한 일이었다.

가야바는 약간 실망한 듯한 표정으로 이야기를 계속했다. "감사하게도 헤롯이 우리를 위해 이 광신적 선지자 문제를 해결해 주었습니다. 헤롯의 방탕한 삶은 구역질 나지만, 평화라는 대의를 섬기려면 이따금 그자에게 의지해도 됩니다. 헤롯은 요한이 유대에 있을 때 빌라도가 그를 처치해 주지 않은 게 불만인 듯합니다. 헤롯은 아무래도 빌라도가 자기 쪽으로 문제를 떠넘겨서 그 선지자의 죽음에 대해 자기를 희생양으로 만들었다고 생각합니다. 그래서 갈릴리 분봉왕과 우리 총독 사이의 긴장된 관계는 갈수록 악화되는 것으로 보입니다. 여하튼, 다가올 유월절에 이른바 선지자라는 이자가 일으킨 소요에 관해서는 걱정하지 않아도 됩니다."

이 말이 사실임은 에스라와 아론도 인정해야 했다.

유다

유다의 대원들은 나사로를 호위하는 사람들을 처리할 방법을 구체적으로 계획하면서 허세와 자신감을 드러냈다. 몇몇은 세 사람을 덮친다 해도 한 사람 잡기보다 많이 어렵지는 않을 거라고 했다. 시므온과 요셉은 한쪽 팔로 목 조르기 기술을 쓰면 놈들이 힘을 못 쓰게 만들 수 있다고 자신했다. 하지만 유다는 친구들만큼 자신이 없었다. 그자들은 거구(巨軀)였다. 여기 모인 어떤 대원보다도 몸집이 컸다. 게다가 그자들이 경호 임무를 맡은 것은 싸움 기술과 경험이 있기 때문이었다. 유다의 대원들 그 누구도 그 기술과 경험을 능가할 수 없었다. 육탄전을 하다가는 많은 일이 잘못될 수 있었고, 따라서 절대 승리를 확신할 수 없었다. 게다가 그런 싸움은 사람들의 이목을 끌 가능성이 높았다.

그 날, 활을 쓰자는 유다의 주장이 결국 친구들을 설득했다. 활은 위험도 훨씬 낮고 소음도 훨씬 덜했다. 게다가 유다는 활을 쓰는 것이 자유를 위해 싸우는 자신의 친구들에게 일종의 명함 같은 것이 될 수 있다고 여겼다. 그 명함을 내밀면 로마인이나 로마에 동조하는 자들의 마음에 두려움을 불러일으키고 불확실한 상황을 조성할 수 있었다. 이 도성에서 자신들이 절대 안전하지 않으며 죽음을 부르는 화살이 언제든 자신들을 겨냥할 수 있다는 것을 유다는 그 자들이 알기를 바랐다.

늦은 밤 길거리에서 술 취한 사람 하나 낚아채는 것보다 훨씬 복잡하기는 했지만, 새로 세운 계획도 아주 단순했다. 궁수 여섯이 경호인 둘을 제거하자는 것이었다. 그런 다음 세 사람이 나사로를 낚아채서, 그의 집으로 가는 길에 있는 빈 상점으로 끌고 들어갈 터였다. 한 사람은 망을 보면서 만약의 사태를 대비하기로 했다.

그날 저녁, 나사로는 언제나처럼 선술집으로 들어섰고, 경호원들이 그를 뒤따랐다. 나사로가 적어도 한 시간, 어쩌면 한 시간 좀 넘게 그곳에 있으리라는 것을 알고 있는 유다는 술집에서 나와 세 블록을 걸어, 나사로를 심문할 빈 상점으로 대원들을 만나러 갔다. 도착해 보니 대원들은 모두 와 있었다. 그저 유다의 생각이었을지 모르지만, 대원들은 로마 병사들을 습격하던 때에 비해 더 자신만만한 것 같았다. 순진한 기대감 대신 결연한 침착함이 엿보였다. 유다는 이번에는 아무 연설도 하지 않았다. 그럴 필요가 없어 보였다. 자신들이 왜 거기 와 있는지, 무엇을 해야 하는지 모두 다 알고 있었다. 이들은 계획된 내용을 다시 한 번 신속히 확인한 뒤 각자 위치로 갔다.

시간은 느리게 흘러갔고, 마침내 나사로가 술집에서 나왔다. 술취한 것이 확실했지만, 다른 때만큼 심하게 취한 것 같지는 않았다. 오늘 밤은 좀 수월하게 가는 걸까, 유다는 생각했다. 나사로가 거리로 나선 지 채 일 분도 지나지 않아 경호원들이 따라붙었다. 평소처럼 그들은 나사로에게서 약 20미터 정도 거리를 유지했다. 나사로는 이들의 존재를 단 한 번도 신경 쓰지 않았다. 유다는 멀찍이 이들을 뒤따랐다. 유다가 예상했던 대로 이렇게 밤늦은 시각의 거리는 텅 비어 고요했다. 모든 것이 계획대로 진행되고 있었다.

나사로는 첫 번째 블록을 지났다. 두 번째 블록을 지나면 궁수들이 경호원을 처치할 터였다. 유다의 귀에 낮은 휘파람 소리가 들렸다. 나사로가 두 번째 블록을 지나 세 번째 블록으로 다가오고 있다고 망보는 대원이 신호하는 소리였다. 그때 팅 하고 활시위 튕기는 소리가 들렸다. 그 즉시 화살 세 개가 목표물 하나에 명중했다. 두 개는 가슴에, 하나는 목에 꽂혔다. 화살을 맞은 자는 아무 소리도 내지 못하고 바닥으로 푹 고꾸라졌다.

두 번째 과녁을 쏠 때는 그렇게 운이 좋지 않았다. 화살 하나는 완전히 빗나갔고, 다른 하나는 사내의 어깨에 맞았고, 또 하나는 허벅지에 맞았다. 사내는 고통스러워 큰 소리로 울부짖으며 바닥으로 쓰러졌다. 울부짖는 소리에 나사로가 걸음을 멈추고 주변을 둘러보았다. 경호인 하나가 바닥에 죽어 있고 또 한 사람은 화살이 몸에 꽂힌 채 몸을 일으켜 세우려 안간힘을 쓰고 있는 것을 본 나사로는 그 자리에 얼어붙었다. 살아남은 사내가 고함쳤다. "도망쳐요!"

위험에 처했다는 것을 돌연 알아차린 나사로는 방향을 틀어 달리기 시작했다. 바로 그때 시므온과 요셉이 골목에서 나타나 그를 바닥으로 쓰러뜨렸고, 나사로는 고함을 지르며 죽지 않으려고 발버둥을 쳤다. 살아남은 사내는 몸을 일으켜 세우고는 나사로를 보호하기 위해 비틀거리며 다가왔다. 엄청난 힘과 결단력이었다. 그때 화살이 또 한 번 일제히 날아왔고, 사내는 화살을 두 번 맞았지만, 그래도 계속 나사로 쪽으로 걸음을 옮겼다.

유다는 이제 자신이 직접 마무리할 때가 되었다고 판단했다. 그는 단검을 빼 들고 경호원을 향해 전력으로 달려갔다. 화살 하나가 머리 위로 윙 하고 날아가는 걸 보면서 까딱하다가는 대원들의 화살에 자신이 맞을 수도 있다는 사실에 정신이 퍼뜩 들었지만, 그래도 그는 질주를 멈추지 않았다. 마침내 사내에게 이른 유다는 단번에 그의 뒤통수를 움켜쥐고 단검을 목으로 찔러 넣었다. 뜨뜻한 피가 유다의 손으로 훅 내뿜겼다. 사내의 몸에서 생기가 빠져나가는 것을 느낀 유다는 축 늘어진 몸을 손에서 놓았다. 시신은 힘없이 바닥으로 무너졌다.

고개를 들어보니 시므온과 요셉이 나사로와 씨름하고 있었다. 시므온이 나사로의 목을 조르며 골목으로 끌고 들어가려 안간힘을 쓰고 있었지만, 나사로는 아직 거칠게 저항하고 있었다. 주변의 집들에서 불이 켜지기 시작하자 유다는 누가 나와서 무슨 일인지 살피기 전에 이 자를 빈 상점으로 끌고 들어가야 한다는 것을 깨달았다. 유다는 서둘러 달려가 나사로의 발을 눌러 발길질을 못 하게 했다. 세 사람은 함께 나사로를 제압한 뒤 골목을 따라 내려가 상점 안으로 끌고 들어갔다. 그리고 나사로의 몸을 결박하고 재갈을 물린 뒤 의자에 묶었다. 놀란 탓에 술이 다 깬 나사로는 공포에 질려 휘둥그레진 눈으로 자신을 납치해 온 사람들을 쳐다보았다. 그는 이 사람들이 자신을 죽일까 봐 두려워하는 게 분명했고, 유다는 그가 목숨을 부지하기 위해서는 무엇이든 하리라는 것을 알아차렸다.

엘르아살

말썽꾼 선지자 요한에게서 벗어났다고 모두 고마워했지만, 에스라의 말에 방 안 분위기가 일순 가라앉았다. "요한이 제거되어서 저도 감사하기는 하지만, 이 선지자들은 바퀴벌레 같은 존재들이라는 사실을 여러분에게 일깨우고자 합니다. 하나를 죽이면 또 하나가 나타나지요. 우리가 지금 그런 곤경에 처한 것이 아닐까 염려됩니다. 요한이 죽은 이후, 예수라고 하는 자가 사람들에게 엄청난 인기를 얻게 되었습니다. 그가 병자를 고쳐 주고 귀신을 몰아낸다고 여러 곳에서 보고가 들어옵니다. 모종의 기적으로 먹을 것을 만들어내서 엄청나게 많은 갈릴리 촌사람들을 다 먹였다는 이야기까지 들었습니다. 사람들은 그자를 역사에서 유명한 엘리야와 엘리사에 비교하고 있습니다. 제가 알기로 그자는 갈릴리 지역에서만 활동하고 있고, 그래서 지금 시점까지는 예루살렘에 아무 위협도 되지 않고 있습니다. 제 소식통에 의하면, 헤롯이 이 예수라는 자에게 몹시 신경을 쓰고 있고 그를 자세히 관찰하고 있다고 합니다. 하지만 인기 있는 선지자 하나를 이미 죽였기 때문에, 헤롯은 또다시 피를 보는 건 달갑지 않아 합니다."

엘르아살은 아직 발언 전이었으나, 선지자 예수라는 말을 들으니 한 가지 기억이 떠올랐다. "이 예수라는 자를 전에 본 적이 있는 것 같습니다. 제가 기억하는 그 사람은 틀림없이 갈릴리 사람이었습니다. 작년인가? 재작년의 한 절기 때였습니다. 아마 부림절이었던가? 하지만 제 기억에 의하면 그자는 추종자도 얼마 없는 자칭 토라 전문가에 지나지 않았습니다. 그자는 성전 바깥마당이나 벳세다 연못처럼 사람들이 많이 모이는 곳에서 가르치곤 했는데, 제가 생각하기에 벳세다에서 그를 본 것 같습니다. 그때 들은 말로 판단하건대, 그자는 아주 순진하기는 했지만, 선지자의 전통이 그자의 토라 해석에 강한 영향을 끼친 것 같았습니다. 제 기억이 정확하다면, 그자는 가난한 사람들을 대하는 태도에 관해 많은 말을 했고, 일부 바리새인들이 십일조는 시시콜콜 따져가며 하면서 자기 부모 돌보기는 소홀히 한다던가, 뭐 그런 종류의 이야기를 장황하게 늘어놓았습니다." 십계명의 다섯 번째 계명을 어겼다고 시골뜨기 출신의 이 선생이 자신을 비난하자 한 바리새인이 못 믿겠다는 표정을 짓던 것이 생각나 엘르아살의 얼굴에도 옅은 미소가 번졌다.[8]

"그렇군." 가야바가 대답했다. "그자는 전에 예루살렘에 여러 번 온 적이 있고, 내가 알기에는 대개 절기 때 왔다. 그리고 그렇게 여러 번 와도 비교적 별 관심을 끌지 못했지. 네가 그자를 가리켜 자칭 교사라고 했는데, 예루살렘에 왔을 때 그자의 모습이 정확히 그러했다. 고작 몇 안 되는 사람들을 끌어모아 놓고는 선지자의 시선을 통해 토라를 해석했고, 하급 바리새인이나 서기관들과 시시한 언쟁을 벌였지. 한 번은 그자가 맹인을 치료해 주었다는 소문이 있었지만 별 주목을 못 받았고, 청중을 늘리려고 재주를 부린 거라고 생각하는 이들이 많았다. 하지만 작년에 보니 상황이 많이 달라진 것 같았다. 에스라의 말이 지금 상황에 더 근접한 평가 같다. 물론 충분하다고는 할 수 없겠지만 말이다. 어떤 이들은 이 예수를 정말 선지자로 보기도 하지만, 이 자가 자기를 메시아적 인물로 소개하고 있다는 소문이 빠른 속도로 퍼지고 있다. 이 자는 하나님의 나라가 가까웠다고, 혹은 자신이 하는 일 속에 그 나라가 실제로 임했다고 선포한다. 지금 많은 사람이 이 자의 소위 능력 있고도 기적적인 행위를 보고는, 오래 기다려 온 하나님의 돌연한 강림이 이뤄졌고 이스라엘의 영광스런 미래가 바로 코앞에 이르렀다는 표적으로 해석하고 있다. 이 갈릴리 시골뜨기가 정말 대단한 미래를 열어가고 있는 게 확실하다. 그 터무니없이 어리석은 믿음으로 말이지!" 가야바는 역겹고 못마땅하다는 듯 고개를 흔들었다. "그자는 심지어 이스라엘의 열두 지파를 회복한다는 하나의 상징으로, 자기를 따르는 무리 중에서 열두 명의 지도자까지 임명한 것 같다!"

"선지자 예수에 관한 이 정보의 출처는 어디입니까?" 가야바의 막냇동생이자 지나칠 만큼 신중한 시므온이 물었다. "실체 없는 이상한 소문이 갈릴리에서 자주 들려옵니다. 배운 것 없는 그 촌사람들의 상상이 얼마나 빗나갈 수 있는지 잘 아시잖아요. 대단찮은 시골뜨기 선생 하나를 둘러싸고 소문과 추측이 점점 커진 것일 뿐이고, 지금도 그자는 예루살렘을 찾아왔을 때 우리에게 입증된 모습 그대로이지 않을까요?"

"처음엔 나도 그렇지 않을까 생각했다, 시므온. 예수에 관해 내 귀에 들어오는 정보는 예루살렘에 다니러 온 갈릴리 사람들에게서 한 다리, 두 다리 건너서 전달되는 정보뿐이었으니까." 가야바가 대답했다. "그런데 소문이 퍼지고 있기에 내가 밀정 몇 사람을 보내 새 소식을 수집해 오라고 했다. 밀정을 많이 고용할 여유가 없어서, 대부분 이곳 예루살렘에서 중요한 임무들을 수행 중인데, 그중 셋을 갈릴리의 각각 다른 지역으로 보냈지. 한 사람은 가버나움으로 보냈는데, 짐작건대 그곳이 현재 그자가 머무는 곳인 것 같다. 그리고 또 한 사람은 그자가 태어난 곳으로 추정되는 나사렛 근처 세포리스로 보냈다. 마지막 한 사람은 갈릴리의 수도 디베랴로 보냈지. 세포리스와 디베랴로 간 자들은 허탕이었다. 이 예수라는 자가 이 대도시에는 한 번도 가지 않은 것 같으니 말이다. 그자는 도시보다 갈릴리 호수 주변 촌에서 가르치기를 더 좋아해서, 작은 마을들로만 돌아다닌다."

이 말에 시므온은 두 손을 번쩍 치켜들었다. 이 정보가 갈릴리의 무식한 촌사람들에 관한 자신의 의심을 확인해 주기라도 한 듯 말이다. 엘르아살은 삼촌을 지지한다는 듯 고개를 끄덕여 보였다.

가야바는 두 사람의 교감을 무시한 채 이야기를 계속했다. "이 밀정들은 예수가 지금 어디에 있을 것이라는 소문을 빈번히 듣기는 하는데, 그자를 찾으려고 그곳에 가면 이미 다른 곳으로 가고 없다고 했습니다. 둘 중 누구도 예수를 보지 못했지만, 사실상 그곳 주민들 모두가 한결같이 내가 여러분들에게 보고한 것과 똑같은 말을 하는 것을 들었다고 합니다. 예수를 보았다는 사람들이 많았지만, 그자의 가르침이 어떤 성격의 가르침이었는지에 대해서는 이야기가 엇갈린다고 합니다. 어떤 이는 그자가 보여준 모습은 능력 있는 선지자의 모습이었다고 하고, 어떤 이는 겸손한 토라 교사의 모습을 보였다고 하고, 또 어떤 이는 이스라엘 구원자의 모습이었다고 합니다."

"하지만 가버나움으로 갔던 밀정은 운이 좋았습니다. 그는 예수를 볼 기회가 한 번 있었고, 그가 가르치는 말을 들었다고도 했습니다. 그는 사람을 휘어잡는 힘이 있었고, 사람들은 그자가 하는 말 한 마디 한 마디에 매달렸다고 합니다. 그의 설교는 임박한 하나님의 나라에 초점을 맞춘 게 확실했지만, 대부분 비유를 사용해서 말을 했기 때문에 그가 하는 말의 의미를 완전히 파악하기 힘들었다고 합니다. 밀정의 말이, 예수가 집 없이 떠도는 마을 사람에게서 귀신을 쫓아내 주는 것도 보았다고 하네요. 물론 그런 증언에서 별 의미를 끌어낼 수는 없겠지만 말이지요. 그 밀정은 그런 말도 안 되는 일을 충분히 믿을 사람입니다."

시므온이 그거 보시오, 내 말이 맞잖소 하는 표정을 또 한 번 지어 보였지만, 가야바는 이번에도 못 본 체하고 이야기를 계속했다.

"그 밀정이 예수를 쫓아가려고 했는데, 예수와 그 추종자들이 배를 타고 호수 건너편으로 갔다고 합니다. 그리고 이 일 후 가버나움에서는 예수를 다시 보지 못했다고 합니다. 도성 사람들에게 예수에 관해 많이 물어보았는데, 예수가 정말로 이스라엘을 구원하려고 하나님께서 세우신 메시아라고 생각하는 이들이 많았다고 하네요. 그런데 또 어떤 이들의 보고로는, 예수가 그런 정체성에 관해 여전히 모호한 태도를 보인다고 합니다. 명확히 메시아가 아니라고도 안 하고 맞다고도 안 한다는 것이지요."

엘르아살이 다시 입을 열었다. "빌라도는 이 사람의 존재를 알고 있는 게 분명합니다. 빌라도에게도 따로 첩자와 밀정이 있으니까요. 빌라도에게는 어떤 정보가 들어가고 있을까요?"

"맞다," 가야바가 대답했다. "빌라도는 그자를 알고 있고, 자기 첩자를 통해 그자에 관해 정보를 얻으려 하고 있다. 하지만 빌라도의 첩자들도 우리 밀정들만큼이나 성과를 못 올렸지. 문서를 비교해 보면 양측이 아주 비슷하다. 빌라도의 밀정 하나가 우리 밀정은 듣지 못한 가르침을 들었다고 한다. 예수가 원수를 사랑할 필요성에 대해 말하는 걸 들었다는데, 처음에는 정치적으로 무엇을 타도하려는 태도와는 거리가 멀어 보였다고 한다. 그런데 원수를 사랑하라고 말하던 바로 그 입으로 자신은 화평이 아니라 검을 가지고 왔다고, 그것이 가정을 분열시킬 것이라 말했다고 한다. 그런 말 때문에 빌라도가 정말 신경을 썼는데, 이제 사법 관할 문제 때문에 빌라도는 예수를 헤롯 안디바가 처리해야 할 문제로 보는 듯하다."

"하지만 빌라도는 이 자가 갈릴리에서와 마찬가지로 예루살렘에서도 곧 골칫거리가 될 수 있다는 걸 알고 있는 게 분명하지요?" 에스라는 총독에게 실망했다는 뜻을 한층 분명히 드러내며 물었다. "그자는 예루살렘에 이미 여러 번 왔었고, 앞으로도 또 왔다가 돌아가겠지요. 그자의 가르침과 행동이 이런 식으로 전개되는 것에 비춰 볼 때, 다음번에 예루살렘에 오면 정말 문제가 될 수 있습니다. 특히 그자의 정체가 메시아라는 소문이 도성에 퍼져나가기 시작한다면 말입니다. 그럴 날이 머지않았다고 저는 확신합니다."

"그 판단이 맞을까 봐 나도 두렵습니다." 가야바가 대답했다. "내가 염려하는 것은 바로 이런 상황입니다. 밀정들의 말이, 예수가 정말 메시아일 수도 있다는 소문이 이미 도성 안에 퍼져 있다고 합니다. 물론 경계를 해야 할 정도는 아니지만요. 그리고 그자가 절기 때마다 정기적으로 예루살렘에 온다고 하니 분명 이번 유월절에도 올 것입니다. 다음번 서신에서 빌라도와 이 문제를 중점적으로 다뤄 볼 생각입니다. 늘 그랬듯, 유월절에 대해서도 의논하고 치안 유지와 사회 안정을 위한 통상적 계획과 관련해서도 곧 빌라도와 의논할 것입니다. 해마다 유례없는 난제들이 등장하는데, 올해도 다르지 않을 것 같군요. 틀림없이 빌라도에게는 치안 유지를 위한 나름의 생각이 있을 테지만, 우리도 우리 나름의 준비를 시작해야 합니다."

빌라도 "나름의 생각"이라는 말이 나오자 아론과 에스라가 서로 걱정스러운 표정을 주고받고는 풀 죽은 얼굴로 고개를 가로저었다.

"제가 보기에는," 시므온이 말했다. "밀정 숫자를 늘리는 게 분별 있는 조치가 아닐까 합니다."

"확실히 그렇지." 가야바는 그렇게 대답하고는 형 아론에게 물었다. "밀정을 새로 충원하는 일은 어디까지 진행되었습니까?"

"오늘 새 밀정 후보 두 사람과 접촉을 시작했다네. 한 사람은 유명한 여관주인 아들이고, 또 한 사람은 지금은 세상을 떠난 바리새파 교사 사울의 아들인데, 자네도 기억하겠지만 사울은 사람들 사이에서 아주 인기가 높았지. 그 아들이 지금은 아버지의 도기 상점을 물려받아 운영한다더군. 그리고 여관은 늘 번잡한 곳이라 뒷공론도 쉽게 얻어들을 수 있는데, 소문을 듣자니 자칭 열심 있는 반도(叛徒)라고 하는 한 무리가 거기서 모임을 한다고 하네. 고립된 로마 병사들을 습격할 때 단검으로 찔러 죽이는 방식을 좋아한다고 해서 자칭 자객(刺客)이라고 한다더군. 이 여관주인 아들을 밀정으로 뽑을 수 있다면 우리한테 아주 유용할 수 있어. 사울의 아들에게 유다라는 사촌이 있는데, 이 자는 비밀 저항 조직의 지도자로 소문나 있지만, 자객들보다 눈에 훨씬 덜 띄지. 지금 시점에서는 우리가 이들에 관해 아는 게 거의 없지만, 이 조직에 유명한 바리새인 교사 두세 명이 가담해 있다는 떠도는 소문을 들었지. 그중 하나는 우리가 존경하는 대 공회의 일원일 수도 있다고 하네. 이 사울의 아들을 우리 편으로 끌어들일 수만 있다면, 그가 이 비밀 조직에 가입해서 귀한 정보를 빼내 줄 수 있을 걸세. 그 사람이 지금 재정적으로 어려움을 겪고 있기 때문에 아마 쉽게 매수할 수 있을 걸세."

엘르아살도 자객들에 대해 들어 알고 있었지만, 최근 일 년 어간에는 이 '암살자'들이 로마 병사를 습격한 일이 없었다. 그런데 두번째 저항 조직 이야기가 나오자 엘르아살은 궁금해졌다. "이 두번째 조직이 여기 예루살렘에서 궁수들이 로마 병사 다섯을 매복 공격한 일과 어떤 관계가 있지 않을까요? 자객들은 절대 활과 화살을 쓰지 않고, 다섯 명이나 되는 로마 병사에게 덤빌 정도로 대담하지도 않습니다."

가야바가 대답했다. "물론 가능한 일이다. 이 사건은 매우 골치아픈 사건이다. 치밀하게 계획해서 능숙하게 수행했지. 다행히, 사건이 일어난 뒤 이른 아침에 보고를 받고, 예루살렘 보병대 사령관 브루투스가 분별없는 행동을 하기 전에 그를 접견할 수 있었다.[9] 짐작했겠지만, 브루투스는 격노해서 문을 박차고 나가기 직전이었지. 사람들을 끌고 가서 지하 감옥에 집어넣고, 로마 병사를 비웃은 적이 있다고 알려진 유대인이라면 무조건 고문을 할 셈이었겠지. 그렇게 했다가는 백성들에게서 더 큰 보복이 있을지 모른다고 경고하면서 내가 그를 만류했다. 그런 극단적 조처를 하기 전에 먼저 빌라도에게 연락해 보고, 당분간은 좀 더 면밀하게 사건을 수사해 보는 게 좋겠다고 했지. 우리 측 밀정들을 시켜 정보를 모은 다음 그런 짓을 벌일 만한 자들을 밝혀내 보겠다고까지 했다. 처음에는 내키지 않는 듯했지만, 내가 도움을 주겠다는 제안에 브루투스는 결국 감사를 표했다. 그런데 유감스럽게도 거의 일주일이 되어

가는데도 밀정들은 쓸 만한 정보를 하나도 캐내지 못하고 있군. 이 사건에서는 아마 아론 형님이 새로 충원하는 밀정들이 쓸모가 있을지 모른다. 도공(陶工)의 아들이 특히 기대되는군."

가야바는 잠시 말을 끊었다. 도성에서 평화를 유지하는 일이란 이토록 무거운 짐이었다. 폭도들의 위협 때문에 아버지가 밤잠을 못 이룬다는 것을 엘르아살은 알고 있었다.

얼마 후, 가야바가 다시 입을 열었다. "이 도성의 평화는 그렇게 적소에 배치된 밀정들의 활동 위에 구축됩니다. 물론 발각될 경우 그 사람들이 당할 가혹한 보복을 생각하면 먼저 이들을 설득하는 일이 더 힘들기는 하지만 말이지요. 어느 때보다 신중히 행동해서 늘 이 사람들의 안전이 확실히 보장될 수 있도록 해야 합니다." 아버지의 이 말에 엘르아살은 자기도 모르게 광포하고도 섬뜩한 광경을 떠올렸다. 바로 두 달 전, 당국에서는 심하게 훼손된 시신 둘을 발견했는데, 밀정 노릇을 하다가 발각되어 살해당한 두 사람의 시신은 각각 백여 번이 넘게 칼로 난자당한 상태였다. 자객들의 짓이 분명한 이 살인 사건은, 누구든 적을 위해 일하려고 하는 유대인은 이런 꼴을 당하리라는 강력한 메시지였다.

"보복에 대한 두려움이 바로 밀정을 새로 모집할 때 반드시 극복되어야 할 장애물일 것이다." 아론이 말했다. "그 장애물을 극복하는 데는 익명성과 신변 안전이 반드시 보장될 필요가 있다. 최근 로마 병사들이 습격당했을 때 우리 밀정 한 사람의 정체가 드러난 게 아닌가 싶다. 습격 때 분실된 보고서에, 빌라도가 경솔하게 자기 밀정 한 사람의 이름과 함께 우리 측 밀정의 이름을 포함시켰다고 한다. 다행히 이 밀정에게 아직은 아무 일도 안 생겼고, 현재 24시간 경호를 제공해서 혹시 있을 수도 있는 위협에서 그를 보호하고 있다. 하지만 그런 모든 조처가 중요하기는 해도, 내가 생각하기에 보복에 대한 두려움을 극복할 수 있게 하는 최선의 길은 밀정들에게 금전적 대가를 넉넉히 제공하는 것이다. 대가가 적정하기만 하다면 대개는 기꺼이 목숨을 걸려고 하니까."

아론의 말은 새로 충원되는 밀정들을 충분히 보호할 수 있다고 자신하는 말로 들렸지만, 엘르아살은 두 달 전 자객의 칼에 죽은 밀정들에게도 똑같은 식으로 신변 안전을 보장했다는 것을 기억했다.

유다

유다는 나사로 앞에 무릎을 꿇고 앉아 그의 눈을 들여다보며 침착한 목소리로 물었다. "지금 이 순간, 네 목숨이 위태롭다는 걸 알고 있나?"

나사로는 두 눈에 눈물이 가득한 채 고개를 끄덕였다.

"오늘 밤이 어떻게 마무리될지는 전적으로 너한테 달려 있다. 내가 알고 싶어 하는 걸 정직하게 다 말해 준다면 목숨을 부지할 수 있다. 하지만 단 한 가지라도 거짓말을 하면 너는 죽는다. 알아듣겠나?"

나사로는 다시 고개를 끄덕였다. 이번에는 조금 더 힘찬 끄덕임이었다. 유다의 말에 살아서 나갈 수 있다는 약간의 희망을 얻은 것 같았다.

"확실히 해두자." 유다가 말했다. "이제부터 너에게 여러 가지 질문을 할 텐데, 그 중엔 내가 이미 답을 알고 있는 것도 많다. 거짓말하다 들키면 두 번째 기회는 없다. 확실히 알아들었나?"

나사로는 또 힘차게 고갯짓을 했다.

"이제 재갈을 풀어 줄 텐데, 소리를 지르지는 않겠지? 소리를 지르거나 어떤 식으로든 도움을 요청하면 너는 죽는다. 내가 재갈을 풀어 주면 도와 달라고 고함을 지를 텐가?"

나사로는 고개를 가로저었다.

유다가 재갈을 풀어 주자 나사로는 약속대로 가만히 있었다. 이제 마음이 진정된 것 같았고 눈에서도 공포가 사라졌다. 살아 나갈 수 있다는 희망을 그의 앞에 던져 준 것이 제구실을 하고 있었다.

"첫 번째 질문. 너는 로마를 위해 일하는 밀정이냐?" 유다가 물었다. 나사로는 한참을 머뭇거렸다. 그리고 마침내 그는 입을 열었다. "밀정 맞습니다, 하지만 로마를 위해 일하는 밀정은 아닙니다."

유다의 허를 찌르는 답변이었다. 로마의 밀정이 아니라면 누구를 위해 일하는 밀정이란 말인가? "무슨 말이냐, 로마를 위해 일하는 밀정이 아니라고?"

"저를 고용한 사람은 유대인이었어요. 제가 모으는 정보는 로마를 위한 것이 아니라 우리 동족을 위한 것이니 안심하라고 그 사람이 제게 말했습니다. 우리 도성을 안전하게 지키는 일이라고 했다고요!"

"그리고 너는 그 말을 믿었다 이거지, 다른 유대인을 위해서 유대인에 관한 정보를 모으는 거라고?" 유다가 물었다.

"네." 나사로는 소심하게 대답했다. 유다가 큰 소리로 되묻는 것을 듣고는 자신의 답변이 얼마나 어리석게 들렸을지 깨달은 것 같았다.

"로마인들이 유대인을 이용해 밀정을 모집할 수도 있다는 생각은 못 해 봤는가? 너를 설득하려고 그렇게 꾸며내는 거라는 생각은?"

긴 침묵이 이어졌다. 그리고 마침내 나사로가 입을 열었다. "어쩌면 그럴지도 모른다는 생각이 들었습니다… 하지만…."

"하지만 거절하기에는 돈이 너무 좋았다?" 유다가 조소하듯 물었다.

스스로 상황을 악화시키고 있다는 것을 깨달은 나사로는 제정신이 아닌 듯 불쑥 말했다. "우리 도성을 돕는 일이라고 그 사람이 말했다고요! 그 사람은… 그 사람은 로마인이 아니었어요!"

유다는 고개를 가로저었다. "멍청한 놈 같으니! 아니, 멍청이보다 더 나쁘다. 넌 탐욕스러운 배신자 얼간이다!"

나사로는 겁을 내며 몸을 웅크렸고, 눈에는 다시 공포가 어렸다. "죽이지 마요! 제발!"

유다는 침착해진 목소리로 대답했다. "거짓말만 안 하면 죽이지 않겠다고 말했다. 벌써 거짓말했나?"

"아니요! 맹세합니다! 모든 게 다 진실이었어요." 나사로는 울기 시작했다.

"그럼 두려워할 것 없다." 유다가 말했다. "계속 진실만 말하는 한."

"알았습니다! 알았어요!" 나사로는 천천히 침착을 되찾으며 말했다. "진실만 말한다고 약속합니다."

유다가 질문을 이어갔다. "밀정 노릇을 얼마나 했나?"

"고용된 지 일 년 조금 넘었습니다."

"그래 그놈들이 돈을 얼마나 주던가?"

나사로는 고개를 떨궜다. "약정으로 지급합니다." 나사로는 기어들어가는 소리로 대답했다.

기대했던 대답이었지만, 유다는 더 밀어붙였다. "설명해 봐. 약정으로 지급한다는 게 무슨 뜻이지?"

"제가 정보를 제공하는 동안에는 이 도성의 대형 석조 건축 공사를 대부분 다 제가 맡게 해주고, 때로는 다른 도성의 공사까지 계약하게 해줍니다."

"그러니까 적에게 정보를 넘겨줘서 동족을 배신할 뿐만 아니라 자격도 없이 계약을 독점해서 다른 석공들의 생계까지 위협한다는 거군?"

나사로는 고개를 떨군 채 아무 말도 하지 않았다.

"그런 거래를 해야 할 이유가 뭔가?" 유다가 물었다. "네 아버지는 이 도성에서 제일 잘 나가는 석공으로 손꼽혔고, 감히 말하건대 동족을 배신하지 않고도 이 성공을 일궜다. 아니, 네 아버지도 배신자였나?"

"아닙니다!" 나사로는 격하게 부인했다. "제 아버지는 정직하고 선한 분입니다. 모든 걸 당신 능력으로 얻었어요." 나사로의 눈에 다시 눈물이 차올랐다. 하지만 이번엔 두려움의 눈물이 아니라 수치스러워 흘리는 눈물이었다. "나는 아버지가 아닙니다. 아버지가 병이 나셔서 내가 사업을 물려받았는데, 아버지 때만큼 잘되지 않았습니다. 사업은 기울어가기 시작했어요. 전에는 한 번도 놓친 적이 없는 계약을 놓치기 시작했습니다. 많은 계약을요. 사업이 망할까 봐 두려웠습니다. 바로 그때 중간 연락책이 접근해 왔습니다. 그 사람이 하자는 대로 하면 모든 걸 지킬 수 있었습니다. 제 명예를 지키는 길이기도 했고요."

"아이러니군." 유다가 말했다. "명예를 지키려고 했는데 오히려 명예를 잃고 말았으니 말이야."

이번에도 나사로는 아무 말이 없었다. 눈물이 두 뺨으로 흘러내렸다.

"정보는 어떻게 전달했나?" 유다가 물었다.

나사로는 잠시 마음을 가라앉히고 나서 대답했다. "늘 그 연락책한테 넘겼습니다, 보통 일주일에 한 번이나 두 번씩요. 그 사람이 절 찾아왔죠, 대개는 제 가게로요. 급하게 보고할 일, 도성의 평화를 위태롭게 할 만한 일이 있을 때는 그 사람에게 신호를 보내기로 되어 있었습니다. 하지만 그런 일은 한 번도 없었어요."

"어떤 신호를?"

"가게 진열창에 단지 하나를 갖다 놓아요. 단지 방향을 반대쪽으로 돌려놓으라고만 했어요."

유다는 고개를 끄덕였다. "이제 거의 끝났다. 잘해 주었다." 유다는 친절한 목소리로 말했고, 유다의 이 말에 나사로는 안심했다. 그는 터널 끝에 빛이 비치는 걸 보기라도 하는 것 같았다.

"어떤 종류의 정보를 넘겨주었나?"

"그다지 중요한 건 아니었어요. 적어도 제가 보기에는 하나도 중요해 보이지 않았어요. 술집이나 제 가게에서 사람들이 대화하는 것을 보고할 때도 있었고, 때로는 몇몇 손님을 특별히 접대하면서 이런저런 정치 문제에 대해 좀 더 알아내야 할 때도 있었습니다. 한동안은 세례 요한이 가르치는 곳에 가서 그가 뭘 가르치는지, 주변에 모인 사람들의 성향은 어떤지 보고하라고도 했어요. 그자가 폭력적 저항에 대해 말하는가? 군중들은? 겨우 몇 번 가보았을 뿐인데 그 선지자는 갈릴리로 가버리더군요."

"네가 넘긴 정보 때문에 체포되거나 죽은 사람이 있나?" 유다가 물었다.

"없습니다!" 나사로가 단호히 대답했다. "제가 넘긴 정보 때문에 같은 이스라엘 사람이 해를 입은 경우는 단 한 번도 없어요."

"네가 그렇게 알고 있는 거겠지." 유다가 말했다.

"네… 네, 저는 그렇게 알고 있습니다."

"좋다, 내가 알고 싶은 건 다 들었고, 네가 진실만 말했을 것으로 믿는다."

"그럼 이제 보내 주시는 겁니까?"

"물론이지. 나는 한번 말한 건 지키는 사람이다. 이제 밧줄을 풀어 주지."

나사로는 안도의 한숨을 내쉬며 몸에서 긴장을 풀었다. 유다는 나사로의 등 뒤로 가서 단검을 꺼내 들고는 단번에 그의 목을 내리그었다.

피가 솟구쳐 손등으로 쏟아지는 순간 유다는 어안이 벙벙해진 나사로의 눈을 들여다보며 잔인한 미소로 말했다. "배신은 변덕스러운 애인 같지."

눈 깜짝할 사이에 나사로는 죽었다. 유다는 대원들에게 신호를 보내 시신을 밖으로 끌어내게 했다. 대원들이 나사로의 시신을 골목 벽에 기대 앉혀 놓자, 유다는 자신의 손에 묻은 이 석공의 피로 그의 머리 위 벽에 "배신자"라고 썼다. 그리고 대원들을 돌아보며 말했다.

"모든 유대인이 이 소식을 듣고 적과 내통하는 게 얼마나 위험한 일인지 깨닫기를!"

빌라도

발코니에 앉아 내려다보는 아름다운 풍경 덕분에 빌라도는 마음이 조금 편안해졌다. 그는 벌써 몇 시간째 갈릴리의 밀정이 보내온 소식을 곰곰이 생각 중이었다.

갈릴리의 선지자 예수.

그런 별 볼 일 없는 마을 출신의 하찮은 사내가 어떻게 유대 지역에서 가장 권세 높은 사람을 이렇게 고민하게 만들 수 있을까?

이스라엘이 세상을 다스리게 될 것이라는 유대인들의 소망이 낳은 성가신 부산물은, 자신이 바로 이 소망을 실현할 사람으로 하나님께 임명받았다고 사람들 앞에서 주장하는 미치광이가 이따금 등장한다는 것이었다. 돈이나 특권이나 권력을 가진 사람 중에는 그런 이가 없었다. 많이 배운 이도 드물었다. 이들은 자기주장을 뒷받침할 만한 아무런 증거도 제시하지 못했지만, 사람의 마음을 휘어잡는 개성이 있었기 때문에, 지푸라기라도 잡고 싶은 사람들은 이들의 말을 믿고 주변으로 모여들었다. 이 사람들이 로마 제국을 무너뜨릴 가능성은 적었지만, 제대로 처리하지 않을 경우 말썽을, 그것도 큰 말썽을 일으킬 수 있는 것은 분명했다. 이들은 손가락에 박힌 가시 같았다. 나를 죽일 가능성은 없지만, 신경 쓰지 않고 놔두면 감염이라는 성가신 문제를 일으킬 수 있었다. 부지런함이 중요했다. 이런 인물들을 신속히 밝혀내고 제압하는 일에 정통해야 했다.

현재까지는 빌라도도, 빌라도의 전임자들도 두 가지 모두를 썩 잘해냈다. 그런 미치광이 하나가 이 지역의 평화와 안정에 심각한 위협을 가한 이후 거의 삼십 년이 지났다. 로마 황제가 종속왕 헤롯 아켈라오를 제거하고 유대 지역을 로마의 직접적 지배 아래 두었을 때, 갈릴리 출신의 유다라고 하는 어떤 사람이 다수의 사람을 모아 반역을 일으켰다.[10] 위협은 순식간에 기반을 다졌지만, 새 총독 바루스가 이 반역을 진압하고 유다를 죽였다. 총독은 반역자가 어떻게 되는지 본을 보이려고 유대인 수천 명을 십자가에 매달아 죽였다. 이로써 이 지역에는 상당한 평화가 찾아왔고, 이 평화 덕분에 총독은 밀정과 첩자의 연락망을 효율적으로 구축해서 잠재적으로 위험한 인물들을 밝혀내 이들이 문제를 일으키기 전에 제압할 수 있었다. 지난 이십여 년 동안, 이렇다 할 만하게 평화를 무너뜨린 '메시아'는 나타나지 않았다. 광신자가 몇 명 등장하기는 했지만, 로마 측에서 부지런히 움직여서 이들을 아예 싹부터 잘라버렸다.

빌라도는 최근 요한이라는 인물 때문에 흠칫 놀랐다. 사람들이 '세례자'라고도 부르는 요한은 유대 성전 당국자들의 권위에 도전했고 죄를 깨끗이 씻음 받으려면 광야로 나오라고 평범한 사람들을 불러냈다. 더러운 요단 강물에 몸을 담그면 사람들의 영혼이 깨끗하게 되기라도 하는 것처럼 말이다. 요단 강물은 컵 하나도 깨끗하게 하지 못하는 물인데! 사람들 무리가 요한을 찾아 광야로 나왔고, 많은 이들이 요한 옆에 머물며 그의 가르침에 귀를 기울였다. 초기의 이런 인기 때문에 빌라도는 바짝 긴장했다. 처음에는 병사들을 보내 요한을 체포하고 추종자들을 해산시킬까도 했다. 하지만 대제사장 가야바가 그런 조치에 대해 주의를 주었다. 가야바는 인기 있는 선지자를 체포하면 빌라도가 피하려고 하는 바로 그 폭동 사태에 불을 붙이는 격이라고 주장했다. 게다가, 요한이 하는 모든 말로 미루어 볼 때 그는 반(反)로마라는 의제보다는 유대인들이 더 큰 복락(福樂)을 누리게 하는 일에 더 관심이 있는 것 같았다. 무력보다는 밀정을 고용해서 자세히 관찰하고, 가능하다면 위험인물들 사이로 침투까지 하는 것이 나을 거라고 대제사장은 제안했다.

과거의 실수에서 배운 게 있는 빌라도는 제사장의 말을 경청하기로 했다. 물론 이것이 실수는 아닐지 곧 또 염려되기는 했다. 요한의 인기가 커짐에 따라 그를 둘러싼 정치적 수사(修辭)도 늘어나면서 추종자들 사이로 스며들었다. "하나님의 나라"가 임박했으며, 그때가 되면 이스라엘의 하나님께서 자신이 정한 왕을 통해 모든 압제자를 타도하실 것이라는 소문이 점점 더 많이 떠돌았다. 요한과 가장 가까운 몇몇 제자들은 성전 당국자들은 물론 로마에 맞서 폭력적 행동을 취해야 한다고 요한을 설득하려고 했다. 빌라도는 이런 보고를 듣고 병사들을 보낼 준비를 했다. 그는 제사장의 말을 충분히 들었고 반역의 꽃이 이제 곧 만개하리라는 것을 감지했다.

하지만 빌라도가 고용한 밀정 중 스가랴라는 유대인이 요한의 신뢰를 얻은 뒤, 헤롯 안디바가 이복 형제의 아내인 헤로디아와 불법 결혼을 했다고 떠들어대며 요한의 관심을 끌기 시작했다. 로마가 예루살렘을 점령한 것에 맞서 폭력적으로 행동해야 한다는 강경한 목소리들이 있었지만, 이 목소리들은 요한을 설득할 수 없었다. 하나님의 선지자로서, 이 땅의 통치자들이 자기 죄에 책임을 지게 하고 회개를 요구하는 것이 요한의 책임이었다. 그래서, 이 열심 있는 세례자 문제를 처리하려고 병사들이 가이사랴를 출발하던 바로 그때, 요한은 헤롯의 부정(不貞) 문제와 싸우려고 소규모의 제자들과 함께 갈릴리로 향했다. 요한을 따르던 많은 무리는 곧 해산했고, 유대 땅에 대한 위협도 사라졌다. 그 소식을 듣고 빌라도는 그날 밤 오래도록 축하하는 시간을 가졌다! 이번에도 결국 제사장의 말이 옳았다.

불과 몇 달 후, 헤롯은 요한을 체포했고, 오래지 않아 처형했다. 그 후 한동안은 열정적 선지자가 한 사람도 등장하지 않았다. 그런데 이제 이 예수라는 자가 나타났다. 빌라도가 아는 한 이 자는 갈릴리 사람들에게 인기 있는 교사로 출발했고, 어떤 이들은 그가 기적을 행한다고도 주장했다. 이 자는 예루살렘에 여러 번 간 적이 있는 것 같은데, 주로 절기 때 방문했고, 예루살렘에 머무는 동안 어떤 소동을 일으키거나 큰 관심을 끈 적은 없었다. 예루살렘 지배층이나 빌라도 자신의 관심을 끌 만한 그 어떤 행동도 하지 않았다. 빌라도는 전에 밀정들의 보고서에서 그의 이름을 분명 들어본 적이 있었지만, 예수에 관한 모든 보고서는 하나같이 재미가 없었다. 예수는 신앙 교사였고, 어쩌면 자기 동족에게는 약간 논쟁을 일으킬 만했지만, 겉으로 보기에 정치에 관심이 없어 보였다. 결국, 예수는 빌라도가 염려할 만한 이유가 전혀 없는 사람이었다.

하지만 지난해에는 사정이 달랐다. 북쪽에서 활동하는 빌라도의 밀정들이 예수의 인기가 빠르게 높아지고 있다고 알려 왔고, 이와 더불어 예수가 유대인들이 오래 기다려 왔던 구원자라고 하는 소문도 들려 왔다. 이런 보고에 놀라기는 했지만, 빌라도는 신속히 행동에 나섰다. 첩자를 추가로 보내 정보를 더 많이 수집했다. 그리고 그중 몇 사람에게는 그 선지자에게 가까이 다가갈 것을 지시했다. 빌라도는 세례 요한에게 아주 잘 먹혔던 바로 그 전략을 쓸 생각이었다.

예수의 위치를 찾아내는 데는 시간이 좀 걸렸다. 하지만 일단 찾고 나서 예수와 함께 다니는 큰 무리 틈에 끼어들기는 어렵지 않았다. 집과 가족을 떠나 이 사람을 따르고자 하는 사람은 누구든 그렇게 해도 되는 것 같았다. 하지만 이 사람에게 가까이 다가가, 그의 계획을 알고, 신뢰를 얻기는 훨씬 어려운 것으로 드러났다. 이 자는 직접 선택한 열두 사람에게 에워싸여 있었고, 이 열두 명은 적어도 이 년 동안 이 사람과 함께 다닌 이들이었다. 예수는 자신을 좇는 제자 무리를 가르쳤고, 그중 많은 이들과 친구인 것은 확실했지만, 자신의 계획이나 의도 혹은 목적에 대해서는 이들에게 전혀 이야기하지 않았다. 예수는 이 사람들에게 다정했고, 이들의 삶과 욕구에 진심으로 관심이 있는 것 같았다. 그런 관심이 사람의 마음을 끌고 휘어잡는 힘과 결합해 이들을 예수에게로 이끈 게 틀림없었다. 하지만 예수는 이 큰 무리 사람 중 그 누구도 신임하지 않았으며, 이들의 조언을 구하거나 이들에게 속내를 털어놓는 일도 없었다. 짐작건대 예수가 자기 손으로 선택한 열두 명은 예수에게 가까이 다가갈 수 있었고 속내를 알 수 있는 특권도 있는 것 같았다. 예수와 예수가 뽑은 열두 사람은 대개 무리에게서 떨어져 있다가 나중에 합류하곤 했다. 이들을 따른다거나 혹은 이들의 계획이나 목적지에 관한 질문은 허용되지 않는 게 분명했다. 그런 비밀주의만으로도 빌라도는 염려스러웠다. 증거가 없는데 결론을 내린다는 것은 언제나 위험한 일이었지만, 빌라도로서는 이런 은밀한 모임이 낳을 최악의 상황을 염려하지 않을 도리가 없었다.

예수에게 직접 접근할 길이 없었기에 빌라도가 얻는 정보는 모두 무리를 향한 예수의 가르침에서 얻은 것들이었다. 보고서를 읽던 빌라도는 자신이 공포와 안도의 경계에 앉아 있음을 깨달았다. 예수의 가르침의 면면은 반(反)로마적으로 보였다. 예수는 임박한 '하나님의 나라'에 관해 자주 말했는데, 이는 이스라엘이 언젠가 세상을 다스리게 될 것을 언급하는 말이 틀림없었다. 이 나라는 부유하고 힘 있는 자들(아마도 로마와 로마에 협력하는 자들)에게는 화(禍)를 안길 것이고 가난하고 힘없는 자들(촌뜨기들이 세상을 다스리려 한다니 상상만 해도 웃음이 나왔지만 그건 어디까지나 이들이 정말로 그런 시도를 할 위험이 있다는 생각을 하기 전의 일이었다)에게는 힘을 준다고 했다. 이 나라는 시작은 겨자씨처럼 작겠지만, 거대한 나무로 자라리라고 했는데, 이는 이 작고 별 볼 일 없는 무리가 언젠가는 세상을 다스리게 될 것을 가리키는 말이 틀림없었다. 예수는 심지어 성전을 비판하기까지 했으며, 이 건물이 불의한 재산으로 건축되었다고 주장하면서 하나님께서 현재의 성전을 무너뜨리고 하나님의 나라에서 새롭고 의로운 성전을 새로 세우시리라고 말했다. 사람들은 자신들의 가장 깊은 소망에 공명(共鳴)하는 이런 말들에 매달렸다. 그런 과장된 말은 확실히 우려의 대상이었다.

그러나 예수는 폭력 혁명에 대해서는 한마디도 하지 않았다. 적어도 공개적으로는 그랬다. 오히려 예수는 비폭력에 대해 자주 이야기하면서, 원수를 위해 기도하며 멸시나 모욕에 똑같이 대응하지 말라고 자신을 따르는 이들에게 가르쳤다. 가장 혼란스러운 것은 아마 예수가 어떤 식으로든 자신을 정치적 구원자나 메시아적 인물로 명확히 확인해 주지 않으려 했다는 사실일 것이다. 그렇다 보니 예수를 따르는 자들 사이에서뿐만 아니라 갈릴리의 온 동네와 마을에도 이런저런 추측이 난무했다. 예수가 정말 약속된 나라를 실현하기 위해 자신들의 신(神)이 일으켜 세운 바로 그 사람이라고 믿는 이들도 많았지만, 이를 확신하지 못하는 이들도 있었다.

이는 예수가 이 부분과 관련해 아무 말도 하지 않았다는 것이 아니라 의도적으로 애매한 태도를 보이는 듯했다는 것이다. 예수는 종종 자기 자신을 가리켜 '인자'(son of man)라고 했다. 빌라도가 고용한 유대인 밀정의 말에 따르면, 이 호칭은 뜻이 모호해서 실제로 일부 예언서에서 볼 수 있는 메시아적 인물을 언급하는 말일 수도 있고 그냥 단순하게 자기를 가리키는 표현일 수도 있다고 했다. 드물게나마 어떤 사람이 공개적으로 예수를 가리켜 메시아 혹은 왕이라고 하는 경우도 있었는데, 예수는 이를 절대 부인하지 않고 그저 잠잠하라고 말했다. 예수는 이 호칭을 부인한 것일까? 단지 겸손할 뿐인가? 아니면 삼가고 조심하는 것일까?

빌라도는 이 모든 조각을 종합하느라 힘겹게 씨름하고 있었다. 예수가 정치적 위협이 될 만한 존재인지 아닌지 도무지 확신할 수 없었다. 그러나 궁극적으로, 어느 경우든 확신은 필요하지 않다. 필요한 것은 사회 안정이다. 이 갈릴리인 선지자는 대중을 흥분시켜서 불장난을 하고 있었으며, 그의 속내가 무엇인지는 별로 중요하지 않았다. 예수 본인의 의도가 어떻든, 이자는 신속히 처리해야 할 위협이었다. 이 자의 목적이 드러날 때까지 기다렸다가는 재앙을 당할 수 있었다.

그러나 직접적 행동 문제에 이르자 빌라도는 손이 묶였다. 갈릴리는 헤롯 안디바의 권한 아래 있었다. 뽐내기 좋아하고 제멋대로인 그 분봉왕을 생각하면 속이 뒤틀렸지만, 이 문제를 해결하려면 그자를 의지하는 것 말고 다른 방법이 없었다. 빌라도는 헤롯에게 밀정들의 보고서 사본을 보내, 그 지역의 안전을 위해 '이 선지자를 가능한 한 빨리 무력화시켜서 제거해 달라'고 요청하기로 했다.

서기를 불러 헤롯에게 보낼 편지를 작성시키면서도 빌라도는 이 편지가 제 역할을 다해 줄 거라는 기대가 별로 없었다. 이 갈릴리인 예수가 예루살렘에 시선을 둔다면, 빌라도 자신이 이 자를 처리할 준비를 해야 했다.

갈렙

더딘 하루가 지나고 있었다. 가게에 나와 앉아 있긴 했지만 갈렙은 일에 집중하기가 힘들었다. 기대에 미치지 못하는 장사에 대한 염려와 그날 밤 있을지도 모를 만남 사이로 생각이 오갔다.

갈렙은 밤새도록 그 제안에 대해 생각했다. 정보. 자신이 원하는 것은 그게 전부라고, 값은 두둑이 쳐 주겠다고 그 남자는 말했다. 그 정보를 누가 원하는지, 어떤 종류의 정보를 원하는지 그 사람은 말하지 않았지만, 갈렙도 속으로는 알 만큼 알고 있었다. 정보를 원하는 이는 권력자들이었고, 구체적으로는 로마였다. 그리고 로마는 예루살렘 점령 상태를 계속 유지하는 데 그 정보를 써먹을 것이 틀림없었다. 그 이상은 갈렙이 알 필요가 없었다. 이 남자는 갈렙에게 동족을 배신하는 자가 되기를 요구하고 있었다. 그 생각을 하자 갈렙은 속이 메스꺼워졌다.

하지만 그 사람은 금전적 대가를 제시했고, 갈렙은 지금 돈이 몹시 필요했다. 가족이 가게와 집을 잃을 것을 생각하면 동족을 배신할 생각을 할 때보다 더 고통스러웠다. 갈렙은 적어도 그 남자의 제안을 귀 기울여 들어볼 작정이었다. 듣는 건 아무에게도 해가 안 될 테니. 이 사람들은 어느 만큼의 정보를 원하는 것이며, 어떤 종류의 정보를 찾는 것일까? 그 정보가 누군가를 직접 해치지는 않을까? 그 정보는 돈으로 얼마만큼의 가치가 있을까? 그렇다, 들어 보는 것은, 좀 더 알아보는 것은 해롭지 않을 것이다.

정체 모를 그 손님을 갈렙은 그날 아침 일찍 가게로 출근하는 길에 또 만났다. 날은 아직 어두웠는데, 누군가가 어깨에 손을 얹는 바람에 갈렙은 깜짝 놀랐다. 그 사람이 한 말은 "내 제안에 관심이 있으면, 출근하는 대로 가게 뒤편 골목에서 만납시다"뿐이었다.

가게에 도착한 갈렙이 바로 가게 문을 열지 않고 뒤편 골목으로 가보았더니 어둑한 모퉁이에 그 남자가 서 있는 게 보였다. 남자는 자기 몸이 보이지 않게 하려고 애쓰고 있는 게 분명했다. 갈렙은 그 사람에게 다가가 말했다. "당신 제안에 관심 있습니다. 하지만 질문이 있어요." 남자는 손가락을 자기 입술에 갖다 대며 나지막이 말했다. "여기서는 안 됩니다." 남자는 자잘한 글씨가 휘갈겨 적힌 도기 조각 하나를 갈렙에게 건네주며 말했다. "관심 있으시면, 오늘 밤 일경(一更)에 이곳으로 와요. 뒤편 탁자에 불빛이 희미하게 켜져 있는 곳을 찾아요. 그 사람이 당신에게로 올 겁니다. 그때까지 기다리고 있어요." 남자는 그렇게 말하고 급히 몸을 돌이켜 사라졌다.

갈렙은 뭐가 뭔지 몰라 남자를 불렀다. "잠깐만요, 누가 나한테 온다고요?" 남자는 돌아보지도 않고 모퉁이를 돌아 사라졌다. 갈렙은 남자가 건네준 도기 조각을 내려다보았다. 만날 장소는 도성 끝머리의 한 선술집이었지만, 갈렙은 한 번도 가본 적이 없는 곳이었다. 평판이 좋지 않은 술집이어서 신앙 깊은 유대인이라면 출입하지 않을 곳이었다. 오늘 밤 그런 곳에 발을 들여 놓을 만큼 용기를 낼 수 있을까?

아침 일찍 있었던 일들을 떠올리던 중 누군가가 부르는 소리에 갈렙은 생각에서 깨어났다. "형." "형?" "형!" 갈렙이 고개를 돌려 보니 사촌 유다가 옆에 서 있었다. "무슨 생각을 그렇게 골똘히 하는 거야, 형?" 유다가 물었다.

"아, 미안, 유다! 이달 수익을 머릿속으로 계산하고 있었어. 오, 이런, 이번 달에도 적자야. 용서해."

"용서는 무슨. 어떻게 지내?" 유다가 물었다. "요즘 장사가 잘 안 된다는 소문이던데. 이런 거 물어도 괜찮을지 모르겠지만."

갈렙은 상관없다는 듯 고개를 가로저었다. "불경기이긴 하지. 하지만 올해만 유별난 게 아니라 매년 이맘때는 늘 그랬어." 갈렙은 거짓말을 했다. "유월절이 다가오니까 나아질 거야." 이건 어쩌면 거짓말이 아닐 테지만, 갈렙의 어투에는 확실히 자신감이 없었다.

"아, 유월절!" 유다가 말했다. "유월절엔 확실히 한몫 잡아야 할 텐데! 그러니까, 세금만 너무 높게 때리지 않는다면 말이야." 세금 이야기를 할 때 유다는 넌더리가 난다는 태도였고, 갈렙은 그것이 미끼임을 직감했다. 갈렙은 그 미끼를 물지 않았다.

"맞아, 세금 제도가 그렇게 바뀌면 문제가 될 수 있지. 그런데 너도 알다시피 우리 상인들은 헤쳐나갈 길을 찾고 있어, 분명 방법이 있을 거야."

"그거야 물론이지. 하지만 그렇게까지 해야 한다는 건 수치야. 세금 부담 때문에 가격을 조정하면 물건 사는 사람들만 피해를 보는 거지. 우리 도성 사람들은 물론이고 유월절 지키려고 먼 길 오는 사람들까지 말이야. 모두가 다 손해야, 망할 로마 놈들만 빼고!"

그거였다. 이야기의 끝은 언제나 "망할 로마 놈들"에 대한 불평이었다. 갈렙은 이 불평을 귀가 닳게 들었다.

"놈들이 우리를 죽이고 있다고, 형!" 유다가 소리쳤다. "칼로 죽이지는 않지. 물론 기회만 주어지면 좋다고 죽일 놈들이지만. 놈들은 우리를 짓뭉개서 서서히 생기를 뽑아내고 있어. 사람들이 얼마나 버틸 수 있다고 생각해? 등이 휘는 세금, 길거리에서 욕하고 때리는 로마 군인들, 고위층만 누리는 특권, 우리 거룩한 도성을 오염시키는 이교도들을 사람들이 얼마나 오래 참아낼 수 있을까? 도성 안에 점점 긴장이 고조되고 있어, 형. 형도 나만큼은 알고 있겠지만. 이제 곧 한계점에 이르게 되어 있다고."

"그래, 정말 힘겨운 시기야." 갈렙이 맞장구를 쳤다. "긴장이 고조되고 있는 것도 맞아. 하지만 우리가 사실상 뭘 할 수 있겠어?" 뭘 할 수 있겠느냐는 말을 뱉어 놓고 갈렙은 아차 하고 후회했다.

"생각보다 많은 일을 할 수 있어, 형. 바로 지금만 해도 도성 사람들은 압제자에 맞서 행동을 취할 준비를 하고 있지. 많은 이들이 저항을 마음에 두고 있고, 곧 행동이 뒤따를 거야. 로마 병사 다섯 명이 도살되었다는 이야기 형도 들었지, 그게 바로 행동이야. 로마도 피 흘릴 수 있다는 증거이기도 하고! 숫자도 놈들보다 우리가 훨씬더 많아, 형. 힘을 합쳐서 조직화하기만 하면, 놈들을 우리 도성에서 몰아낼 수 있다고!"

"그래, 군인들 습격한 일은 나도 들었어." 갈렙이 대답했다. "그런데 그런 일을 보고 너는 희망을 품을는지 모르지만 나는 그렇지 않아. 나는 보복 당할까 봐 두려워. 사람들이 어려움을 겪을 거야. 놈들을 우리 도성에서 몰아낼 수 있다는 네 말이 어쩌면 맞을 수도 있어, 유다. 하지만 그게 언젠데? 솔직히, 로마가 그대로 당하고만 있을 거라고 생각해? 이곳엔 로마 군인들이 얼마 안 되지만, 공공연히 반란이 일어나면 군단 단위로 무수한 군인이 투입될걸. 그럼 우리 모두가 어떤 대가를 치르게 되지? 너도 알 거라 생각해."

"믿음이 없구나, 형은!" 유다가 목소리를 높였다.

갈렙은 유다를 진정시키려고 하다가 가게 안에 다른 사람이 아무도 없는 것을 보고 그냥 놔두었다.

유다가 이야기를 이어갔다. "하나님이 우리 편이시라는 걸 잊었어? 옛이야기에, 하나님께서 자기 백성과 한편이 되어 싸우셔서 원수를 참패시키시고, 지금 우리가 겪는 것보다 훨씬 불리한 상황에도 함께 맞서 주신 것 안 읽어 봤어? 우리가 이 거룩한 도성을 되찾으려고만 하면 주님께서 분명 우리를 도와 이 성을 수호하게 해주실 거라고! 하나님의 거처, 성전이 시온 산에 있어, 그리고 스스로 약속하신 것처럼 하나님은 자기를 믿는 신실한 자들을 버리지 않으실 거야."

"로마에 맞서 폭력을 쓰는 걸 모든 사람이 다 신실한 행동으로 보지는 않아, 유다." 갈렙이 대꾸했다. "주제넘은 행동으로 보는 사람도 많다고. 하나님께서 하셔야 할 일을 빼앗으려는 거라고 말이야."

"겁쟁이들이 가는 길이지." 유다가 코웃음을 쳤다. "믿음이 있다고 하면서 참믿음이 없는 자들이라고!"

"진실한 믿음을 가진 사람들은 상황을 다르게 보고 있어, 유다." 이 말을 하려니 갈렙은 아버지 생각이 났다.

유다는 실망한 듯 고개를 가로저었다. "이 상황에서도 생각이 변하지 않은 것 같군, 형은. 형 아버지의 믿음이 아직도 형의 생각을 사로잡고 있어. 확실히 형의 아버지는 좋은 분이셨지. 그분이나 그분의 믿음을 비방할 생각은 없어. 하지만 불의한 일이 자꾸 벌어지고 어려움이 심해지면 형도 달라질 거야. 분노가 커질 만큼 커지면 상황을 다르게 볼 수도 있다고. 그날이 오면, 형, 날 찾아와야 해. 형은 우리 일에 훌륭한 인재가 될 거야. 우리가 행동에 나서는 날은 생각보다 빨리 올지도 몰라. 그날이 오면 형도 옳은 편에 서고 싶을 거야."

"넌 무얼 알고 있는 건대, 유다?" 갈렙이 물었다. "폭력 사태를 일으킬 계획이라도 알고 있는 거야?"

"꼭 그렇지는 않아. 하지만 유월절이 다가오고 있잖아. 도성 인구가 다섯 배로 늘어나고, 사람들은 다 하나님께서 우리를 애굽에서 구해내신 일에 생각을 집중하지. 그보다 더 좋은 기회가 어디 있겠어? 나사렛의 인기 있는 선지자 예수가 예루살렘으로 올 거라는 소문도 들었지. 듣자 하니 예수의 가르침도 다가올 하나님의 나라에 대한 이야기 쪽으로 점점 치중되고 있다는군. 그 예수가 혹시 하나님의 기름부음 받은 이, 메시아가 아닐까 생각하는 이들이 많아. 내가 보기에는 그럴 가능성이 없지만, 예수와 예수를 따르는 사람들이 우리 운동의 협력자가 될 수도 있어. 그리고 이 예수가 촉매가되어 사람들이 행동에 나설 수도 있고."

유다의 말이 그럴듯하게 들리자 갈렙은 두려움에 휩싸였다. "네말이 맞는다면 하나님께서 우리 모두를 도우시기를. 미안하지만난 이제 일해야 해. 그리고 손님들이 우리가 이런 말 하는 걸 들어서도 안 되고."

"날 만나려면 어디로 와야 하는지 알지, 형. 나는 언제든 환영이야." 유다는 이 자신만만한 말을 남기고 가게에서 나갔다.

대체로 갈렙은 로마에 폭력으로 저항한다는 말은 그저 말일 뿐이라고 생각했다. 하지만 유다가 하는 말을 들으니 로마의 점령에 폭력으로 대응한다는 게 가능할 수도 있다는 깨달음이 들었다. 어쩌면 그런 일이 틀림없이 있을 것도 같았다. 그렇게 생각하자 갈렙은 정말 겁이 났다. 그런 저항이 결국 어떤 결말을 맞을지 알고 있었기 때문이다. 그리고 그와 동시에 다른 생각도 들었다. 유다와 나눈 대화 덕분에 갈렙은 새로운 정보를 알게 되었다. 이날 저녁 있을 만남 때 이 정보가 쓸모 있을지도 몰랐다.

　조마조마한 마음으로 저녁때 있을 만남에 대해 생각하는 동안 시간은 천천히 흘러갔다. 이날따라 손님도 없어서 자꾸 그 생각만 하게 되었다. 갈렙은 평소보다 조금 일찍 가게 문을 닫은 뒤, 누이에게는 사업상 중요한 만남이 있어 몇 시에 귀가할지 모르겠다고 말해 두었다. 고맙게도 누이는 아무것도 묻지 않았다. 저녁을 준비해 놓겠다고 하면서, 문밖으로 나서는 갈렙의 뺨에 입을 맞춰 줄 뿐이었다.

　'착한 내 동생,' 갈렙은 생각했다. '오늘 밤일이 다 잘 되면 지금처럼 돈 때문에 쩔쩔매는 일은 절대 없을 거야,' 해가 저물고 있었고, 갈렙은 약속 장소를 향해 걸음을 옮겼다.

　술집에 도착하기까지는 생각보다 시간이 조금 더 걸렸다. 도성 이쪽까지 과감히 와 본 것은 여러 해 만이었기 때문이다. 도착할 무렵에는 하늘이 어둑해져 있었다. 감사하게도 여기까지 오는 길에 아는 사람을 하나도 안 만났다. 혹여 아는 사람을 만났을 경우, 그 사람이 무슨 질문을 하든 거짓말을 하거나 어쩔 줄 몰라 하거나 이런저런 변명을 해야 했을 것이다. 그건 정말 원하지 않는 선택이었다.

술집 안은 불빛이 거의 없었고, 창문도 하나 없었다. 공기도 탁했고, 땀 냄새와 신 포도주 냄새가 뒤섞인 악취가 났다. 술집 주인은 대머리에다 팔뚝에 털이 부숭부숭한 거구의 남자였다. 오른쪽 뺨을 가로질러 커다란 흉터가 있었다. 그는 의심쩍다는 눈빛으로 갈렙을 쳐다보더니, 아무 데나 앉으라는 듯 탁자들이 놓여 있는 쪽으로 손을 흔들어 보였다. 빈자리가 많았고, 그 점이 갈렙의 염려를 덜어 주었다. 하지만 몇 안 되는 손님들의 외양을 보니 선량한 사람들은 아닌 것 같아서 마음이 편치 않았다. 그 사내가 지시한 대로 잘 보이지 않는 뒤쪽 탁자에 자리를 잡고 앉으니 곧 젊은 여자가 주문을 받으러 왔다. 주문 가능한 음식은 몇 개 되지도 않았고, 갈렙은 그중에서 보리 스튜와 붉은 포도주를 시켰다. 여자가 주문을 받고 가자마자 후드를 내려쓴 남자 하나가 건너편에서 슬그머니 나타나는 바람에 갈렙은 깜짝 놀랐다. 남자는 단호하지만 침착하게 말했다. "안심해요, 내가 바로 여기서 만나기로 되어 있는 사람입니다."

외투가 남자의 얼굴에 그림자를 드리우고 있었지만, 갈렙은 그가 자신보다 나이가 많은 사람이라는 것을 알 수 있었다. 아마 사십 대 후반이나 오십 대 초반쯤 되는 것 같았다. 피부는 매끈하게 잘 관리되어 있었고, 수염도 잘 정리되어 있었다. 갈렙은 이 남자에게서는 나쁜 냄새가 나지 않고, 오히려 아주 은은한 꽃향기가 풍긴다는 것을 알아차렸다. 술집 안에 가득 찬 악취에서 잠시나마 도피할 수 있어서 기분이 좋았다. 남자의 이런 특색 때문에 갈렙은 긴장이 조금 풀렸다. "저는 사울의 아들 갈렙입니다. 성함을 여쭤도 될까요?" 갈렙이 말했다.

"당신이 누군지는 알고 있어요." 남자가 대답했다. "앞으로 날 부를 땐 아론이라고 해요, 난 그저 나보다 더 큰 사람의 대변인일 뿐이니까요." 갈렙은 이 말이 위대한 선지자요 율법수여자인 모세의 형을 언급하는 말이라는 것을 알아차렸다. 둘 사이엔 잠시 침묵이 흘렀다. 얼마 후 남자가 입을 열었다. "내 짐작으로 당신이 여기 왔다는 것은 정보를 가지고 우리를 도울 의향이 있다는 뜻인 듯합니다."

"꼭 그렇지만은 않습니다." 갈렙이 대답했다. 물론 이것이 거의 거짓말에 가깝다는 것을 갈렙 자신도 알고 있었다. 이 남자가 나를 너무 잘 알고 있는 것 아닌가 하는 생각이 들었다. "질문 드릴 게 많아서, 먼저 대답을 듣고 나서야 돕겠다고 말씀드릴 수 있을 것 같습니다."

"질문이 있을 것으로 예상했지요." 남자가 대답했다. "답변할 수 있는 데까지 최대한 기꺼이 답변하겠습니다."

"감사합니다. 가장 긴급한 질문은 아마 제가 누구를 위해 이 정보를 수집하느냐는 거겠지요. 그리고 그보다 약간 덜 긴급한 질문은 무슨 목적으로 정보를 수집하느냐는 것입니다." 이 또한 다소 거짓말이었지만, 갈렙에게는 대답이 정말 중요했다. "저는 충성스러운 이스라엘 사람으로서, 내 하나님과 내 동족에게 몸과 마음을 바쳤습니다. 하나님도, 동족도, 배신하고 싶지 않습니다." 갈렙은 진심으로 그렇게 믿었다… 아니, 마음 깊이 그렇게 믿고 싶었다.

"질문해 줘서 감사합니다." 남자가 답변했다. "충분히 만족하고도 남을 만한 답변을 드릴 수 있을 거라고 믿어요. 나 역시 당신과 똑같은 유대인으로서, 바로 이 도성에서 태어나 자랐습니다. 나를 보낸 사람도 마찬가지고요. 내 억양을 들어 보면 내 말이 사실이란 걸 알 수 있겠지요." 갈렙은 고개를 끄덕였고, 남자는 이야기를 계속했다. "내가 조금 더 마음을 편안히 해줄게요. 당신은 로마를 위해서 정보를 수집하는 게 아닙니다. 내 짐작이 맞는다면 아마 그게 제일 염려되는 부분일 겁니다. 당신은 동족을 위해서, 동족을 보호하려고 정보를 수집하는 겁니다."

그 말을 들으니 갈렙은 좀 안심이 되면서도 혼란스러웠다. 갈렙이 혼란스러워 한다는 것을 알아차린 게 분명한 남자는 이렇게 이야기를 이어갔다. "요즘 우리 도성은 어려운 시기를 지나고 있습니다. 예루살렘 사람들과 로마인 점령자들 사이에 긴장이 고조되어 거의 한계점에 이르렀어요. 최근 로마 병사들이 매복 습격을 당했다는 소식 아마 들어 알고 있으리라 생각해요." 물론이죠, 이 도성 사람치고 그 소식 못 들은 사람이 어디 있겠어요, 갈렙은 속으로 혼잣말을 했다.

"우리는 칠십 년 넘게 이 도성에서 평화를 누려 왔는데, 우리나라 사람들로 조직된 단체가 우리를 점령하고 있는 손님들을 향해 무력 저항을 모의해서 그 평화를 위태롭게 만들려고 합니다. 그런 저항이 성공할 수도 있겠지만 그건 잠시일 뿐이고, 그 때문에 우리 도성이 응징을 당하게 되면 그건 재앙일 겁니다." 갈렙은 고개를 끄덕였다. 남자는 마치 이날 온종일 갈렙을 휘감았던 두려움을 대신 표현해 주기라도 하는 것 같았다.

"나는 필사적으로 그런 파국을 피하고자 하는 한 집단을 대표해서 이 자리에 왔습니다. 우리가 바로 그렇게 하는 데 도움이 될 만한 정보를 당신에게서 얻고자 합니다. 다시 말해, 동족을 배반하라는 게 아니라 오히려 동족을 구할 수 있도록 도와 달라고, 어쩌면 우리 동족 자신에게서 동족을 구할 수 있도록 우리를 도와 달라고 당신에게 부탁하고 있는 겁니다." 이 말을 들으니 더욱 안심되었다. 실제로 남자의 이 말에는 갈렙 자신이 마음에 품고 있는 정서가 실려 있었다.

하지만 갈렙은 이 자리가 협상을 위한 자리임을 얼른 자신에게 상기시켰다. 그리고 그 협상에는 금전적 보상이 걸려 있었다. 지나치게 뜨거운 반응을 보이면 자신에게 손해만 될 뿐이었다. 그래서 갈렙은 짐짓 삼가는 듯한 태도로 대답했다. "상황을 그렇게 보려 하지 않는 사람들도 많습니다. 폭력 저항은 거부할지 몰라도, 선생님의 주장이 결국은 로마를 돕는 거라고 생각할 겁니다. 동족을 배신하는 행위라고 말입니다."

남자는 고개를 끄덕이며 말했다. "우리를 그렇게 보는 사람들도 틀림없이 있을 겁니다. 알다시피, 로마가 우리를 점령한 현실, 그리고 어떻게 하는 게 그 현실에 대한 적절한 반응이냐에 대해서는 우리 유대인들 사이에서도 다양한 관점이 있으니까요. 내가 말씀드릴 수 있는 것은, 우리 도성과 거기 거주하는 백성을 안전하게 보호하는 것이 정말로 우리의 목표라는 것뿐입니다. 이 목표를 위해 우리는 지치지 않고 일합니다. 우리를 돕는 게 동족을 배신하는 거라고 느껴진다면 얼마든지 우리 제안을 거절해도 좋습니다. 거절한다면, 다시 연락드리는 일은 없을 겁니다."

남자의 말에 대해 갈렙은 이 일에 관심이 있다는 뜻을 전달하면서도 다른 한편으로는 유보하는 태도를 보이려 애썼다. "선생님의 이론에 반대하지는 않습니다. 말씀을 들으니 이해가 될 것도 같고요. 하지만 평화를 지키려는 선생님의 노력 중에 혹여 우리 동족이 해를 당하는 일이 있지 않을까 염려됩니다. 제가 제공한 정보 때문에 제 친척이 다치거나 체포되거나 죽임을 당하는 것은 바라지 않습니다. 음모를 파헤치고 폭력 사태를 방지하는 정보를 제공하는 데는 반대하지 않지만, 정보 자체가 폭력을 낳는다면 그런 정보는 제공하지 않겠습니다." 이렇게 말하면서도 갈렙은 자신이 어떤 정보를 제공하든 이 사람이 그 정보를 어떻게 활용할지에 대해서는 자신이 이래라저래라 할 방법이 없다는 것을, 그리고 이 사람이 그 정보를 이용해 잠재적 위협이 되는 사람을 제거할 수도 있다는 것을 알고 있었다. 하지만 갈렙은 직접적 배신과 손에 피를 묻히는 일은 멀리하고 싶은 게 진심이었다. 그게 별 차이가 없어 보일 수도 있지만, 그 차이가 갈렙에게는 아주 중요했다. 그나마 양심을 지키기 위해서는 말이다. 갈렙은 그런 입장을 보이는 게 현재의 이 협상에서도 유리하다고 생각했다.

"훌륭하고도 정당한 요구입니다. 그 조건 아래서 함께 일할 수 있을 것으로 믿습니다. 제공해 주시는 정보가 충실하고 이 도성에서 폭력 사태를 예방하는 데 쓸모가 있는 한, 가까운 사람들을 직접 배신하라는 요구는 하지 않을 것입니다." 갈렙은 고개를 끄덕였고, 남자는 이야기를 계속했다. "왜 당신을 우리에게 정보를 제공해 줄 수 있는 사람으로 선택했는지 궁금하겠지요?" 갈렙은 고개를 끄덕였지만, 사실 그런 생각은 해보지 않았다.

아론이 다시 이야기를 시작하려는데 여자가 갈렙이 주문한 수프와 포도주를 가지고 왔다. 여자가 아론을 쳐다보자 아론은 그만 가보라는 듯 얼른 손을 흔들었다. "여러 가지 이유가 있지요. 첫째, 당신은 우리 도성에서 오랫동안 좋은 평판을 누린 도기 가게를 운영하고 있어요. 도기 가게에는 세상 돌아가는 이야기도 하고 소문도 전해 주는 손님들이 많이 오지요. 그렇다 보니 당신은 우리가 알면 좋을 이런저런 이야기들을 많이 듣게 될 겁니다. 둘째, 당신은 많은 이들에게 사랑받던 바리새인 사울의 아들입니다. 때문에, 많은 이들이 당신 집안을 사랑하고 신뢰합니다. 고인이 되신 아버지의 친분 관계를 통해 당신은 도성 전역의 여러 명망 있는 유대인들과 인맥을 맺고 있지요. 이 친분 관계도 쓸모 있는 정보를 만들어낼 것이 분명합니다. 셋째, 당신은 요나의 아들 유다와 사촌지간입니다. 유다가 로마를 얼마나 증오하는지 알 만한 사람은 다 알고, 그가 비밀 저항 운동과 연관되었을지 모른다는 소문도 있습니다. 그런 유다와 사촌지간이라는 것 때문에 당신은 우리에게 도움이 되는 존재일 수도 있는 겁니다."

유다가 언급된 것은 놀라운 일이 아니었다. 사실 갈렙은 유다가 화제에 오르지 않을까 하는 생각을 했다. 하지만 가까운 사람이 해를 당해서는 안 된다고 조건을 내걸었던 것을 생각해서 갈렙은 짐짓 내키지 않는 표정으로 말했다. "제 친척을 배신하지는 않겠다고 이미 말씀드렸습니다. 유다가 체포되거나 혹은 그보다 더 나쁜 일을 당하게 만들 수도 있는 정보는 드리지 않을 겁니다."

"알겠어요." 남자가 대답했다. "사촌분에 관해 어떤 직접적 정보를 줄 필요는 없습니다. 하지만 누구를 습격할 계획을 세웠다거나 할 때 이를 저지하거나 표적이 된 사람이 계획을 바꿀 수 있도록 개략적으로나마 정보를 줄 수는 있겠지요. 이런 식으로 하면 사촌을 배신하지 않고도 치안 유지에 도움을 줄 수 있지 않겠어요?"

두 사람 다 알면서도 말하지 않는 게 있었다. 그런 정보를 전달하는 것만으로도 유다가 쉽게 해를 당하는 결과가 생기리라는 것을 말이다. 하지만 두 사람 다 저마다의 목표가 있었기에 그럴 가능성은 한편으로 접어둘 수밖에 없었다.

"이제 당신의 안전과 보수(報酬)에 관해 이야기해야 할 것 같군요." 보수 이야기는 갈렙이 간절히 기다리던 바였다. 하지만 안전 문제가 등장하자 갈렙은 깜짝 놀랐다. 이 일이 자신에게 위험할 수도 있다는 것은 생각도 못 한 일이었다. 하지만 이 일은 당연히 위험할 수 있었다! 폭력을 쓰는 사람들의 계획을 저지하는 일을 하고 있는데 만약 그 행동이 발각되면 그 사람들에게 폭력적 보복을 당할 가능성이 높았다. 두 남자가 온몸에 백 군데가 넘게 칼에 난자당해 죽은 게 겨우 몇 달 전이었다. 많은 이들이 어렴풋이 생각하기에는, 갈렙이 지금 부탁받고 있는 바로 그 일을 했다는 이유로 자객들이 그 두 사람을 죽인 거였다. 갈렙은 왜 여태 이런 위험을 생각하지 못했을까? 궁한 형편에서 벗어날 기회가 생겼다고 생각하니 앞뒤 분별이 안 된 걸까? 또 하나의 유보 조건이 머릿속에 떠오르기 시작했다.

갈렙이 이런 생각을 하고 있다는 것이 아마 얼굴에 드러난 것 같았다. 아론은 자신 있게, 어쩌면 지나치리만큼 자신 있게 말했다. "철저히 익명성을 지켜드릴 것을 보장합니다. 당신 이름을 누설하지 않을 것이며, 당신이 나와 연관되어 있다는 걸 누구도 모르게 할 겁니다. 추적당할 만한 통신문을 남기지도 않을 겁니다. 발각되지 않도록, 의심조차 당하지 않도록 자세히 계획을 세워서 정보를 전달받을 겁니다. 위험에 처했다고 느껴지면 언제든 경호원을 붙여 멀리서 당신을 호위하게 해드릴 겁니다."

다 그럴듯한 말이었지만, 갈렙의 마음속에서 점점 커지는 불안을 줄여 주지는 못했다. "이런 예방책이 제대로 작동해서 내 안전을 책임져 줄 거라고 어떻게 확신할 수 있습니까? 소문을 듣기로는 도성 안에서 밀정들이 큰 해코지를 당하고 있다던데요."

"거짓말하지는 않겠습니다, 갈렙." 남자는 잘못을 알고 있다는 듯 말했다. "맞아요, 과거에는 밀정들이 부주의했고, 그래서 대가를 치렀지요. 하지만 신중히 행동하면서 우리가 하라는 대로만 하면 안전할 거라고 확신해요."

이 말에 갈렙은 좀 안심이 되었다. 아론의 입에서 뒤이어 나온 말도 안도감을 주었다. "미미하긴 하지만 사실 위험 부담이 있고, 우리가 당신의 수고에 섭섭지 않게 보상을 하려는 것도 바로 그런 이유 때문입니다. 요즘 도기점 장사가 잘 안된다는 것도 알고 있어요." 갈렙은 재정적 어려움이 자신이 밀정으로 뽑힌 것과 연관이 있다고 판단했다. 자신을 밀정으로 고용하려는 이들에게 이 상황이 지렛대로 작용한 게 확실했다. "장사가 잘 되기 시작하면 그게 보수가 지급되기 시작하는 것입니다. 이제부터 가게에 손님이 눈에 띄게 늘어날 겁니다. 그 중엔 꽤 부유한 사람도 많을 거예요. 그 사람들이 특별한 물건을 주문할 테고, 주문 규모도 커서 매상이 많이 오를 겁니다. 쓸모 있는 정보를 제공해 주는 한, 쏠쏠하게 매상 올려 주는 고객들이 당신의 가게를 예루살렘 최고의 도기점으로 알고 찾아올 겁니다. 이렇게 장사가 잘 되게 해줄 뿐만 아니라, 한 달에 한 번씩 150드라크마를 지급해 드릴 겁니다.[11] 이 돈이면 점원들을 더 고용해서 점점 늘어나는 가게 일을 맡길 수 있을 겁니다. 이는 결국 가외 수익이 돼서 가족 부양에도 도움되고 이 도성에서 당신의 위상도 높여 줄 겁니다."

이 정도 액수의 돈이라니 갈렙은 어안이 벙벙했다. 예상을 훨씬 넘어서는 금액이었기 때문이다. 도기점의 요즘 매상은 한 달에 겨우 30에서 40드라크마 정도여서, 사촌에게 월급을 주고 나면 남은 돈으로 누이동생과 함께 한 달 살기에도 빠듯했다. 아버지가 살아 계실 때도 가게 수익은 한 달에 80드라크마를 넘는 때가 드물었다. 속으로 이렇게 숫자를 헤아리노라니 위험을 무릅써야 한다는 염려는 줄어들고 안전에 대한 확신은 커지는 것 같았다. 액수에 압도당한 갈렙은 협상이고 뭐고 다 잊은 채 자기도 모르게 불쑥 말했다. "적정하네요. 제안을 받아들이겠습니다!"

그렇게 말해 놓고 갈렙은 곧 무안해졌지만, 아론은 그저 따뜻이 미소를 지을 뿐이었다. "그렇게 말해 주니 기쁘네요, 갈렙. 유감스럽게도 나를 다시 볼 일은 없을 겁니다. 모든 정보는 오늘 아침 만났던 사람을 통해 전달하게 될 겁니다. 걱정하지 마세요. 적당한 때가 되면 그 사람이 찾아가서, 반드시 알아야 할 사항들을 모두 설명해 줄 겁니다. 당분간은 뭐든 중요하다 싶은 일에 눈과 귀를 열어두고 있기만 하면 됩니다. 이런 방식으로 당신이 우리 하나님과 하나님의 백성을 섬길 때 하나님께서 당신에게 복 주시고 지켜 주시기를 빕니다."

남자는 자리에서 일어나 후드를 더 깊이 내려쓴 뒤 말없이 술집에서 빠져나갔다. 갈렙은 스튜와 포도주를 앞에 둔 채 멍하니 앉아 있었다. 싸늘하게 식은 스튜에서는 아무 향도 나지 않았고 싸구려 포도주에서는 시큼한 냄새가 올라왔다. 어서 이곳을 벗어나고 싶었던 갈렙은 음식에 손도 대지 않은 채 탁자 위에 돈을 올려 두고 술집을 나왔다. 그리고 이십 분 뒤, 갈렙은 미리암이 갓 구워낸 빵을 먹고 있었다. 마음이 아주 가벼워진 그는 밤이 깊을 때까지 누이와 함께 웃고 떠들었다. 그가 기억하기로 최근 몇 달 사이에 처음 웃는 웃음이었다.

3.
대비하기

엘르아살

엘르아살은 가족 서재의 아버지 맞은편에 앉아 있었다. 바닥을 덮은 아름다운 모자이크, 제국 전역에서 생산된 화려하고 다채로운 벽걸이 태피스트리로 방은 호화롭게 장식되어 있었다. 뒷벽에는 유대, 헬라, 로마 작가들의 작품을 포함해 백여 개의 두루마리가 보관되어 있었다. 아버지는 참 학자로서, 많은 책을 매우 능숙하게 읽었고, 호메로스와 폴리비우스의 헬라어 저작에서부터 토비트의 생애 같은 유대인의 저작 및 다니엘의 대단히 기괴하고 잘못된 예언에 이르기까지 어떤 책에 관해서든 토론할 수 있었다. 하지만 이 모든 것들의 화룡점정은 원래 모양 그대로 아름답게 보존된 토라 두루마리였다. 모든 유대인이 가장 성스럽게 여기는 경전인 이 두루마리에는 하나님께서 택하신 백성을 위해 제시하신 성결한 삶의 방식이 담겨 있었으며, 이 삶의 방식을 따르는 것이 하나님께 선택되었다는 사실에 대해 백성들이 사랑으로 화답하는 방법이었다. 아버지는 이스라엘의 여느 사람 못지않게 토라를 잘 알았고, 가장 학식 높은 서기관이나 바리새인과도 토라의 올바른 해석을 논할 수 있었다.

가야바는 유대 총독 빌라도에게서 온 편지를 읽고 있다가 고개를 들며 말했다. "우리 총독께서 다가오는 유월절 때문에 특히 걱정이 많으신 것 같군. 유월절 주간에 예루살렘에 올 때 추가 병력 삼백 명을 대동하고 올 것을 검토 중이라고 한다. 추가 병력으로 무력을 과시해서 폭동이나 반역은 꿈도 못 꾸게 할 생각인 거지."

"빈틈없는 조치 같군요, 아버지." 엘르아살은 확신을 갖고 대답했다. "이곳에 이미 배치된 부대는 천 명 남짓이고 거기다 그렇게 얼마 되지도 않는 병력 추가해 봤자 소요를 일으키는 군중을 방어하는 데는 사실 큰 힘이 안 되겠지만, 보여 주는 것도 중요하죠. 로마인들의 진홍색 옷을 그냥 한 번 보기만 해도 보통 사람들은 몽치나 돌멩이 집어 들기 전에 생각을 한번 더하게 될 테니까요."

"아마도 그렇겠지." 가야바는 그렇게 대답하고는 백발이 되어가는 턱수염만 묵묵히 쓰다듬었다. "어쩌면 그런 시위(示威)가 불필요하게 긴장을 고조시킬 수도 있다. 그런 조치를 적대적 움직임으로 인식하는 이들이 있을 수도 있어. 사람들은 이 땅에 로마 군대가 존재한다는 사실에 이미 분노하고 있는데, 그런 사람들 앞에서 더 큰 힘을 과시하는 게 과연 지혜로운 조치일까? 나는 꼭 그렇게 생각하지만은 않는다. 평화로 가는 길에는 무력시위보다 훨씬 더 많은 게 필요하지. 빌라도가 힘든 길을 온 것은 사실이지만, 이 진리를 깨우치려면 아직 먼 것 같다."

생각의 방향을 바로잡아 주는 아버지의 가르침은 약간 따끔했다. 언제나 그랬다. 그러나 그 따끔함에도 불구하고 엘르아살은 아버지의 말에 늘 지혜가 담겨 있음을 부인할 수 없었다. 이 지혜로부터 그는 헤아릴 수 없이 많은 소중한 교훈을 얻었고, 그 교훈 하나하나가 조각칼이 되어 그 자신의 자부심을 형성해 주었다. "저는 그렇게는 생각 못 했습니다. 아마 아버지 말씀이 맞을 것 같습니다. 그럼 빌라도에게 답장을 보내 그 부대를 데려오지 말라고 하실 겁니까?"

"어렴풋이 암시를 주어야겠지. 하지만 총독이 이 문제와 관련해 생각을 바꿀 가능성은 거의 없다. 그러니 질 게 뻔한 싸움에 전력투구하는 건 별 의미가 없다. 더 중요한 싸움, 이길 수 있는 싸움을 위해 힘을 아끼는 게 최선이다. 예를 들어 갈릴리의 이 선지자 문제가 바로 그런 싸움이지."

"빌라도는 그자를 어떻게 평가합니까?"

"아주 관심이 많다. 예수가 갈릴리를 떠나 남쪽으로 향하고 있다고 빌라도의 밀정들이 보고했다는구나. 빌라도는 그자가 유월절을 지키려고 예루살렘으로 오는 거라 믿고 있고, 빌라도의 생각이 아마 맞겠지." 가야바는 잠시 말을 멈추고 걱정 어린 표정을 지었다. "이 선지자가 곧 골치 아픈 문제가 될까 걱정이구나. 빌라도는 그자가 예루살렘에 이르기 전에 체포할 것을 고려 중이라고 한다. 예수가 도성으로 들어오고 혹시라도 그자를 둘러싸고 사람들이 환호하기라도 하면 걷잡을 수 없는 사태가 벌어지리라는 거지."

"당연한 염려인 것 같은데요." 엘르아살은 이번에도 총독이 그렇게 생각하는 게 당연하다고 봤다. "그자가 이곳에서도 갈릴리에서 못지않게 인기를 끌 경우, 그를 체포하는 건 쉽지 않을 겁니다. 체포 자체가 사람들의 폭력적 대응을 불러일으킬 위험이 있습니다. 우리 측 밀정 다수가 지적하기를, 어쨌든 일부 사람들은 그자를 메시아 같은 구원자로 보고 있다고 합니다. 그자가 유월절을 지키려고 예루살렘으로 올지 모른다는 소문을 둘러싸고 어떤 기운이 점점 확산되고 있는 것 같습니다."

가야바는 고개를 끄덕였다. "네 말이 맞다. 총독의 생각도 옳고. 충분히 걱정할 만하지. 하지만 내가 느끼기에, 이 자가 왜 이런 움직임을 보이는지 그 의도를 우리는 아직 제대로 모르고 있다. 지금까지 그자는 로마에 맞서 공개적으로 반역을 선언하지도 않았고, 내 밀정들도 빌라도의 밀정들과 마찬가지로 그자가 이스라엘의 '메시아'나 '구원자'를 자처하지는 않는다고 한다. 빌라도가 유월절 직전에 인기 있는 유대인 선지자를 체포하면, 빌라도를 향한 분노가 커져서 그의 예루살렘 방문이 실로 위험해질 것이다. 빌라도가 삼백 명의 병사를 거느리고 예루살렘에 들어올 때 사람들의 반응이 어떨지 상상할 수 있겠느냐? 폭력 사태는 피할 수 있을지 몰라도, 그런 행동은 그 주간에 있을 절기 행사에 어두운 그림자를 드리울 것이다.”

아버지의 말에도 일리가 있었지만, 엘르아살은 총독의 입장을 조금 더 밀어붙였다. “하지만 그자가 도성에 들어오고, 이스라엘의 메시아를 자칭한다는 게 확실해지면 그게 더 위험하지 않을까요? 그자 자체가 폭동의 촉매가 될 수 있으니까요. 그리고 그 시점에서 그 자를 체포하려고 하는 것 또한 폭동의 기폭제일 수 있고요.”

“아마도.” 가야바는 아들의 논리를 인정했다. “하지만 그자가 그저 조용히 유월절에 참예하는 자로 예루살렘에 오는 거라면 어쩔 것인가? 사람들을 선동할 의도가 전혀 없다면? 그 경우, 우리는 무고한 사람을 체포하는 것일 뿐만 아니라 우리가 피하고자 하는 바로 그 문제를 일으킬 가능성도 있다. 내가 판단하기에, 폭력 사태와 폭동을 일으킬 위험이 없는 유일한 각본은, 이 예수가 화평에 대한 인식이 있는 선지자로서 이 도성에 들어오는 것뿐이다. 그런데 우리는 그자가 이런 태도를 가지고 이곳으로 올지를 알지 못한다. 우리가 이미 알고 있는 것으로 볼 때 확실히 그럴 가능성은 있다. 반면, 그자가 인기 있는 메시아로서 예루살렘으로 온다면 이는 우리에게 있을 수 있는 최악의 결과일 것이다. 그 경우 폭력 사태가 벌어질 위험이 가장 고조될 테니 말이다. 하지만 유월절 전에 그자를 체포한다 해도 위험도의 차이는 미미하다. 상황이 이러하기에, 나는 그자가 어떤 방해도 받지 않고 이 도성에 들어올 수 있게 하자는 쪽이다. 그러면 여기서 그자를 좀 더 자세히 지켜볼 수 있고, 그자가 일으키는 위험이 어느 정도인지도 좀 더 정확히 가늠할 수 있지.

이 행동 계획이 위험하다는 건 알지만, 최선의 성과가 따를 가능성도 있다. 바로 우리 도성의 화평 말이다."

엘르아살은 확신할 수 없었으나, 아버지는 마음을 정한 게 분명했다. 그래서 엘르아살은 물었다. "그러면, 이 계획을 빌라도에게 제안하실 겁니까? 총독이 들을 거라고 생각하시나요?"

"그래, 이 계획을 추천할 생각이다." 가야바가 대답했다. "체포 시도는 다 취소하고 그 선지자가 이 도성에 들어오게 놔두라고 촉구할 것이다. 나는 여기서 내 힘을 행사하면서 이기기를 바라야겠지. 빌라도는 분별 있는 사람임을 입증했고, 과거에 저지른 일이 있기 때문에 내 조언에 대해 귀를 열어 놓고 있는 게 확실하다. 하지만 예수라는 위협이 정말로 골치 아픈 문제가 되기 전에 그 위협을 제거하는 것이야말로 가장 안전한 길이라고 생각할 수도 있지. 우리는 두 가지 가능성 모두에 대비해야 한다."

대비할 필요가 있다는 아버지의 말을 듣자 엘르아살은 자신들이 마주하고 있는 또 하나의 위협에 대해서도 이쯤에서 아버지에게 말해야겠다고 생각했다. "아버지, 제가 생각하기에는 안나스 할아버지에 대해서도 대비를 하고 있어야 할 것 같습니다. 요안나가 지난밤에 만찬에 갔다 왔는데, 맛다디아와 야곱이 예수가 어떻다는 둥 그자가 예루살렘에 올 거라는 둥 하면서 좌중의 시선을 모으더랍니다. 그자가 우리에게 어떤 위협인지에 대해서도 이야기하고, 그자를 다루려면 우리에게 얼마나 힘 있는 지도자가 필요하겠느냐고 하면서, 현재의 지도자들이 이 난제에 잘 대처하기를 바란다고 했답니다. 어설프게 연막을 치기는 했지만, 토론은 시종 대제사장인 아버지를 비판하는 논조였다고 합니다. 안타깝게도 저들이 이러쿵저러쿵하는 바람에 손님들 사이에 불안이 고조되었는데, 손님 중에는 유력한 권력 거간꾼들이 많습니다."

"술을 좀 과하게 마신 야곱이 얼결에 흘리기를, 빌라도가 예루살렘에 오면 안나스 할아버지가 그를 직접 만날 생각이고, 현 지도부가 도성의 안전과 평안을 유지할 능력이 있는지에 관해 우려를 표명할 거라고 했답니다. 뭐라고 더 말을 하려고 하는데 맛다디아가 입을 다물게 했다는군요. 제가 그자들을 아는데, 그자들은 각자 아버지에게서 들은 말을 앵무새처럼 흉내 내고 있는 게 확실합니다. 아니, 어쩌면 안나스 할아버지에게서 직접 들었을 수도 있지요. 그자들은 너무 아둔해서 이 문제에 관해 자기 생각이란 것이 있을 수 없는 자들입니다. 여하튼, 안나스 할아버지가 나름의 준비를 하는 게 확실한 거 같으니 우리도 대비해야 합니다."

아들의 말이 가야바에게 슬픔을 안긴 것 같았다. "놀랍지도 않은 소식이구나. 네 외할아버지는 내가 대제사장으로 임명된 바로 그날부터 나를 몰아낼 계획을 세우고 있었으니까. 하지만 네 말이 옳긴 옳다. 외할아버지에게서 눈을 떼면 안 돼. 우리는 여러 전선(戰線)에서 싸움을 앞두고 있고, 그 중 어느 하나도 소홀히 할 수 없다. 안타깝게도 외할아버지의 진짜 관심은 자기 자신의 명성과 권력에 있다. 이 도성의 안전과 안정은 관심 밖이지. 그 양반은 이번 유월절에 예수가 예루살렘에 오는 것도 하나의 기회로 여길 것이 틀림없다. 내가 이 선지자를 너무 가혹하게 대해서든 또는 충분히 가혹하게 대하지 않아서든 혹여 실수를 저지를 경우, 내가 우리 백성이나 빌라도에게, 아니 어쩌면 둘 모두에게 정치적 피해를 주게 되리란 것을 외할아버지는 알고 있다. 그래서 나를 밀어붙여서 이렇게든 저렇게든 실책을 저지르게 할 것이 분명하다. 내가 실수하면, 독수리처럼 덮쳐서 그 실수를 이용할 태세지."

가야바는 잠시 이야기를 멈추고 자신의 장인이 던진 도전을 곰곰 생각했다. "내가 어느 방향으로 실수하는 걸 그 양반이 더 좋아할지 확실히 알 수 있다면, 그걸 우리에게 유리하게 역이용할 수 있을 텐데." 그러고 나서 가야바는 다소 분위기를 바꿔 이렇게 말했다. "네가 요안나와 결혼한 것이 나는 참 흡족하구나, 얘야. 요안나는 아름답기도 하고 그만큼 지혜롭고 영리하기도 하지. 그 아이는 장차 우리에게 가장 중요한 정보원 역할을 하게 될 거다."

아버지는 자녀 칭찬에 인색한 분이었는데, 그런 아버지가 아내를 칭찬하자 엘르아살은 어깨가 으쓱했다. 하지만 아버지의 칭찬이 좀 더 이어질 수도 있으므로 으쓱한 기분은 감춰 두는 게 좋겠다는 생각이 들었다. "감사합니다, 아버지. 아버지가 칭찬하셨다는 말씀 그 사람에게 전하고, 쓸 만한 정보가 있는지 계속 촉각을 곤두세우고 있으라고 하겠습니다. 그 사람도 아버지를 아주 좋아합니다. 아버지와 우리 집안을 돕는 일이라면 뭐든 하려고 할 겁니다."

가야바는 고개를 끄덕였다. 잠시 침묵이 이어진 후 가야바는 다시 일 이야기로 돌아왔다. "그러고 보니 현재 우리 밀정들 상황이 어떤지 궁금하구나. 큰아버지 만나서 이야기 들어 보았니?"

"네, 오늘 아침에 현황을 말씀해 주셨습니다. 현재 오십 명 이상의 밀정들이 도성 전역에서 활동하고 있습니다. 자신들이 제공한 정보가 유월절 동안 얼마나 소중하게 활용될지 모두 잘 알고 있고요. 다섯 명을 지정해서 성전 바깥마당을 감시하게 했습니다. 한 사람이 성전 문 하나씩을 맡았지요. 나머지 사람에게는 유명한 술집, 시장, 상점 등을 감시하라고 했습니다. 긴급히 전달할 정보가 있을 때 연락책과 연락하는 방법도 다들 알고 있습니다. 연락책은 정보를 전달받는 즉시 우리에게 곧장 알릴 겁니다. 도성 안에서 중요한 일이 일어날 경우 우리가 그 즉시 인지하지 못한 채 넘어가는 일은 없을 거라고 믿어도 됩니다."

"아주 훌륭하다. 아론 형님이 일을 아주 탁월하게 해내 주시니 감사하다는 말씀드려야겠구나. 예수든 아니든, 아는 게 힘이고, 정보야말로 도성의 평화와 안전을 지키는 열쇠다. 우리가 섭섭지 않게 대가를 지급하고 있으니 이 밀정들이 그만큼의 결과를 안겨 주면 좋겠구나."

그때 방문을 두드리는 소리가 들려 두 사람의 대화는 중단되었다. 때마침 엘르아살의 큰아버지 아론이 등장했다. 아론과 가야바는 서로의 뺨에 입맞춤을 나누었다. "귀가 간지럽던가요, 형님?" 가야바가 물었다. 아론은 무슨 말인가 하는 표정이었다. "방금 형님 이야기를 하고 있었습니다. 엘르아살이 우리 측 밀정들에 관한 최신 소식을 전해 주었습니다. 정말 수고하셨어요!"

"고맙네, 동생." 아론이 말했다. "그런데 중요한 소식이 있어 이렇게 서둘러 달려왔다네! 로마 사령관이 최근 로마 병사 다섯 매복 살인 사건 혐의로 세 사람을 체포했다는군."

엄청난 소식이었다. "누가 체포되었답니까, 언제요?" 가야바가 급하게 물었다.

"겨우 두 시간 전에. 하나는 요셉이라는 사람이고, 동네 술집 주인의 아들이라네. 시므온이라는 자도 잡았는데, 술집에 있다가 요셉이 잡히는 걸 보고 도망치려고 했다는군. 도망치려고 하는 것으로 보아 죄가 있는 거라고 군인들이 그 사람까지 체포했다네. 세 번째로 잡힌 사람은 요셉의 사촌이고 이름은 사무엘인데, 로마 군인들이 자기 누이를 강간했다고 고소한 적이 있다고 해. 요셉과 친척 관계이고, 로마 군인들한테 보복할 이유가 충분하다는 것이 체포된 이유지."

엘르아살은 아버지의 얼굴에 걱정이 어리는 것을 봤다. "로마 병사 다섯의 죽음에는 이 사람들 말고도 여럿이 연관되었을 겁니다. 더 많은 사람이 체포되겠지요?"

"지금 시점에서 의심 가는 사람들이 분명 있지. 이 세 사람과 가까이 지내는 자들. 하지만 그 외에는 찾아낼 수 없을 걸세." 아론이 대답했다. "로마 측에서는 지금 잡아 가둔 그 사람들 입에서 다른 혐의자들 이름을 캐내려 할 거야." 체포된 사람들을 고문해서 정보를 캐낼 거라는 데 생각이 미치자 가야바는 괴로워하는 게 분명했고, 엘르아살이 느끼기에 아버지는 저들이 엉뚱한 사람을 잡아넣은 건 아닌지 걱정하고 있는 것 같았다.

"이 정보를 어떻게 이렇게 빨리 입수했습니까?" 가야바가 물었다.

"로마 사령관이 직접 내게 전갈을 보냈다네. 범인들을 체포했다고 알려 주면서, 도움을 주어 감사하다고 하더군. 범인들을 체포할 수 있었던 정보가 우리 측 밀정에게서 나왔거든. 사령관은 또 수사 진행과 관련해 지혜를 주어서 감사하다고 자네에게도 전해 달라고 했어. 가혹하고도 광범위하게 수사를 벌이는 것이 원래 계획이었는데, 그렇게 했다가는 가해자들이 숨어 버릴 가능성이 높았던 반면, 저들이 알아차리지 못하게 소리소문없이 수사해야 한다는 자네 조언 덕분에 큰 성과를 올렸다는 걸 인정한 거지."

가야바는 생각에 잠겨 고개를 끄덕였다. "그랬군요, 체포된 사람들이 정말 범인이라면, 체포 과정에 우리가 도움을 줄 수 있었던 거니 감사한 일입니다. 하지만 이 일이 유월절에 어떤 영향을 끼칠지 걱정됩니다. 지금의 긴장 상황을 더 심각하게 만들 게 틀림없어요."

큰아버지가 온 후 입을 다물고 있던 엘르아살이 침묵을 깨고 말했다. "긴장이 고조되지 않을까 하는 아버지의 염려가 이해됩니다. 하지만 아버지, 제가 생각하기에 선지자 예수를 체포하지 말라고 빌라도를 설득할 때 이 사건이 도움되지 않을까 합니다. 빌라도는 이번 사건을 수사할 때 강압적으로 하지 말라고 사령관에게 마지못해 지시했는데, 이제 아버지의 그 조언이 현명했다는 것이 입증

되었습니다. 그러니 빌라도가 어쩌면 예수와 관련해서도 아버지의 조언을 진지하게 고려하려고 하지 않을까요?"

아버지의 표정을 보니 거기까지는 생각하지 못한 것이 분명했다. 아버지가 하지 못한 생각을 자기가 했다는 생각에 엘르아살은 희열을 느꼈다. 한동안 깊은 생각에 잠겼던 가야바가 입을 열었다. "지렛대 작전을 쓰자는 거로구나. 하지만 로마 총독에게 압력을 가하는 것은 신중하게 생각할 문제다." 늘 그랬듯 아버지는 엘르아살의 지혜를 너그러이 인정하지 않았다. 좀 전에 요안나를 칭찬한 것으로 이날 하루는 충분했다. 어쨌든, 엘르아살은 아버지의 자부심을 높이는 데 한몫했음을 알게 된 것이 기뻤다.

갈렙

밀정으로 고용된 지 몇 주가 지났고, 도기 상점은 다시 손님들로 왁자지껄했다. 손님들이 몰려들기 시작한 것은 갈렙이 아론을 만난 지 꼭 이틀 뒤, 그가 아직 단 한 건의 정보도 넘기기 전이었다. 아론을 만난 지 이틀 되던 날, 한 부유한 상인이 가게를 찾아와 기름 램프를 대량 주문했다. 그리고 놀랍게도 물건 대금의 절반을 선금으로 냈다. 다음 날, 한 유명 제사장이 찾아와 작지만 값비싼 물건을 주문했다. 겨우 이틀 만에 갈렙은 작년 한 해 동안의 총 매출액에 가까운 매상을 올렸다!

재정 상황이 이렇게 극적으로 변하자 갈렙은 자신의 기분과 태도도 달라지는 것을 느꼈다. 걱정 근심은 사실상 다 사라졌고, 그와 함께 두려움, 분노, 절망도 사라졌다. 자기도 모르게 자꾸 미소를 짓게 되었고, 손님들을 대할 때도 매력 있고 재치 있는 모습을 보였다. 물론 아버지를 닮으려면 아직 멀었지만, 그래도 전과 달리 붙임성 있는 모습은 심지어 갈렙 자신조차 놀랄 정도였다. 실제로 갈렙은 아버지가 돌아가신 후 처음으로 행복감을 느꼈다.

하지만 이즈음의 이런 성취가 대가 없이 찾아온 게 아니라는 걸 갈렙은 예민하게 의식하고 있었다. 값을 해야 한다는 것을, 주변 사람들의 대화에 귀를 기울여야 한다는 것을, 그래서 은인에게 도움이 될 만한 정보를 수집해야 한다는 것을 그는 알고 있었다. 고용된 지 만 이틀이 지나면서부터 그는 사람들이 많이 찾는 선술집을 자주 찾기 시작했다. 물론 평판이 좋은 술집들이었다. 술집 실내의 정치적 분위기가 어떤지 살폈고, 뭔가 넘겨 줄 수 있을 만한 정보를 조금이라도 얻을 수 있지 않을까 해서 사람들의 대화에 귀 기울였다. 가장 주목할 만한 대화 주제는 아마 갈릴리의 인기 있는 선지자 예수, 그리고 그가 유월절에 예루살렘에 올 수도 있다는 이야기였을 것이다. 예수가 메시아로서의 대망을 품고 있을 가능성에 관해 사람들은 크게 흥분해서 이런저런 관측을 내놓았다. 선지자 본인은 매우 신중해서 어떤 식으로도 자신이 메시아라고 밝히지 않았지만, 그가 행하고 가르치는 내용을 보고 많은 이들이 그가 정말 하나님께서 정하신 이라고 확신했다. 특별히 가치 있다 할 만큼 구체적이지는 않았지만 갈렙은 이런 종류의 정보도 다소 유용하다고 생각했다.

더 유용한 정보를 얻기 위해서는 다른 전략이 필요할 텐데, 사촌 유다가 바로 해답일지도 몰랐다. 다행히 갈렙이 아론을 만난 지 삼일이 지났을 때 유다가 가게를 찾아왔다. 늘 그랬듯 유다는 로마의 해악에 대해 말했고 예루살렘 사람들이 로마에 맞서 봉기해야 한다고 말했다. 갈렙은 자신이 전보다 유다의 사고방식에 조금 더 열린 자세가 되었음을 은근히 암시했다. 너무 강하게 나가고 싶지는 않았고, 다만 어떤 틈이 있을 수도 있다는 것을 유다가 감지하기를 바랐다.

유다는 사흘 후 다시 가게를 찾아와 그 틈을 압박했다. 그리고 돌아가기 전 그는 갈렙에게 물었다. 마음에 변화가 있는 것 같은데, 예루살렘의 자유라는 큰 뜻에 좀 더 호의적이 된 것이냐고. 갈렙은 너무 적극적으로 보이지 않으려 애쓰면서 그럴지도 모르겠다고 대답했다. "좀 더 생각할 시간을 줘." 갈렙은 유다에게 그렇게 말했고, 유다는 어느 때보다 큰 희망을 안고 돌아갔다.

거의 일주일쯤 뒤 유다가 세 번째로 가게를 찾아왔다. 사촌의 관심도가 어느 정도인지 재보려는 것이었다. 갈렙이 이번에는 한 걸음 더 나아가, 관심이 가기는 하지만 자신이 무엇을 해야 할지 혹은 무엇을 할 수 있을지 모르겠다고 했다. 갈렙이 이미 알고 있다시피, 유다는 도울 준비가 되어 있었다. 즉석에서 그는 비밀 저녁 식사 모임에 갈렙을 초대했다! 상황은 갈렙의 바람 이상으로 순조롭게 진행되었다. 식사 모임은 다음 날 저녁에 있을 예정이었고, 갈렙이 이미 아는 사람들도 여럿 참석할 터였다. 모임 장소는 유명한 바리새인 솔로몬의 집이었다. 갈렙은 그 집도, 집주인도 잘 알고 있었다. 솔로몬은 아버지 생전의 절친한 친구였고, 갈렙은 그 집에서 밥도 여러 번 먹었다. 갈렙은 식사 초대를 받아들였고, 유다는 뛸 듯이 기뻐했다.

다음 날 저녁 갈렙이 솔로몬의 집에 도착하자 낯익은 노예가 나와 맞아 주었다. 놀랍게도 노예는 식당을 지나 지하실로 그를 안내했다. 지하실은 필사실로 쓰이는 커다란 방이었는데, 실내에는 횃불이 훤하게 밝혀져 있었고 식탁에는 갓 구운 빵, 대추야자, 포도, 무화과, 말린 생선을 포함해 갖가지 음식이 차려져 있었다. 이렇게 풍성한 음식에 더하여, 포도주도 부족하지 않게 제공될 것이 확실했다.

많은 손님이 이미 도착해 있었고, 갈렙이 아는 사람도 여럿이었다. 갈렙과 유다의 어린 시절 친구였지만 늘 유다와 훨씬 더 친했던 시므온도 와 있었다. 시므온의 얼굴에는 로마 병사에게 맞아서 생긴 심한 흉터가 아직도 남아 있었고, 얼굴 형태도 변형되어 있었다. 요셉과 요셉의 사촌 사무엘도 와 있었다. 두 사람 역시 어린 시절 친구였지만 갈렙은 나중에는 이들과 별로 가까이 지내지 않았다. 사무엘은 유다와 가장 친한 친구였는데, 두 사람의 특별한 유대 관계는 어릴 때부터 주변의 모든 이들이 다 알고 있었다. 몇 달 전 사무엘의 누이가 로마 군인에게 강간당한 사건은 유다에게 깊은 상처를 남겼다. 유다는 그 일을 이야기할 때마다 눈물을 흘렸다. 그리고 이 큰 악에 엄중한 정의가 시행되어야 한다는 유다의 말을 갈렙은 수없이 많이 들었다. 삼십 분쯤 지나자 초대받은 이들이 다 도착했다. 손님은 모두 열두 명이었는데, 솔로몬은 모습을 보이지 않았다. 갈렙은 그날 밤 솔로몬을 한 번도 보지 못했다.

식사가 진행되는 중에 보니 이들 중 아홉은 한동안 이 모임의 일원이었고 갈렙 자신을 포함해 나머지 셋은 처음 온 사람들인 것이 확실했다. 그리고 이 모임의 성격은 사교 모임인 것 또한 확실했다. 이들은 무엇을 계획하지도 않았고 어떤 전략을 의논하지도 않았다. 로마인들이라면 넌더리가 난다느니, 이들을 도성에서 몰아내야 한다느니 했고, 사람들의 분노가 점점 커져서 이제 곧 폭력 사태로 폭발할 것인데 그런 대중적 행동의 기폭제가 될 만한 일들이 무엇인지에 대해서 많은 이야기가 오갔다. 인기 있는 갈릴리 선지자 예수에 관해서도 이야기가 나왔다. 믿을 만한 소식통에게서 들은 이야기라며 예수가 유월절을 지키려고 예루살렘으로 오고 있다고 어떤 사람이 말했다. 유월절은 이제 겨우 몇 주 앞으로 다가와 있었다. 예수가 예루살렘으로 오는 것은 로마에 맞서 싸울 우리 편을 찾을 좋은 기회라고 생각하는 이들이 있지만, 이 선지자가 자신들과 정치적으로 긴밀히 협력할 만한 목표를 가졌는지에 대해 회의적인 사람들도 있었다. 유다는 예수가 우리 편이든 아니든 그의 존재만으로도 잠재적 혼돈 상태가 되리라고 주장했다. "인기 있는 선지자는, 죽었든 살아 있든, 사람들의 마음을 움직여 행동에 나서게 만들 수 있다"고 유다는 말했다. 바람이 어느 방향으로 불든 준비만 하고 있으면 된다는 것이었다. 그리고 이들은 예수가 도착하면 그를 감시하기로 했다. 어떤 이는 예수를 만나서 그의 의도나 자신들과의 공동 목표에 관해 의논할 수도 있지 않겠느냐고 했다. 좋은 계획이라고 모두 찬성했다.

예수를 둘러싼 논의는 흥미로웠고, 갈렙은 여기서 나온 이야기를 저쪽에 전달해 주면 유익할 수도 있겠다고 생각했다. 그러나 최근 로마 병사 다섯이 매복 습격당한 일로 화제가 옮겨가자 갈렙은 노다지를 발견한 기분이었다. 요셉은 잔을 들어 올리며 로마의 압제에 맞서는 전쟁에서 적이 첫 번째 타격을 입은 것에 건배하자고 했다. 로마 병사 다섯이 유대인 애국자들 앞에 고꾸라졌다면서 말이다. 그러자 큰 환호가 이어졌고, 갈렙도 환호에 동참했다. 참석자들은 마음이 뜨겁고 신실한 이들이 계획을 잘 짜서 행동에 나서면 건방진 로마 군인들을 이길 수 있음을 이 사건이 입증했다고 했다. 누구도 자기가 그 매복 공격에 참여했다고 말하지는 않았지만, 이들이 주고받는 이야기에서 갈렙은 모종의 자부심 같은 것을 간파했는데, 그 작전에 실제로 참여하지 않은 사람이 그런 자부심을 갖는다면 좀 이상해 보일 것 같았다. 게다가 이들은 자신들이 이 사건에 관해 더 많은 것을 알고 있음을 암시하는 눈빛을 교환하면서 허세를 부렸다. 이들은 그 사건을 자신들과 상관없는 일처럼 말하는 것 같기도 했고, 그와 동시에 그 일을 자신들의 공로로 여기는 것 같기도 했다. 갈렙으로서는 완전히 파악할 수 없는 어떤 일이 진행되고 있는 게 분명했다.

그러나 요셉의 입에서 나온 말 한마디로 마침내 모든 것이 선명해졌다. 어떤 사람이 로마가 오만을 떨다가 부주의했다고 지적하면서, 방심하지 않고 경계하는 사람들은 그 부주의함을 자신들에게 유리하게 이용할 수 있다고 말했다. 그러자 요셉이 목소리를 높여 말했다. "맞는 말이오, 친구 여러분, 이 습격 사건은 술 취해서 남의 술집에서 너무 시끄럽게 떠들어대는 로마 군인들 때문에 시작된 겁니다!"

또다시 커다란 환호가 터져 나왔다. 이번에도 갈렙은 환호에 동참하면서 머릿속으로 퍼즐을 맞춰 봤다. 요셉의 어머니가 술집을 소유했고, 요셉은 거기서 어머니와 함께 일했다. 그러니 로마 병사들이 떠드는 소리를 들은 사람은 요셉이 틀림없었다. 요셉이 이 소식의 출처라면, 매복 공격을 수행한 이들에게 이를 전달한 사람도 요셉이어야 했다. 그 순간 갈렙은 처음으로 눈이 활짝 뜨이는 것 같았다. 일의 전모가 드러나는 순간이었다. 여기 있는 자들 모두가 그 습격에 가담한 자들인 것이다! 갈렙이 유다 쪽을 보았더니 그는 말 없이 미소를 지으며 친구들을 둘러보고 있었다. 자신의 사촌이 이 일에 가담했을 뿐만 아니라 주동자임을 깨달은 것은 바로 그 순간이었다.

그날 밤 집으로 돌아가는 갈렙의 머리는 실을 잣듯 쉴 새 없이 돌아갔다. 유다가 동족의 장래 영광을 열망한다는 것은 익히 알고 있었지만, 그 열망이 이런 정도의 행동까지 하게 만들리라고는 꿈에도 생각지 못했다. 그날 밤 드러난 사실은 정말 놀라웠다. 이제 문제는 앞으로 어떻게 해야 하느냐는 것이었다. 갈렙에게 은혜를 베푼 사람들은 모든 걸 다 알고 싶어 할 터였다. 그날 저녁 식사에 참석한 사람들의 면면, 누가 그 모임을 주최했는지, 이들이 예수를 어떻게 평가하며 그를 어떻게 자신들의 조직으로 끌어들일 계획인지, 그리고 특히 로마 병사 다섯 명의 죽음에서 이들이 어떤 역할을 했는지 등을 말이다. 갈렙은 이 모든 정보를 다 넘길 수는 없다는 것을 알고 있었다. 친척과 친구들을 직접 배신할 생각은 없었다. 아론에게도 그렇게 말해 두지 않았는가. 그날 밤 모임에서 알게 된 것은 걸러서 전해야 했다. 쓸 만한 정보를 넘길 수는 있지만, 유다와 유다의 공모자들이 체포되게 만들 이야기를 해서는 안 되었다. 그 공모자는 다 유다의 친구들이었다.

갈렙은 보고 내용에 관해 생각하느라 밤새 거의 잠을 못 이뤘다. 해 뜰 무렵이 되자 적당한 절충선에 이르렀다는 느낌이 들었다. 물론 보고할 때는 그 모임에서 알게 된 것은 그게 전부라고 말할 생각이었다. 그날 아침 갈렙은 가게 진열창 맨 앞줄에 항아리 두 개의 순서를 바꿔 놓았다. 전달할 정보가 있을 때는 이런 식으로 신호를 보내기로 약속해 두었었다. 오늘이 정보 전달을 위해 연락책을 만나는 첫날이 될 터였다.

신호를 보내자 곧 연락책이 가게로 들어섰다. 그는 미리 약속해 놓은 대로 한 특정한 물건이 있느냐고 물었고, 갈렙은 재고가 있다고 대답했다. 그러고 나서 갈렙은 가게 안쪽으로 가서 물건을 찾아보자고 했다. 그렇게 해서 가게 안쪽에 두 사람만 있게 되자 갈렙은 그에게 신속히 보고했다. 선지자 예수에 관한 이야기가 도성 안에 점점 퍼져나가고 있고, 그가 예루살렘으로 온다는 소식에 사람들이 동요하고 있다고 했다. 비밀 저항 운동 회원들은 예수가 도착하면 그를 만나고 싶어 하고, 예수 및 그의 제자들과 동맹할 수 있기를 희망한다고 전했다. 마지막으로, 믿을 만한 출처에서 듣기로 다섯 명의 로마 병사 습격 사건은 한 술집에서 술에 취해 시끄럽게 소동을 피운 로마 병사들에게서 나온 정보에서 시작되었다고 전했다. 연락책은 습격 사건에 대해 좀 더 자세한 정보를 달라고 다그쳤지만, 갈렙은 자신이 아는 것은 그게 전부라고 말했다. 할 수 있는 데까지 좀 더 많은 정보를 추적해 보겠다고 약속했다. 감사하게도 연락책은 흡족해하는 것 같았다. 그러고 나서 그는 선반에서 그릇 하나를 꺼내 들고 갈렙과 함께 계산대로 갔다. 물건값을 치른 그는 도와줘서 고맙다고 말한 뒤 가게에서 나갔다.

얼마나 쉬웠는지 갈렙은 깜짝 놀랐다. 대화는 간단했고, 누구의 눈길도 끌지 않았으며, 누구든 가까운 사람을 배신할 필요도 없었다. 연락책이 갈렙을 조금 압박을 하기는 했지만 과도하지는 않았고, 갈렙은 아는 걸 다 전했다는 자신의 말을 그가 믿는다고 확신했다. 밀정으로서 자신에게 요구되는 새 역할이 이게 전부라면 얼마든지 할 수 있었다. 보수를 생각하면 정말 할 만한 가치가 있는 일이었고, 자신의 수고가 궁극적으로 도성의 평안에 이바지한다는 사실을 생각하면 자신이 한 일에 대해 자부심이 생겼다. 어쩌면 하나님께서 정말 누이의 기도에 응답해 주시고 갈렙의 집안에 은총을 보여 주신 것일 수도 있었다.

연락책에게 정보를 넘긴 지 나흘 뒤, 갈렙은 아직 다음번 활동 계획을 세우고 있었다. 유다가 곧 또 모임을 할까? 그가 또 한 번 가게를 방문하기로 되어 있으므로 갈렙은 유다가 어떻게 해서 그 운동에 좀 더 깊이 관여하게 되었는지 그때 물어보기로 했다.

그때 가게 뒷문에서 격하게 문을 두드리는 소리가 들리는 바람에 갈렙은 깊은 생각에서 깨어났다. 문을 열어 본 갈렙은 사촌 유다가 좁은 통로에 서서 자신을 올려다보고 있는 것을 보고 깜짝 놀랐다. 유다의 눈빛은 거칠어 보였고 온통 공포에 질려 있었다!

갈렙이 뭐라고 하기도 전 유다는 그를 밀치고 들어와 등 뒤로 문을 닫았다. 그리고 가게 앞문도 닫아걸었다. "무슨 일이야, 유다?" 갈렙이 물었다. "왜 그렇게 흥분했어?" 유다는 길고 구불구불한 머리카락을 두 손으로 움켜쥔 채 앞뒤로 왔다 갔다 했다.

"놈들이 요셉하고 시므온을 잡아갔어, 그리고…" 유다는 잠깐 할 말을 잃은 듯했고, 얼굴은 비탄에 잠겼다. 그리고 마침내 고통스럽게 내뱉었다. "사무엘도." 사무엘이라는 이름과 함께 유다는 목메어 흐느끼며 주저앉았다.

갈렙은 유다의 어깨에 손을 얹으며 말했다. "진정해. 다 괜찮을 거야. 언제 있었던 일인데?"

유다는 분노가 가득한 얼굴로 갈렙의 손을 탁 쳐내면서 말했다. "괜찮다고? 다 괜찮을 거라고? 어떻게 다 괜찮을 수 있겠어? 로마 군인들 죽였다고 친구들이 잡혀갔다고, 형! 그 애들은 십자가에 달릴 거야!"

갈렙은 두 손을 들어 올리며 뒷걸음질했다. "미안해, 유다! 네 말이 맞아. 이건 무서운 일이야. 하지만 그 친구들이 로마 군인들 죽인 죄로 잡혀갔다는 건 무슨 뜻이야? 지금 무슨 말을 하는 거야?" 갈렙은 유다와 친구들과의 저녁 모임 때 자신이 무엇을 추론해냈는지 드러내서는 안 된다는 것을 알고 있었다.

"그렇게 눈치가 없어, 형? 우리였다고, 지난주에 형하고 같이 밥 먹은 사람들이었다고. 우리가 매복해 있다가 그 로마 군인들 죽인 거라고! 이미 짐작했을 거라고 생각했는데?"

갈렙은 당황스러워하는 것처럼 보이려고 애썼다. "아니야! 난 몰랐어! 누구 짓인지 모르지만 정말 잘했다고 모두 축하하는 거라고 생각했지. 너도 그 일에 관여했어? 요셉하고 사무엘도?"

갈렙을 돌아다보는 유다의 눈에 여전히 눈물이 가득 고여 있었다. 유다는 자세를 바로잡으며 한결 침착해진 목소리로 말했다. "아니야 형, 미안해. 형이 알아차릴 수 있을 정도로 표가 나지는 않았을 거야. 그게 우리가 한 일이라고 너무 드러내 놓고 말하지는 말라고 내가 일러두었으니까. 형이 받아들일 준비가 되었는지 확신할 수 없었거든. 하지만 이제 형도 진실을 알게 된 거야."

"내겐 정말 충격적인 소식이야, 유다!" 갈렙은 거짓말을 했다. "내가 어떻게 도울 수 있을까?"

유다는 시선을 떨구며 고개를 흔들었다. "나도 모르겠어. 어떻게 해야 할지 정말 모르겠어. 다 내 잘못이야. 다른 친구들은 어떻게 될까? 다음번엔 그 친구들도 잡혀갈까? 체포해 간 친구들에게서 나머지 친구들 이름 캐내려고 놈들이 수단 방법을 가리지 않을 텐데."

갈렙은 유다가 오로지 친구들의 안위만 걱정한다는 것을 알아차렸다. 유다 자신도 분명 큰 위험에 처해 있는데 말이다.

"어떻게 이런 일이 생겼을까, 형? 놈들이 어떻게 알았을까?" 유다의 목소리에는 절망이 가득했다.

혼란스러워하는 유다의 얼굴을 들여다보며 갈렙은 또 한 번 거짓말을 했다. "나도 모르겠어. 가담한 친구들 말고 누가 알았을까? 일행 중 누군가가 배신한 거 아닐까?"

유다는 고개를 가로저었다. "가담한 친구들 말고는 아무도 몰라. 그리고 우리가 품은 뜻을 배신할 친구는 없어. 나는 친구들 모두를 내 목숨을 걸고 신뢰해." 유다는 그렇게 말하다 말고 물었다. "우리 저녁 모임에 대해 아무에게도 말 안 했겠지? 그날 우리가 이야기한 것에 대해서도?"

갈렙은 단호히 고개를 가로저었다. "안 했지. 네가 하라는 대로, 아무에게도 말 안 했어. 그런데 너희 친구 동아리에 속하지 않은 사람은 나 하나뿐인가?" 갈렙은 이미 알고 있으면서 그렇게 물었다.

"아니야." 유다가 대답했다. "형처럼 애초에 우리 모임에 합류하지 않은 사람이 둘 더 있어."

"그 사람들도 신뢰해? 그 사람들이 널 배신했을 수도 있지 않아?"

유다의 얼굴에 잠시 당혹스러워하는 기색이 스쳤다. "어쩌면 그럴 수도 있지. 하지만 나로서는 상상할 수 없는 일이야. 이제 와 생각이 난 건데, 그 사람들이 무슨 말을 할 수 있었겠어? 군인들 죽이는 일에 가담했다고 말한 사람이 아무도 없는데. 막연히 눈치를 챈 것 말고는 아무것도 알 수 없었을 거라고. 형도 몰랐잖아! 그 막연한 느낌만으로 혹시 누가 신고를 한 걸까?"

"그럴 수도 있지." 갈렙은 다른 사람에게로 혐의를 돌리려는 자신의 노력이 효과가 있기를 바라며 그렇게 말했다. "그리고 로마 놈들이라면 그런 막연한 느낌만으로도 충분히 사람을 잡아갈 수 있어."

유다는 고개를 푹 꺾었다. "내가 어떻게 그렇게 경솔할 수 있었을까? 다 내 잘못이야."

"아직 진상을 모르잖아, 유다. 성급히 결론 내리지 않도록 조심해. 내가 더 도울 일이 있을까?"

"아마도." 유다가 말했다. "다른 친구들에게 알려야 해, 그것도 신속히. 그래야 도망을 치든지 숨든지 할 수 있을 테니까. 나 대신 형이 나다니엘하고 야곱에게 가서 알려 줄 수 있을까? 두 사람 다 아버지 집에 있을 거야."

갈렙은 이 부탁에 어떤 위험이 도사리고 있는지 알았지만, 거절할 수가 없었다. "그래, 유다. 내가 찾아가서 위험하다고 알려 줄게. 그런데 유다, 네 안전도 생각해야지. 집으로 돌아가지 마. 친구들에게 조심하라고 알리고 너도 피하도록 해."

유다는 갈렙을 포옹하며 말했다. "고마워. 내가 알아, 형은 내가 의지할 수 있는 사람이라는 걸." 갈렙은 유다의 그 말이 단검처럼 가슴을 찌르는 것을 느끼며 자신이 배신한 사촌 동생이 가게 뒤편 샛길로 사라지는 것을 지켜보았다.

갈렙은 문간에 멍하니 서 있었다. 잠시 전 느낀 행복, 자신감, 새로워진 믿음은 흔적도 없이 사라지고, 그 자리엔 공포, 죄책감, 그리고 누군가를 배신했다는 소름 끼치는 감정이 대신 들어섰다. 어떻게 해야 할지 몰랐지만, 자신의 보고가 친구들이 체포되는 결과를 낳았다는 것은 확실히 알 수 있었다.

'내가 어떻게 그렇게 어리석을 수 있었을까? 정보를 걸러내서 내 친척과 친구들은 보호할 수 있다고 생각하다니, 어떻게 그런 생각을 할 수 있었을까?' 당국자들이 이미 가지고 있는 다른 정보가 무엇인지, 그리고 자신이 넘긴 정보가 어떻게 그 정보와 연결되어 공모자들의 정체를 밝혀낼 수 있는지 갈렙은 알지 못했다. 갈렙은 위험한 게임을 했고, 그 게임에서 졌다.

그러나 이렇게 홀로 질문하고 따져보고 있노라니 머릿속에 또 다른 생각들이 떠올라 경쟁을 벌였다. 이번 체포 건에 대해 나에게 책임을 물어서는 안 된다. 로마 병사들을 습격한 사람은 내가 아니다. 나는 끔찍한 결과를 낳을 수밖에 없는 폭력적 저항에 가담하지 않았다. 선택은 그 사람들이 한 거고, 나는 그들이 로마 군인들을 습격해 죽이려는 계획이 원래 어디에서 비롯된 건지를 전해 주었을 뿐이다. 그 뒤에 무슨 일이 있을지 내가 어떻게 알고 책임을 진단 말인 말인가?

갈렙은 이런 생각들로 걷잡을 수 없는 죄책감을 밀어내려고 애를 썼지만, 그게 효과가 있는지는 확신할 수 없었다. 잠시 후 갈렙은 급히 다녀올 곳이 있다고 누이에게 말하고는 나다니엘과 야곱의 집으로 향했다. 두 사람에게 위험을 경고해 주는 것이 그가 할 수 있는 가장 작은 일이었다.

빌라도

최근에 온 통신문을 읽으려고 자리에 앉았을 때 빌라도는 이미 기분이 나쁜 상태였다. 그는 가이사랴의 경마장에서 막 돌아온 참이었고, 경마장에서 그날 내기에 크게 졌다. 특히 더 화가 난 것은 두 번의 경주 때 어느 말이 이길 거라는 믿을 만한 정보까지 받았기 때문이었다. 하나는 두 마리 말이 끄는 전차 경주였고, 또 하나는 그날 마지막 순서인 네 마리 말 경주였다. 앞선 경주에서 성적이 아주 안 좋았기 때문에 마지막 경주에 돈을 두 배로 걸었는데, 그가 돈을 건 마차는 바퀴 하나가 빠지는 바람에 선두를 빼앗기고 말았다. 돈을 잃은 것도 속이 쓰렸지만, 거들먹거리는 친구 야손에게 졌다는 것 때문에 더 기분이 나빴다. 야손은 다음 주에 있을 경주 때까지 그 이야기를 아마 귀가 닳도록 할 터였다.

빌라도는 갈릴리의 선지자 예수를 따라다니고 있는 밀정의 보고서를 제일 먼저 읽었다. 예수는 요단 강을 따라가는 동부의 길을 통해 남쪽으로 향하고 있는 게 확실했다. 그는 사흘 전에 가버나움을 떠나 펠라(Pella) 성 근처 마을들로 가고 있었고, 이 통신문은 밀정이 펠라에서 보내온 것이었다. 빌라도가 계산해 보니 예수는 하루에 약 15킬로미터 정도 이동 중이었다. 그 속도라면 예루살렘까지는 약 나흘 거리가 남아 있었고, 예수가 예루살렘에 가까이 올 무렵이면 유월절까지 일주일 반이 남아 있을 시점이었다. 하지만 예수가 어느 한 도성에 하룻밤 넘게 머물기로 한다면 도착이 지체될 수도 있었다.

이 선지자를 잡아들일 생각이라면 서둘러 행동에 나서야 했다. 최선책은 병사들을 여리고로 보내 거기서 예수를 체포하는 것이었다. 그것이 예루살렘이 아닌 곳에서 예수를 잡아들일 수 있는 마지막 기회가 될 터였다. 여리고에서 예루살렘까지는 보통 하루 정도면 갈 수 있는 거리였으니 말이다.

"루시엔!" 빌라도가 수석 보좌관을 부르자 모퉁이 뒤에서 나타난 보좌관이 정중히 대답했다. "예, 각하, 어떻게 도와드릴까요?"

"자네가 고넬료 사령관을 좀 모셔와야겠어." 빌라도가 말했다. "사령관하고 의논할 일이 좀 있네." 고넬료는 가이사랴에 주둔하는 보병대 지휘를 맡은 백부장이었다.

"알겠습니다. 각하."

이십 분이 채 안 되어 루시엔은 고넬료를 데리고 왔다. 고넬료는 서른다섯 살로, 빌라도보다 겨우 몇 살 아래였다. 그는 기량이 뛰어난 군인이자 많은 이들에게 존경받는 지휘관이었다. 유대 지역에 근무하는 동안 그는 유대인들의 신에게 완전히 매혹되었고, 최근 그 신에게 점점 몰두하는 중이라고 빌라도에게도 밝힌 바 있었다.

빌라도는 이를 신기하게 여겼지만, 고넬료를 존중했기에 이 문제에 관해 불쑥 자기 의견을 던지지는 않았다. 이 지역 총독으로 부임한 이후 빌라도는 고넬료와 매우 활발한 협력 관계를 맺어 왔고, 이 관계는 어쩌면 우정이라고까지 할 수 있었다. 두 사람은 정기적으로 만나 식사를 하면서 유대 지역의 정치·군사 동향에 대해 종종 의견을 나누곤 했다.

"각하, 저를 보자고 하셨습니까?" 고넬료가 물었다.

"그래요, 고넬료. 의논할 일이 있소. 우리가 얼마 전 갈릴리의 선지자 예수 이야기를 했잖소. 그자가 이 지역에 잠재적 위협이 될 수 있다고도 했고."

"네, 저도 그 사람을 압니다." 고넬료가 대답했다. "그때 각하께서 그 사람을 지켜보는 중이라고 하셨고 이 문제를 조사해 달라고 헤롯에게 부탁하셨다고 하셨습니다. 상황이 달라졌습니까?"

"달라진 것 같아 걱정이오." 빌라도는 심각한 얼굴로 말했다. "짐작했겠지만, 헤롯은 내 부탁에 대해 입에 발린 말만 할 뿐 아무 조치도 취하지 않았지. 비겁한 자 같으니. 지금 이 선지자가 갈릴리에서 출발해 남쪽으로 가고 있소. 모든 정황으로 볼 때 유월절을 지키려고 예루살렘으로 갈 생각인 것 같소. 예수가 정말 혁명을 일으킬 야심을 품고 있다면, 그가 예루살렘에 있는 것은 재앙일 수 있지. 그자가 스스로 말썽을 일으킬지도 모르지만 유월절 기간에 도성 안에서 그를 체포하면 그에 못지않게 시끄러운 사태가 발생할 수 있어요. 그래서 말인데, 그자가 예루살렘으로 가게 해서는 안 돼요.

사령관이 여리고로 병력을 보내 그자를 붙잡아 왔으면 하는데."

고넬료는 잠시 주저하다가 이윽고 대답했다. "그 정도는 협조해 드릴 수 있습니다. 소규모 기병대라면 하루 안에 여리고에 당도할 수 있을 겁니다."

백부장이 주저하는 기미를 빌라도는 놓치지 않았다. "내 계획을 왜 확신 못 하는 거요, 고넬료? 솔직하게 말해 봐요. 나는 사령관을 친구로 여기고 사령관의 통찰력을 늘 존중해 왔소."

"각하." 고넬료는 솔직하게 말해도 좋다는 빌라도의 말을 반신반의하는 듯 조심스럽게 말했다. "예수가 혁명 야심을 품고 있다면 예루살렘에 그가 존재하는 것이 재앙일 거라고 말씀하셨지요. 하지만 그가 그런 야심을 품고 있다는 걸 어떻게 확신하십니까? 제게 보고된 바로는 그는 폭력을 쓰라고 하지도 않았고 공개적으로 어떤 부류의 메시아임을 자처하지도 않았습니다."

빌라도는 잠시 생각에 잠겼다. "그래요, 그 말이 맞소, 고넬료. 하지만 그자가 이 지역에 새 나라가 임박했다고 선포한다는 건 아주 분명한 사실이고, 사람들은 그자를 좋아할 뿐만 아니라 이런 가르침에 도취해 있소. 새 나라 운운하는 그런 이야기에는 본질상 전복적 성격이 있지. 사랑하는 우리 로마 제국이 멸망한다는 암시를 담고 있으니까. 이 점을 소홀히 여겨서는 안 돼요. 공개적 가르침에는 폭력 이야기가 전혀 없다 해도 그자는 이렇게 자기에게 간절히 매달리는 사람들을 규합해서 당장에라도 반란을 일으킬 수 있소. 이런 위협이 지금의 현실이고, 그래서 이를 모른 체해서는 안 되는 거

요. 선지자 요한의 경우에도 나는 그를 잡아들이는 게 내키지 않았
지. 덕분에 값비싼 대가를 치렀고. 그래서 나는 똑같은 실수를 두
번 하지는 않겠다고 나 자신에게 약속했소."

고넬료는 고개를 끄덕였다. 그리고 생각을 정리하기라도 하는
듯 잠시 아무 말이 없다가 얼마 후 입을 열었다. "타당한 염려입니
다, 각하. 하지만 유월절을 겨우 며칠 앞둔 시점에서 인기 있는 선
지자를 잡아들이면 우리가 보복당할 위험을 자초하는 것 아닐까
요? 각하는 며칠 어간에 예루살렘으로 출발하셔야 합니다. 이 선지
자를 체포하고서 예루살렘으로 가시면 도성 사람들은 총독님에게
서 그 사건의 그림자를 볼 텐데 이들이 총독님을 어떻게 영접할까
요? 도성 안에 긴장이 한층 고조되어서 상황이 극도로 위험해질 겁
니다. 이건 몹시 어려운 결정입니다, 각하. 저라면 그런 결정을 하
고 싶지 않을 겁니다. 체포해도 위험 부담이 있고 체포하지 않아도
위험 부담이 있지만, 어쨌든 저는 각하께서 부여하시는 임무를 충
실히 수행할 것입니다. 이 점은 확신하셔도 좋습니다."

"그 점에는 의심이 없소, 고넬료. 그리고 조언도 감사하오. 이 문
제에 대해서는 생각해볼 필요가 있겠군. 지금은 일단 임무를 수행
할 준비를 하시오. 세부 사항은 사령관에게 일임하겠소. 오늘 안에
이 일에 관해 다시 연락하겠소."

"바로 처리하겠습니다, 각하." 고넬료는 출동에 필요한 준비를
위해 서둘러 방을 나갔다.

빌라도는 보좌관 루시엔 쪽을 돌아보았다. 쉰다섯 살의 루시엔

은 위대한 도시 로마에서 태어나 그 도시와 도시가 세운 제국에 깊이 헌신한 참 로마인이었다. "이 문제에 관해 자네는 어떤 의견인가, 루시엔?" 빌라도는 루시엔이 뭐라고 말할지 이미 잘 알고 있었지만, 그래도 어쨌든 그가 하는 말을 듣고 싶었다.

"솔직하게 말씀드리는 걸 허락하시는 겁니까, 각하?" 루시엔이 물었다.

"물론이지, 루시엔. 자네 생각을 말해 봐."

루시엔은 자세를 곧게 했다. 강직하고 도도한 표정이 얼굴에 나타났다. "로마는 이 세상에서 가장 위대한 제국입니다, 각하. 로마는 전 세계에, 심지어 배은망덕한 이 유대 땅에까지 평화와 번영을 안겨 주었습니다. 치안을 방해하려는 그 모든 위협, 우리 신민(臣民)들이 이룬 이 위대한 역사를 전복시키려는 그 모든 시도는 크든 작든 철저히 분쇄되어야 합니다. 예수라는 이 자가 새로운 나라에 대해 말한다면, 이 자는 현재 나라의 친구가 아닌 것이 분명합니다. 그리고 친구가 아니라면 결국은 적입니다. 제가 판단하기에는 각하께서 이 자를 그 추종자들과 함께 지금 당장 십자가에 매단다고 해도 절대 빠르지 않습니다. 네, 그랬다가는 예루살렘은 물론 어쩌면 유대 전역의 평화가 무너질지도 모른다는 것 잘 알고 있습니다. 사람들이 폭동과 반역을 일으킬 수도 있습니다. 하지만 그게 뭐 대수입니까? 우리가 왜 이 결과를 두려워해야 합니까? 그런 행동은 저들의 진심을 드러내 줄 뿐입니다. 마음에 품고 있는 증오와 배은망덕 말입니다. 그 진심이 세상에 활짝 드러나게 해야 합니다. 그리고 로마 군대가 와서 다 십자가에 못 박게 해야 합니다! 저들의 도성과 저들의 신전을 불태워야 합니다! 우리가 왜 조심스레 저들 주위를 맴돌며 혹여 저들의 심기를 건드릴까 염려해야 합니까? 우리는 로마이고 저들은 아닙니다! 제가 말씀드리건대, 이 예수를 체포하시고 어떤 결과가 생기든 상관하지 마십시오." 이런 생각을 마음껏 발설할 자유가 주어진 것이 루시엔에게 깊은 만족감을 안긴 것이 분명했다.

빌라도는 루시엔의 연설에, 특히 그 열정에 감탄했다. 루시엔의 말은 빌라도 자신의 여러 감정에 반향을 일으켰고 빌라도의 행동 계획을 정당화해 주었다. 그리고 그것이 바로 빌라도가 루시엔에게 의견을 말해 보라고 한 이유였다. 가끔 자기가 하고 싶은 대로 하는 것도 영혼을 위해 좋다는 것, 이것이 바로 진정한 로마인의 태도였으며, 빌라도는 본국의 여러 애국자에게서도 같은 태도를 보곤 했다.

그러나 유감스럽게도 그 태도에 담긴 정서는 황제 일가의 뜻을 반영하지 못했다. 황제 일가는 이 지역의 평화와 안정을 바랐다. 유대의 혁명가들을 상대로 어떤 전쟁을 벌이든 로마가 이길 것이라는 루시엔의 말이 맞을지는 몰라도, 그 승리에는 엄청난 대가가 따를 것이다. 전쟁은 비용이 많이 들며, 제국 어느 한 지역에서 전쟁이 벌어진다는 것은 곧 다른 지역이 취약해진다는 의미였다. 게다가 유대가 반역 상태에서 바대와 손을 잡기라도 하면 어쩐단 말인가? 그런 동맹은 정말 골치 아픈 일을 낳을 터였다.

이런 모든 이유로 빌라도는 보좌관의 조언을 다 받아들일 수가 없었다. "나도 자네 생각에 많이 공감하네, 루시엔. 그리고 솔직하게 말해 줘서 고맙네. 로마인 애국자의 뿌리 깊은 확신이 내 영혼을 건강하게 해주었다네. 그리고 그게 바로 자네다운 모습이지." 빌라도는 보좌관의 두 눈에 자부심이 차오르는 것을 볼 수 있었다. "애석하게도 우리의 위대한 황제 일가의 우선순위는 평화지. 그런데 우리가 그와는 다른 행동 방침을 따라야 하지 않을까 염려되는군."

"실로 그렇습니다, 각하." 루시엔은 단호히 고개를 끄덕이며 대꾸했다.

빌라도의 책상 위에 놓인 또 하나의 통신문은 가야바에게서 온 것이었다. 가야바의 편지는 빌라도가 마음을 결정하는 데 아마 도움이 될 터였다. 꼼꼼히 편지를 읽어내려 가던 빌라도는 이 대제사장이 얼마나 탁월한 정치꾼인가를 깨닫고 새삼 혀를 내둘렀다. 편지에서는 두 가지 목적이 드러났다. 첫 번째 목적은 두 번째 목적보다 포착하기 힘들었다. 가야바는 추가로 삼백 명의 병사를 대동하고 예루살렘으로 들어오겠다는 빌라도의 생각이 틀렸을 수도 있다는 뜻을 내비쳤다. 이 병력이 예루살렘으로 들어와 존재할 때 얼마나 긴장감이 조성될지를 고려하면 이들의 존재가 과연 더 큰 평화를 보장하겠는가? 가야바는 확신할 수 없다고 주장했지만, 빌라도가 보기에 그는 자기 생각을 아주 확신하고 있는 게 분명했다. 하지만 빌라도 역시 확신했다. 추가로 무력을 시위하는 것은 반드시 필요하고도 타협 불가능한 일이라고 말이다. 폭력 저항은 아예 싹을 잘라버릴 필요가 있었고, 그래서 추가 병력이 빌라도와 함께 예루살렘으로 들어가야 했다. 그걸로 이야기는 끝이었다.

가야바는 두 번째 목적에 대해서는 훨씬 더 직접적이었다. 그는 이 선지자를 체포하면 이제 곧 있을 유월절 행사에 어둡고도 위험한 그림자를 드리울 것이라고 강경히, 그러나 정중하게 주장했다. 가야바는 고넬료가 이미 말한 것과 똑같은 우려를 표명했다. 하지만 그가 가장 강경하게 주장하는 것은, 예수가 이 큰 절기를 축하하고자 하는 화평의 선지자로서 예루살렘으로 들어오게 하는 것이 우리에게 있을 수 있는 최선의 결론이리라는 것이었다. 이런 결론을 배제할 수는 없으며, 이렇게 되어야 평화 유지의 가망성이 가장 높아지기에, 예수가 하나의 위협이라는 것이 명백해질 때까지는 예수를 상대로 어떤 행동도 취해서는 안 된다는 것이었다. 아무런 위협도 존재하지 않는데 굳이 평화를 위협하는 행동을 하는 것이야말로 가장 큰 실책일 것이라고 했다. 예수가 정말 혁명가로 드러날 경우, 예루살렘에서 그를 체포하기란 더욱 힘든 일이 되겠지만, 예수가 도착하기도 전에 체포할 경우에 비해 폭력적 보복 행위가 벌어질 위험은 그다지 크지 않을 것이라고 했다.

빌라도는 가야바의 이 모든 주장이 설득력 있다고 생각했다. 맨 나중에 한 말만 빼면 말이다. 빌라도는 예수가 예루살렘에 도착하기 전에 체포하는 게 예루살렘 안에서 체포할 때만큼 위험하다고 보지 않았다. 예루살렘 도착 후 체포하는 게 훨씬 더 위험했다. 유월절이 되면 예루살렘은 마치 화약통 같아서 불똥 하나만 떨어져도 활활 타오를 수 있는 상태일 것이다. 도성 안에서 예수를 체포하는 게 바로 그 불똥이 될 수 있었다. 도착 전에 체포하면 사람들의 분노를 불러일으키기는 할 것이다. 그러나 그렇게 하면 예루살렘에서 예수를 체포할 경우에 발생할 수도 있는 위험은 없다는 것이 빌라도의 생각이었다.

하지만 빌라도는 아무런 위협도 존재하지 않는데 굳이 평화를 위협하는 행동을 하는 것이 가장 큰 실책일 것이라고 하는 가야바의 말에 자꾸 신경이 쓰였다. 빌라도는 과거에 그렇게 불필요하게 평화를 위협하는 행동을 한 적이 있었고 다시는 그런 짓을 반복하지 않겠다고 맹세했었다. 당시 자신의 실책을 명확히 깨우칠 수 있게 도와준 사람이 가야바였다. 이 제사장의 지혜에 다시금 귀 기울여야 하는 것 아닐까? 바로 얼마 전만 해도 가야바는 로마 병사 다섯 명의 죽음을 수사할 때 가능한 한 부드러운 수법으로 접근하라고 조언했었다. 그리고 결국 그의 말이 옳았음이 드러났다. 도성의 평안을 뚜렷이 위협하는 그 어떤 조치 없이도 범인들을 체포했으니 말이다.

여기에 생각이 미치자 마침내 저울추가 기울었다. 빌라도는 예수가 예루살렘으로 가는 것을 가로막지 않기로 했다. 그는 고넬료에게 전갈을 보내 여리고에 병사들을 보내지 말라고 했다.

'이 제사장의 말이 옳아야 해', 빌라도는 그렇게 생각했다.

4.
위기

갈렙

요셉, 시므온, 사무엘이 체포된 지 거의 일주일이 지났다. 갈렙은 유다를 다시 보지 못했다. 유다의 누이의 말에 따르면, 집안에 급한 일이 생겨 유다는 지금 예루살렘에 없고, 언제 돌아올지 확실하지 않다고 했다. 갈렙은 그 말이 사실이 아님을 알고 있었지만, 그걸 유다의 누이가 알고 있는지, 유다가 정말 예루살렘에 없는지는 알 수 없었다. 갈렙이 아는 한 다른 친구들이 또 체포되지는 않았고, 군인들이 다른 공모자를 찾아다니고 있다는 풍문도 전혀 들려오지 않았다. 사람들은 로마 당국에 체포된 이들이 곧 처벌받을 것으로 예상했다. 물론 처벌을 받더라도 유월절은 지나야 하리라는 것이 사람들 대부분의 생각이었다.

혐의자들을 체포하자 도성 안에 긴장이 고조되었다. 사람들은 폭력 전과도 없는 그런 하찮아 보이는 이들이 정말로 로마 병사 다섯의 죽음에 책임이 있을 리는 없다고 주장했다. 사람들은 이들이 그 습격 사건에서 주변부 역할을 했을 뿐이고 로마 당국이 이들을 체포한 것은 몸통을 잡기 위해서라고 생각했다.

친구들이 체포된 날 이후 갈렙의 마음은 갈등의 연속이었다. 어떤 때는 극도의 죄책감을 느끼다가 또 어떤 때는 자신의 행동을 정당화하면서 양심의 가책을 가라앉혔다. 갈렙은 오늘, 아니 적어도 이 순간만큼은 두 번째 마음이었다. 유월절 주간의 첫날이고, 게다가 아름다운 봄날이라는 것이 마음을 편안히 하는 데 도움이 된 게 틀림없었다. 도성의 거리는 활발히 오가는 사람들로 시끌벅적했고, 대기조차도 흥분된 것 같았다. 일찌감치 도착한 순례자들도 있었지만, 유월절을 축하하려고 오는 사람들은 대개 오늘부터 예루살렘에 속속 도착하기 시작했다. 이 시기가 되면 대략 육만 명의 순례자들이 예루살렘으로 모여들어, 도성 인구가 거의 삼십만 명으로 불어났다. 사람들이 이렇게 유입되면 도성의 통치자들과 관리들에게는 머리 아픈 일이 생기지만 보통 사람들에게는 큰 활력과 흥분을 안겨 주었다. 순례자들 대다수가 예루살렘에 가족이나 친구가 있는 사람들이었고, 그래서 이 시기는 헤어져 있던 사람들이 다시 만나 법석거리는 때였다.

오랫동안 보고 싶었던 갈렙의 친구들도 속속 예루살렘에 도착했다. 고모 엘리사벳은 아들 야곱, 딸 마리아와 함께 갈렙의 집에 묵을 터였다. 야곱은 갈렙보다 한 살 위였고, 마리아는 갈렙의 누이

미리암보다 한 살 아래였다. 이들 가족은 아주 가깝게 지냈으나, 엘리사벳이 첫 남편을 잃은 후 재혼을 하면서 야곱과 마리아를 데리고 다메섹으로 이사했다. 이들 가족은 해마다 유월절이면 예루살렘에 와서, 오십 일 뒤 첫 수확과 토라를 받은 것을 기념하는 절기인 칠칠절까지 지내고 갔다. 엘리사벳의 두 번째 남편은 다메섹에서 하는 일이 있어서 이들과 동행한 적이 별로 없었다.

야곱과 갈렙은 어린 시절 내내 형제처럼 자라며 꼭 붙어 다녔다. 두 사람 모두 도기 상점에서 일했고, 갈렙의 아버지는 누이 엘리사벳이 재혼할 때까지 누이의 가족들을 돌봐 주었다. 고모 가족이 이사를 하게 되자 갈렙은 매우 슬펐다. 가장 친한 친구를 잃게 되었기 때문이다. 게다가 겨우 일 년 후 아버지까지 돌아가시자 더더욱 슬픔을 견디기 힘들었다. 비록 멀리 떨어져 있기는 했지만 갈렙과 야곱은 꾸준히 소식을 나누었고 적어도 일 년에 두 번은 서로 얼굴을 봤다. 두 사람 사이는 아무리 오래 못 만나도, 아무리 멀리 떨어져 있어도 아무 상관 없어 보이는 그런 관계였다. 그런 친구와 재회를 앞두고 갈렙은 죄책감에 빠져 허우적거리고 있을 수만은 없었다.

갈렙은 정오가 되자 가게 문을 닫았다. 그리고 미리암과 함께 서둘러 점심을 먹고 고모 가족을 마중하러 나갔다. 도성으로 들어오는 순례객들의 행렬은 흥미로웠다. 많은 순례자가 노래하며 춤을 추었고, 성문에서 가족을 기다리는 사람들은 아는 사람이든 모르는 사람이든 한 무리의 순례자들이 도성 입구로 다가올 때마다 함께 노래하고 춤추었다! 노래와 춤에 동참하지 않는 사람도 가족과 친구가 재회하는 광경을 기쁘게 바라보았다.

전통에 따라 갈렙은 감람산 건너편, 도성 동쪽에 있는 수산 문(Shushan Gate)에서 야곱 가족을 만날 생각이었다. 북쪽에서 오는 사람들은 대개 요단 강을 따라 남쪽으로 여리고까지 내려온 뒤 서쪽으로 방향으로 틀어 예루살렘으로 왔다. 이들은 베다니 마을을 통과해 감람산 쪽으로 내려와서 기드론 골짜기로 들어갔고, 이어서 시온 산으로 올라가면 바로 거기 예루살렘의 영광스런 성전이 자리 잡고 있었다.

현재의 성전은 오백 년 전 바벨론 포로 생활에서 돌아온 뒤 유대인 지도자 스룹바벨이 처음 지은 것을 대대적으로 개축한 것이었다. 개축 공사는 로마 종속왕 고(故) 헤롯 "대왕"이 맡았으며, 그의 아들들인 헤롯 안디바와 빌립은 지금도 로마를 대신해 북부 이스라엘을 통치하고 있었다. 헤롯은 편집증 성향의 폭군이긴 했지만, 건축에 대해 예리한 안목을 가지고 있었다는 것은 부인할 수 없었다. 개축된 예루살렘 성전은 그가 남긴 걸작품이라는 데 의문의 여지가 없었다. 로마가 헤롯에게 이 지역에 대한 권한을 부여하기 전, 스룹바벨 성전은 특별히 구경할 만한 것이 없었다. 스룹바벨 성전은 솔로몬 왕이 지금과 같은 위치인 시온 산(당시는 모리아 산)에 지었던 초기 성전의 뼈대에 지나지 않았다. 두 성전 모두 시온 산 정상의 일부만 차지하고 있었다. 그러나 백성들의 환심을 사고 자신을 인정받기 위해 헤롯은 산 전체를 대지 삼아 성전을 세우는 대대적 건축 공사를 시작했다.

예루살렘 사람들은 헤롯을 싫어했지만, 헤롯이 지어준 성전은 좋아했다. 예루살렘의 유대인이라면 성전의 규모가 어느 정도인지 다 알았다. 성전 산(Temple Mount)을 둘러싸고 있는 거대한 축대벽은 북에서 남으로는 488미터, 동에서 서로는 274미터였다. 벽은 가장 높은 곳의 높이가 30미터에 두께는 약 5미터였다. 그리고 돌… 아, 축대벽을 쌓을 때 들어간 그 엄청난 돌들이라니! 갈렙은 어렸을 때 아버지가 하신 말씀이 여전히 귀에 들리는 듯했다. "오백 톤이 들어 갔단다, 얘야! 그 정도 규모의 기초석은 그 어떤 일에도 흔들리지 않을 거야!"

축대벽도 인상적이었지만, 진짜 아름다운 것은 축대벽 안에 들어앉은 성전이었다. 성전 건물의 대리석은 햇빛을 받아 아름답게 반짝였고, 건물을 장식한 화려한 황금 도금도 마찬가지였다. 때로는 그 아름다움에 거의 눈이 멀 정도였다. 마치 이스라엘의 하나님의 영광이 성전 안에서 퍼져 나오고 있기라도 한 것처럼 말이다. 성전 건물은 성전 산 정중앙이 아니라 약간 북쪽으로 앉아 있었다. 건물 규모는 동에서 서까지가 146미터, 북에서 남으로는 60미터였고, 가장 높은 곳의 높이는 15미터였다.

성전 산은 대부분 엄청나게 넓은 개방형 안마당으로 이뤄졌는데, 건축 구조상 이 안마당은 성전 자체에 속하지 않았다. 이 안마당은 이방인과 유대인 할 것 없이 누구에게나 개방되었기 때문에 "이방인의 뜰"이라는 이름이 붙었다. 이방인의 뜰은 4.5미터 높이의 벽으로 성전 자체와 분리되었고, 이 벽에는 여러 개의 문이 있었다. 고유의 정결례를 거친 유대인만이 이 문을 통과할 수 있었다. 벽에는 이방인이나 정결치 못한 유대인이 이 문을 지나면 그 사람은 사형에 처한다는 경고문이 헬라어와 아람어로 새겨져 있었다. 로마 총독은 이 범죄에 대해서는(오직 이 범죄에 대해서만) 유대인들이 해당 죄인을 죽이거나 살릴 수 있도록 권한을 부여했다.

갈렙과 미리암이 고모 가족을 맞으러 가는 수산 문은 바사(페르시아)의 수도 이름을 따서 그렇게 불렀다. 유대인들이 조상의 땅으로 돌아와 성전을 재건할 수 있도록 허락해 준 나라를 높이는 의미에서 그런 이름이 붙은 이 문은 그 대도시의 왕궁을 매우 화려하게 묘사했다. 그래서 이 문은 흔히 "미문"(Beautiful Gate)이라고도 불렸다. 이 문을 통해서는 성전 바깥마당, 이방인의 뜰로 곧장 들어갈 수 있었다. 결과적으로, 도성 내부에서 이 문으로 가려면 성전 산 서쪽으로 들어가 마당 전체를 가로질러야 했다.

갈렙의 예상대로 성전 바깥마당과 아름다운 주랑(柱廊) 현관은 활발하게 움직이는 사람들로 시끌벅적했다. 막 도착한 순례자들은 헬라 돈과 로마 돈을 성전에서 쓸 수 있는 돈으로 환전하고 있었다. 바꾼 돈으로는 제사용 제물을 사거나 행상들에게서 먹을 것을 사거나 지역 장인(匠人)들에게서 기념품을 살 때 쓸 수 있었고, 안내자와 함께 성전 구내를 구경할 때 수고비로 지급할 수도 있었다. 어떤 이들은 환율이 부당하다고 불평했는데, 갈렙은 때에 따라 그 불평이 타당하다는 것을 알고 있었다. 하지만 갈렙도 장사하는 사람이기 때문에, 생각 이상으로 성전 측의 지출이 많다는 것도 알고 있었다. 일부의 불평에도 불구하고 대다수는 이것이 성전 측의 장사라는 것을 이해했다. 고위직에서부터 말단에 이르기까지 제사장들도 사람들의 통행을 관리하고, 이런저런 질문에 답변하고, 일상적인 성전 업무를 도우면서 바삐 움직였다. 성전으로 유입되는 사람들의 숫자가 늘어난다는 것은 곧 업무를 도울 제사장이 더 필요하다는 의미였다.

북적거리는 사람들 사이로 빠져나오려니 시간이 좀 걸렸다. 그 사이, 성전이나 예루살렘 시내 구경을 하라고 붙잡는 호객꾼들을 적어도 다섯 번은 물리쳤다. 미리암은 다른 도공들의 작품 앞에서 걸음을 멈추고 조각 기법에 대해 질문을 했다. 미리암이 두 번이나 그랬고, 그때마다 갈렙은 혼잡한 사람들 틈에서 동생을 잃어버린 줄로 생각했다. 급기야 갈렙은 고모 가족이 도착하는 것을 놓치면 어떡하느냐고 누이에게 볼멘소리를 했다. 오빠의 잔소리에도 미리암은 그저 빙긋이 웃으며, 걱정하지 말라고, 시간은 아직 넉넉하다고 대답했다. 누이의 태평한 태도에 갈렙은 더 짜증이 났다. 오빠는 매사에 너무 걱정이 많다고 하는 미리암의 말이 듣기 싫었다. 대개는 누이의 말이 맞았기 때문이다. 그리고 이번에도 미리암이 옳았다. 수산 문에 도착해서 보니 고모 가족이 도착하려면 아직 한 시간이나 남아 있었다. 그러나 고맙게도 미리암은 싫은 소리를 하지 않았다.

한 시간이나 일찍 도착한 덕분에 두 사람은 순례객들이 길을 따라 올라오면서 노래하고 춤추는 광경을 구경할 수 있었다. 다 아는 노래들이었기 때문에 두 사람은 그곳에 모인 이들과 함께 어울려 노래를 불렀다. 하나님의 신실함, 하나님의 거룩한 처소, 하나님의 구원을 찬양하는 노래들이었다. 갈렙은 최근 믿음이 시들해지긴 했지만, 어릴 때부터 알던 이 노래들을 함께 부르지 않을 수가 없었다. 가족과 친구가 다시 만나는 광경을 지켜보노라니 영혼이 건강해지는 기분이었다. 서로들 입을 맞추며 껴안고, 오래된 농담들을 주고받으며 웃음을 터뜨리고, 할아버지가 손자 손녀를 처음 만나고, 그때마다 모두 기쁨의 눈물을 흘렸다. 갈렙은 그런 동족들이 좋았다. 그리고 서로를 그토록 사랑하는 모습이 좋았다. 도성에 도착하는 순례객들 사이에서 친구를 알아보고 갈렙 자신도 그런 재회의 기쁨에 동참하기도 했다.

갈렙이 어떤 가족의 재회 광경에 정신을 팔고 있는데 갑자기 주변이 소란스러워졌다. 사람들이 흥분해서 뭐라고 떠들면서 성문 앞으로 몰려가고 있었다. 미리암도 갈렙의 팔을 잡아끌며 말했다. "빨리 가 봐요, 오빠. 우리도 봐야 해요. 갈릴리에서 온 선지자가 저기 오고 있대요!" 갈렙은 퍼뜩 정신을 차리고 누이와 함께 인파를 뚫고 성문 앞으로 다가가려고 했다. 하지만 쉬운 일이 아니었다.

가장 먼저 눈에 들어온 것은 수많은 사람의 무리가 기드론 골짜기를 건너 도성 쪽으로 다가오고 있는 광경이었다. 사람들은 적어도 백 명은 되어 보였고, 어쩌면 그 이상일 수도 있었다. 갈렙이 지켜보고 있는 사이에도 무리의 규모는 점점 커졌다. 도성에서 지켜보던 사람들이 달려 내려가 무리에 합류했고, 또 다른 이들이 꼬리를 물고 따라 내려갔기 때문이다. 이들은 노래하고 함성을 질렀지만, 갈렙이 서 있는 곳에서는 사람들이 뭐라고 말하는지 제대로 알아들을 수 없었다.

무리가 가까이 다가오면서, 사람들 한가운데 말처럼 보이는 것을 타고 앉아 있는 한 남자가 보였다. 그 남자 가까이 있던 사람들은 겉옷을 벗어 그의 앞에 깔아 주었고, 또 어떤 이들은 종려나무 가지 같은 것을 흔들다가 역시 겉옷과 나란히 깔아 놓았다. 이 놀라운 광경을 보자 갈렙은 위대한 구원자 시므온 마카비우스의 예루살렘 입성에 대해 들었던 이야기가 떠올랐다. 그 일이 실제로 일어나고 있는 것인가?[12]

무리가 더 가까이 오자 남자가 탄 것은 말이 아니라 나귀인 것이 확실히 보였다. 갈렙은 무리가 하는 말도 마침내 들을 수 있었다. 가장 크게 들리는 소리는 "호산나"라는 노랫소리였다. 구원이 임박했다는 선언이었다! 또 어떤 이들은 "다윗의 자손 만세", "찬송하리로다 오는 우리 조상 다윗의 나라여", "찬송하리로다 주의 이름으로 오시는 이여"라고도 했다. 갈렙은 눈앞에서 벌어지고 있는 일을 믿을 수가 없었다. 이 선지자는 왕으로서, 정복자 메시아요 예루살렘의 구원자로서 도성으로 들어오고 있었다.

다른 이들이 그 무리에게로 몰려가 어우러지는 사이 갈렙은 천천히 뒷걸음질을 쳤다. 두려움이 온통 그를 휘감았다. 주위를 둘러보니 로마 병사 넷이 성문에 배치되어 있었는데, 미친 듯이 서로를 향해 뭐라고 떠들고 있었다. 가만히 지켜보았더니 병사 둘은 성문에 그대로 있고 다른 둘은 안토니아 요새 방향으로 뛰어가는 게 보였다. 성전 산 북쪽 축대벽에 인접한 안토니아 요새는 예루살렘에 주둔하는 로마 부대의 본부였다. 성문에 남아 있는 두 병사는 아무런 움직임 없이 긴장된 자세로 서서 무리가 점점 가까이 다가오는 것을 지켜보고 있었다. 충격받고 두려워하는 이들이 많은 것 같았고, 그중 어떤 이들은 아예 그 자리를 벗어나려고 했다.

갈렙은 가슴이 마구 뛰었다. 이것이 다 무슨 의미일까? 어떤 결과가 빚어질까? 갈렙은 어느 순간에든 본부에서 달려온 로마 군인들이 성문으로 사납게 돌진해 이 광경을 끝장내고 예수를 잡아갈 것으로 예상했다.

무리는 이제 십 미터 앞까지 다가왔고, 갈렙은 예수를 뚜렷이 볼 수 있었다. 예수는 미소 띤 얼굴로, 자신에게 손을 내밀어 인사하는 이들의 손을 잡아 주었다. 그는 평범한 촌사람의 옷차림이었다. 특별한 장식품을 지니지도 않았고, 어떤 종류든 무기류는 전혀 안 가지고 있는 것 같았다. 얼굴은 비바람이나 햇볕에 시달린 듯했지만, 늙어 보이는 외모는 아니었다. 아무렇게나 자란 수염도 따뜻한 미소를 가리지는 못했다. 눈빛은 유순했고 얼굴은 따뜻하고 진실했다. 그는 자신을 둘러싼 정치적 상황이 얼마나 엄중한지 신경 쓰지 않는 것 같았다. 성문 앞 삼 미터 정도까지 다가온 그는 나귀에서 내리는 것을 도와달라고 옆에 있는 두 남자에게 신호를 보냈다. 예수가 내린 뒤 두 남자는 나귀를 끌고, 왔던 길로 다시 돌아갔다. 사람들은 예수에게로 한꺼번에 몰려들었고 그렇게 이뤄진 큰 무리는 성문을 지나 성전 바깥마당으로 들어섰다.

그때 소란스러운 군중들 사이에서 누군가가 갈렙의 어깨를 움켜잡으며 큰 소리로 이름을 부르는 바람에 갈렙은 깜짝 놀랐다. 사촌 야곱이었다. 야곱을 보자 이 갈릴리 선지자에게 몰입해 있던 갈렙은 정신이 번쩍 들면서 지금 수산 문에 왜 와 있는지 기억이 났다. 야곱을 다시 만난 기쁨과 흥분이 갈렙 마음속의 두려움을 순식간에 없애 주었다. 두 사람은 얼싸안으며 서로의 뺨에 입을 맞추고 따뜻한 인사말을 나누었다. 두 사람이 그러는 사이 미리암이 엘리사벳 고모와 사촌 마리아를 데리고 불쑥 나타났다. 기쁘고도 행복한 재회였다.

"언제 도착했어?" 갈렙이 물었다. "길에서 올라오는 것 못 봤는데."

"선지자 예수와 함께 사람들 속에 끼어 있었지요!" 사촌 마리아가 대답했다.

"그러니까 우리가 올라오는 걸 못 봤어도 본 거나 마찬가지야!" 야곱은 미소 띤 얼굴로 말해 놓고 큰 소리로 웃음을 터뜨렸다.

그 선지자 무리의 극적인 입성 행렬 속에 자신의 가족들이 있었다는 사실에 갈렙은 기쁘고 흥분되었던 마음이 한순간에 가라앉았다. 물론 그런 염려가 얼굴에 드러나지 않도록 조심하기는 했다. 자신이 끔찍이 사랑하는 사람들이 놀랍게도 자신과 전혀 다른 관점을 가지고 있다는 것을 갑자기 알게 되자 좀 어색해졌다. 염려와 놀라움을 감추려 애쓰면서 갈렙은 대답했다. "아, 그러니까 저 연극

같은 입성 행렬에 한몫했다는 거지? 저 난리 통 가운데 있었으니 내가 못 본 것도 당연하지!"

"모든 게 너무 흥미진진하지 않아요?" 마리아가 물었다.

"그렇고말고!" 미리암이 대답했다. 갈렙은 누이의 태도에 놀랐지만, 왜인지는 그 자신도 확실히 알 수 없었다. "북쪽에서부터 계속 저분과 함께 온 거예요?" 누이가 들뜬 목소리로 물었다.

"아, 그건 아니고." 야곱이 대답했다. "나흘 전에 여리고에서 제자들과 함께 있는 그분을 봤지. 너도 알다시피 여리고에 도착하면 우리는 늘 아버지 쪽 친척 집에서 하루나 이틀 머물잖아. 이번에 여리고에 도착했더니 선지자 예수도 그날 여리고에 도착했고 다음 날 아침 회당에서 가르칠 예정이라는 소문이 들리더라고. 다메섹에서도 그분 소문을 들었지만 그분은 다메섹에는 온 적이 없었지. 우리는 그분 말씀이 듣고 싶어서 아침 일찍 일어나 회당으로 가기로 했어. 일찍 도착해서 다행이었지. 온 동네 사람들이 다 똑같은 생각을 했던 것 같으니 말이야. 회당은 발 디딜 틈 없이 가득 차서 건물 밖 사방으로 사람들이 넘쳐날 정도였어!"

"하지만 그럴 만한 가치가 있었지요!" 마리아가 말했다. "그분은 멋졌어요! 그분의 말씀은 친절하고 은혜로웠고, 마음을 휘어잡는 힘이 있었어요. 하나님의 백성에게 밝아올 새 시대에 대해서, 그리고 하나님께서 이 세상에서 곧 행하실 새 역사에 대해서 열정적으로 말씀하셨지요. 그 일이 이뤄지면 가난한 사람들과 오래 고통당하는 사람들이 공의와 화평을 누릴 거라고 했어요. 그분은 하나님의 나라가 가까웠다고 했고, 우리가 서로 용서하고 가진 것을 궁핍한 사람들과 나누고 힘없고 약한 사람들에게 긍휼을 베풀면서 그 나라를 위해 마음을 준비해야 한다고 말씀하셨어요. 하나님의 나라는 그 나라를 받아들이는 사람 누구에게나 열려 있다고 하셨어요!"

"정말 능력 있는 말씀이었지, 갈렙." 야곱이 정말 진심을 담아 말했다. "들려오는 소문들이 너무 여러 가지라 그분에게 무얼 기대해야 하는지 사실 잘 몰랐어. 하지만 그분이 말씀하시는 방식, 말씀하시는 내용을 보고 들으니 마음이 깊이 감동되더군. 자기가 하나님께 보냄 받은 분이라고 한 번도 공개적으로 말씀하신 적이 없지만, 그분께서 말씀하시는 것을 들어보면 말 한 마디 한 마디마다 그렇게 주장하시는 것처럼 보여. 그분의 말씀을 듣고 나서 나하고 똑같은 생각을 하는 사람들이 많아. 유명한 바리새인들 중에는 그분을 몹시 못마땅해 하는 이들도 있지만 말이야. 그 전날 밤에 그분이 한 세리장 집에서 식사를 즐기셨는데, 아마 그 일이 바리새인들을 불쾌하게 만든 것 같아. 솔직히 말해, 그분이 그런 사람 집에 손님으로 갔다는 말을 처음 들었을 때 나도 실망했지. 하지만 다음 날 아침 그분 말씀을 들으니 모든 게 이해되는 것 같았어."

갈렙은 이 모든 것을 받아들이려 마음으로 애를 썼다. "그래서, 그때부터 그 사람과 함께 다닌 거야?"

"아니란다." 고모가 대신 대답했다. "그분은 다음 날 아침 일찍 여리고에서 출발하신 것 같아. 듣기로는, 안식일 전에 베다니에 도착하려고 하셨다는구나."

"그런데 오늘 아침 베다니를 지나다가 그분 일행을 다시 만날 수 있었어요." 마리아가 끼어들었다. "야곱 오빠가 그분 제자 한 사람한테 예루살렘까지 얼마 안 남았으니 우리가 함께 다녀도 되겠느냐고 물었더니 흔쾌히 맞아 주었어요. 그리고 지금 본 것처럼, 그런 사람이 우리만은 아니었어요! 베다니를 출발할 때 다른 많은 사람도 우리와 함께하고 싶어 했지요. 그래서 성문에 가까워질수록 사람들이 점점 더 불어난 거예요!"

"그 사람은 베다니에서부터 계속 나귀를 타고 온 건가?" 갈렙이 물었다.

"그렇지." 야곱이 대답했다. "출발 직전에 어떤 사람 둘이 그분께 나귀를 대령시켰지. 내 생각에 그 두 사람은 가장 가까운 제자들이었던 것 같아."

"그러니까 그 사람은 나귀를 타고 성에 들어오기로 정해 놓았던 거라고?" 갈렙이 물었다. 그럴 리가 있느냐는 의심이 묻어 있는 목소리였다.

"그렇다니까!" 마리아와 야곱이 동시에 대답했다.

"종려나무 가지를 흔들고 겉옷을 벗어 자기 앞에 깔라고도 지시한 건가?"

"당연히 그건 아니지!" 고모가 대답했다. "그건 그냥, 그러니까… 사람들이 어쩌다 그냥 그렇게 하기 시작한 것 같아. 왜 그렇게 궁금한 게 많지, 갈렙?"

"저는… 그러니까…" 갈렙이 말을 더듬었다. "그냥 궁금해서 그래요. 아주 대단한 광경이었고, 제가 생각하기에… 네, 제가 생각하기에는 이 모든 일을 그저 이해하고 싶은 것 같아요. 이게 다 무슨 일이죠? 이 사람은 위대한 마카비우스 가문의 정복자처럼 도성에 들어와 '구원'을 외치고 자기가 하나님께서 정하신 구원자라고 선언하려는 거잖아요." 갈렙이 이렇게 말하자 모두 그를 돌아보며 맞는 말을 했다는 듯 고개를 끄덕였다. 갈렙은 할 말을 잃고 멍하니 이들을 쳐다보았다. 고모 가족들은 자신들이 방금 어떤 일에 가담했는지에 대해 크게 걱정하지 않았다.

"모든 게 다 너무 신나지 않아요?" 마리아가 큰 소리로 물었다.

"신 난다고?" 갈렙이 되물었다. "그래, 많이 흥분되는 건 확실한데, 그렇지만… 그렇지만…"

"그렇지만 뭐?" 엘리사벳 고모가 혼란스럽다는 표정으로 물었다.

"위험하기도 하지 않나요?" 갈렙이 조심스레 물었다. "그 사람이 성문 가까이 오자 로마 병사 두 사람이 안토니아 요새 쪽으로 뛰어갔어요. 병사들을 이백 명 정도는 더 데려와서 저 선지자를 체포하고 사람들을 해산시키지 않을까 해요."

갈렙의 말을 생각해 보느라 모두 잠시 아무 말이 없었다. 이윽고 야곱이 입을 열었다. "그래, 마음 한구석으로는 우리가 하는 일, 그리고 그분이 하는 일이 어떤 면에서는 위험하다는 걸 알고 있었던 것 같아. 하지만 그렇게 생각하는 순간, 그게 별로 중요해 보이지 않았어. 그분이 하는 말씀을 듣고 그분을 지켜보고 난 후에는 그런 식으로 그분을 모시고 도성으로 들어오는 게 옳은 일 같았어. 그래서… 그래서 같이 어울려서 여기까지 온 거야."

"그래, 그게 모든 걸 아주 잘 말해 준다고 생각한다." 엘리사벳이 말했다. "우리는 우리가 할 일을 하면 되고, 로마 군인들은 로마 군인들이 할 일을 하겠지." 고모는 결연한 어조로 덧붙였다.

그 말에 갈렙은 등골이 서늘했다. 고모의 그런 태도에 갈렙은 놀라움을 감출 수가 없었다. "고모의 그 말이 어떤 결론에 이를지 생각하고 하시는 말씀인지 모르겠네요. 이 선지자의 존재가 우리 도성에 어떤 영향을 끼칠지 나는 걱정이에요."

야곱이 갈렙의 어깨를 잡고는 눈을 들여다보며 말했다. "갈렙, 믿음을 가져. 그분이 하나님께서 정하신 분이라면, 모든 게 다 잘될 거야. 하나님이 정하신 분이 아니라면, 하나님께서 분명히 밝혀 주시겠지. 두려워하지 말고 네 믿음에 의지해!"

갈렙은 그 순간 미리암이 자신을 흘긋 쳐다보는 것을 눈치챘다. 최근 들어 믿음에 회의가 생겼다는 것을 갈렙이 친구이자 사촌에게 아직 밝히지 않았다는 것을 누이가 의식한 것이다. 그러나 지금은 때가 아닌 것이 분명했다. 갈렙은 고모 가족의 이번 방문으로 이제는 전과 같은 사랑과 우애를 계속 이어가기 힘들지 모르겠다는 생각을 하면서 어서 이 어색한 대화를 끝낼 방법을 궁리했다. "그래, 그래, 물론 형 말이 맞아. 궁금하기도 하고 걱정이 되기도 해서 그만. 우리 하나님을 당연히 신뢰해야지." 갈렙은 억지로 그렇게 말했다. 그는 고모 일행을 가능한 한 빨리 성전 경내에서 데리고 나가고 싶었다. "자, 이제 얼른 짐 챙겨서 집으로 갑시다. 짐 정리하고 좀 쉬어야지요. 밀린 이야기가 많아요!"

가족들을 데리고 성문을 빠져나가려고 하던 갈렙은 처음에 미리암과 함께 들어왔던 방향에 많은 사람이 모여 큰 소요가 일어나고 있는 것을 보았다. 그 선지자가 무슨 소동을 일으키든 그 현장에서 멀리 떨어져 있고 싶었던 갈렙은 반대쪽으로 방향을 틀며 말했다. "이쪽이 덜 붐비네요. 이쪽 길로 가야 빨리 갈 수 있겠어요." 모두 갈렙이 이끄는 대로 따르기는 했지만, 그러려면 뒤에서 벌어지는 큰 소동을 향해 몰려가는 인파를 헤치고 나가야 했다.

갈렙은 신속히 성전 산을 빠져나가고 싶었지만 그럴 수가 없었다. 연락책에게 전해 줄 정보는 많았지만, 이번 사건은 많은 이들이 보는 곳에서 벌어졌기 때문에 무엇이 됐든 참신한 내용을 전해 줄 가능성은 적다고 생각되었다.

가족들을 데리고 마침내 성전 산 출구에 이르렀을 즈음 뒤에서 큰 환호가 울렸다. 모두 뒤를 돌아보았지만, 무슨 일이 일어난 건지 알고 싶지 않았던 갈렙은 얼른 가자고 재촉을 할 뿐이었다.

엘르아살

성전 개인 집무실에서 다음 주 제사장 업무 계획을 짜고 있던 엘르아살은 누군가가 거칠게 방문을 두드리는 소리에 고개를 들었다. 깜짝 놀란 그가 성가시다는 듯 방문을 열자 말라기라고 하는 어린 레위인이 제정신이 아닌 얼굴로 문밖에 서 있었다. 무엇에 놀랐는지 눈이 휘둥그레진 채 입조차 열지 못하고 서 있는 그에게 엘르아살이 물었다. "무슨 일이지, 말라기? 뭐가 잘못됐나?"

"그게, 그게…" 말라기는 더듬거리기만 했다.

"무슨 일이냐고? 말을 해봐!"

"그… 그… 선지자 예수 말입니다, 제사장님, 그가… 도착했습니다!" 말라기는 잔뜩 겁먹은 얼굴로 대답했다.

"그자가 여기 이 도성에 들어왔다고? 언제 도착했지?" 엘르아살은 뜻밖의 소식에 깜짝 놀랐다.

"방금요, 제사장님. 아직 성문에 이르기 전에 제가 이렇게 달려왔습니다." 말라기는 여전히 호흡이 가쁜 채 좀처럼 정신을 차리지 못하는 것 같았다.

"알았다, 알려 줘서 고맙다, 말라기. 그자가 도착했다는 게 이렇게 내 방까지 찾아와 나를 번거롭게 할 만한 소식인지는 잘 모르겠다만. 그자와 관련해 뭐든 긴급한 일이 생기면 즉시 알려 주기 바란다." 엘르아살이 그렇게 말하고 몸을 돌이키려는 순간, 놀랍게도 말라기가 엘르아살의 어깨를 잡았다. 이는 한낱 레위인이 고위직 제사장에게 감히 할 수 있는 행동이 아니었기에 엘르아살은 버럭 화를 냈다.

말라기는 약간 움찔하기는 하면서도 이야기를 이어갔다. "그런데… 그런데, 긴급한 일이 벌써 생겼습니다, 제사장님! 그가 도착했다는 사실 자체가 긴급한 일입니다, 제사장님, 그의 도착 광경이 어뗐는지를 아셔야 해요, 제사장님!" "무슨 말이지? 그자가 어떤 식으로 도착했는데?" 엘르아살은 무언가 심각한 일이 벌써 벌어졌을 수도 있다는 불길한 느낌이 들기 시작했다.

"그게… 그러니까… 왕으로서 왔습니다, 제사장님! 예루살렘 입성이 마치 왕의 입성 같았습니다, 제사장님." 엘르아살이 또 버럭 화를 낼까 봐 말라기는 잔뜩 기어들어가는 소리로 말꼬리를 흐렸다.

하지만 엘르아살은 화를 내지 않았다. 그저 혼란스러워할 뿐이었다.

엘르아살은 이 레위인이 하는 말을 도무지 어떻게 이해해야 할지 몰랐다. "뭐라고? 왕으로 왔다니 무슨 말인가? 이해를 못 하겠군."

말라기는 이제 진정이 되는 눈치였다. 잠시 심호흡을 하더니 자신이 본 것을 자세히 설명하기 시작했다. "그 사람은 베다니에서 출발해 도성으로 왔고요, 미문을 통해 들어올 생각이었나 봅니다. 그 사람은 나귀를 타고 왔고요, 제사장님, 엄청나게 많은 사람, 아마 수백 명은 될 듯한 인파가 그 사람을 호위하면서 성 안으로 들어왔습니다. 사람들은 겉옷을 벗어 그 사람 앞에 깔아 주고 종려나무 가지도 깔아 주었어요. 종려나무 가지를 흔들면서 함성을 지르며 환호하기도 했고요."

말라기의 말에 엘르아살은 기가 막혔다. "뭐라고 함성을 지르던가, 말라기? 말해 봐라!"

"'호산나'라고 외쳤습니다, 제사장님. 사람들은 이 선지자를 왕이요, 다윗의 나라를 일으킬 다윗의 자손이라고 불렀습니다. 그걸 들으니 마카비 일가 이야기가 떠오르더군요, 제사장님. 예수는 위대한 정복자 시므온처럼 입성했고, 사람들은 그가 정말 시므온인 것처럼 대했습니다." 아직도 눈을 동그랗게 뜨고 그 장면을 설명하고 있는 걸로 봐서 말라기는 그 광경에 적잖이 강한 인상을 받은 게 분명했다.

폭력 사건이 발생하는 것과 별개로 이는 엘르아살이 정말 안 좋은 경우로 상상했던 바로 그런 일이었다. 머릿속이 정신없이 돌아갔다. 빌라도는 이 일에 어떤 반응을 보일까? 이미 알고 있는 것 아닐까? 무력으로 대응할 준비를 이미 하고 있지는 않을까? 어쨌든 지금은 아버지에게 이 소식을 전해야 했다. 그것도 가능한 한 신속히.

"지금 그 선지자는 어디에 있나, 말라기?"

"모르겠습니다, 제사장님. 그 사람이 도성으로 들어오기도 전에 저는 이곳으로 달려왔으니까요. 하지만 지금쯤은 성 안으로 들어오지 않았을까 합니다. 성전 바깥마당에 있을 수도 있고, 시내로 들어갔을지도 모르겠습니다."

엘르아살은 미적거리고 있을 시간이 없다는 것을 깨달았다. 아버지에게 즉시 이 소식을 알려야 했다. "어서 내 아버님께 가서 이 소식을 전해드려라! 아버지는 지금 집에 계신다. 어서 가, 무슨 일이 있어도 지체하면 안 된다. 내 말 알아듣겠나?"

"네, 물론입니다, 제사장님!"

말라기가 막 몸을 돌려 출발하려는데 갑자기 엘르아살이 그를 다시 불러 세웠다. "이 소식을 내게 즉시 알린 건 아주 잘한 일이다, 말라기. 잊지 않으마."

어린 레위인은 불안한 얼굴로 미소를 지어 보이며 대답했다. "네, 제사장님, 감사합니다." 그리고 그는 가야바에게 소식을 전하러 갔다.

엘르아살은 서둘러 집무실에서 나와, 성전 본 건물 밖 이방인의 뜰로 향했다. 그 선지자가 아직 거기 있다면 두 눈으로 직접 그를 보고 그가 어떤 행동을 하는지 알아보고 싶었다. 성전 남측을 빠져 나오면서 그는 사람들이 크게 흥분하며 환호하는 소리를 들었다. 시끄러운 소리는 왼쪽으로 15미터 쯤 되는 곳에 모여 있는 큰 무리의 사람들에게서 나는 소리였다. 엘르아살은 그쪽으로 가서, 성전과 바깥마당을 나누는 벽 가까이에 섰다. 무슨 일인지 보고 싶기는 했지만 사람들의 이목을 끌고 싶지는 않았기 때문이다.

엘르아살은 군중들 한가운데서 뭔가 흥분되는 일이 벌어지고 있는 것을 보았다. 사람들은 "비켜요! 뒤로 물러서요!"라고 고함을 지르고 있었다. 사람들이 천천히 양옆으로 물러서자 가운데로 길이 나기 시작했다. 그리고 이어서 무리 사이로 한 남자가 나타났다. 엘르아살은 그 남자가 일 년인가 이 년 전쯤 베데스다 연못 근처에서 소규모의 무리를 가르치던 사람이라는 것을 곧 알아보았다. 바로 선지자 예수였다. 남자의 키는 평균 신장으로, 엘르아살과 비슷

했다. 차림새는 소박한 촌사람의 옷차림이었다. 머리카락은 검고 구불구불했고, 검은 턱수염을 덥수룩이 기르고 있었다. 대체로 아주 평범한 용모였고, 인상적으로 보인다거나 무리 중의 여느 사람과 구별될 만한 외모상 특징은 전혀 없었다. 저렇게 평범해 보이는 사람이 어떻게 이 대도시의 평화에 그렇게 위협이 될 수 있다는 것일까? 엘르아살은 그런 생각을 했다.

예수는 군중을 헤치고 성전 마당의 탁 트인 곳으로 나갔다. 돈 바꿔 주는 사람들, 제물용 짐승 파는 사람들, 기념품 파는 사람들을 살피고 있는 듯했다. 마당에 있는 사람들의 시선이 일제히 그에게로 향하는 것 같았다. 저 사람이 뭘 하려는 것일까? 무슨 말을 할까?

갑자기 그는 로마나 헬라 돈을 유대나 두로의 돈으로 환전해 주는 좌판 쪽으로 갔다. 줄을 서서 자기 차례를 기다리던 사람들이 예수를 유심히 지켜보았고, 돈 바꿔 주는 이들도 마찬가지였다. 순간 그는 좌판 하나를 단번에 움켜쥐더니 거칠게 뒤집어엎었다. 지폐와 동전이 허공으로 날아올랐다! 모두 깜짝 놀라 입이 벌어졌고, 할 말을 잃은 채 이 선지자를 응시했다. 그는 한순간의 망설임도 없이 이번에는 오른쪽에 있는 또 하나의 좌판을 허공으로 홱 던졌다.

엘르아살은 성전 수비대원들이 근처에 모여 있다가 이 광경을 지켜보고 충격에 빠져 어찌할 바를 모르고 있는 것을 보았다. 엘르아살은 수비대원들이 그냥 가만히 있는 지혜를 발휘해 주기를 바랐다. 이 시점에서 어떤 식으로든 이 선지자를 저지하려고 했다가는 흥분한 군중이 순식간에 성난 폭도로 변할 수 있었기 때문이다. 예수는 이번에는 제물용 짐승 파는 쪽으로 향했다. 방금 무슨 일이 있었는지를 보았는지라 짐승 파는 이들은 서둘러 자기들 노점을 가리고 섰다. 예수는 그 사람들 앞에 가만히 멈춰 서 있었다. 채 일 분도 안 되는 시간이었지만 마치 영원처럼 느껴졌다. 군중들은 멍하니 지켜볼 뿐이었다.

얼마 후 예수는 뒤로 물러나 마당 한가운데로 가더니 곁에 선 모든 사람을 한 바퀴 둘러보고는 큰 소리로 말했다. "지극히 거룩한 이곳의 지도자들은 우리를 실망시켰고 그들이 섬긴다고 하는 하나님을 실망시켰다!"

군중들 사이로 수군거리는 소리가 퍼져나가자 그는 잠시 말을 멈추었다가 다시 입을 열었다. "이교도들이 우리의 유력한 제사장들을 임명했고, 제사장들은 그 지위를 이용해 부를 축적한다!"

엘르아살도 전에 그런 비판을 들어본 적이 있었는데, 그는 그런 비판의 말 자체는 별로 괴롭지 않았다. 사람들은 엘르아살 집안과 다른 유력한 제사장 집안의 부(富)에 대해 종종 불평했다. 대중들의 시기는 놀랍지 않았다. 그러나 군중의 숫자가 점점 늘고 있고 게다가 이들에게 분노의 휘장이 드리워져 있어서 이번에는 좀 문제가 달랐다. 엘르아살은 점점 더 불안해졌다.

선지자의 성난 목소리는 계속되었다. "저들은 좋은 음식을 먹고 호화롭게 살면서 살이 오르는데, 이 도성 사람들, 저들이 섬겨야 할 백성은 생존을 위해 몸부림친다!"

이때 선지자의 말에 목청껏 호응하는 고함이 터져 나오자 깊은 두려움이 엘르아살을 사로잡았다. 이 선지자는 지금 여기서 반란의 도화선에 불을 붙이려는 것일까?

선지자가 한 손을 들어 올리자 군중의 함성이 서서히 잦아들었다. 이제 그는 특히 엘르아살이 있는 쪽을 바라보면서 연설을 계속했다.

"예레미야 시대처럼 이 제사장들은 강도들이다. 이들은 성전이 하나님의 심판에서 자신을 보호해 줄 것이라 생각하고 성전에 숨어 있다. 그러나 하나님의 나라가 다가오고 있으니, 이 나라는 성전이라고 해서 봐 주는 것이 없을 것이다!"

군중은 맨 마지막 말에 다시 환호를 터뜨렸다. 선지자는 군중 쪽으로 이동했고, 사람들은 다시 길을 터서 그가 지나갈 수 있게 했다. 비교적 규모가 작은 무리, 아마도 그의 제자들인 듯한 이들이 줄지어 선지자를 뒤따랐다. 엘르아살은 이들이 다시 수산 문을 통해 도성을 빠져나가는 것을 계속 지켜보았다.

이 모든 광경은 고작 오 분에서 십 분 남짓 사이에 벌어진 일이었지만, 엘르아살에게는 마치 영원처럼 느껴졌다. 눈앞에서 펼쳐진 일에 어안이 벙벙했으나, 군중이 폭도로 변해 소요를 일으키지 않았다는 것에 안심이 되기도 했다.

이십 년 동안 제사장으로 살면서 엘르아살은 성전과 성전 지도자들을 그렇게 정면으로 모욕하는 것은 처음 보았고, 도성에서 이렇게 긴박하게 폭력 사태가 우려되는 상황도 처음이었다. 이 선지자의 행동이 정치적으로 어떤 파급 효과를 낳을지 따져 보느라 그의 머릿속은 부산했다. 선지자는 승리한 왕으로서 도성에 들어왔다. 이는 로마의 권위에 도전할 뿐만 아니라 도성의 평안을 위험에 빠뜨리는 행동이었다. 게다가 그자는 성전 마당에 들어와 거친 행동으로 질서를 어지럽혔고, 성전과 성전 지도자들의 권위에 이의를 제기했을 뿐만 아니라 사람들을 선동해 폭력 사태 직전까지 갔다. 헤롯 왕은 성전에서 그런 소란을 피운 사람들을 산 채로 불태워 죽였다! 이 사람은 채 한 시간이 안 되는 동안 로마의 눈앞에서 그 두 가지 중범죄를 다 저질렀다. 도성의 평안함이 실로 큰 위험에 처해 있었다.

이제 예수의 꿍꿍이가 뭔지 아주 분명해 보였다. 빌라도가 두려워하던 바로 그것이었다. 예수가 도성에 들어오기 전에 총독이 그를 체포하려던 것도 바로 그 이유 때문이었지만, 가야바는 그러지 말라고 총독을 설득했었다. 생각이 거기에 미치자 엘르아살은 고개를 세차게 흔들었다. 빌라도는 격노할 게 틀림없었다. 보기 드문 일이었지만 이번에는 아버지가 비극적 판단 착오를 한 것 같았다. 엘르아살이 할 수 있는 일이라고는 아버지의 이 실수가 치명적인 실수가 아니기를 바라는 것뿐이었다.

빌라도

빌라도는 책상 앞에 앉아 씩씩거리고 있었다. 방금 안토니아 요새에서 사람이 와서 예수의 인상적인 입성 광경과 성전 마당에서 그가 벌인 건방진 항의 행위에 관해 소식을 전해 주었다. 한 마디로 완전히 재앙이었다. 빌라도가 피하고 싶었던 바로 그 일이 벌어진 것이다! 상황은 빌라도가 상상했던 것보다 훨씬 안 좋았다. 빌라도는 이 선지자가 자신의 목적을 위해 사람들을 결집시키더라도 그 과정은 더딜 것이고, 일주일 동안 사람들을 선동한 다음에야 로마의 권력에 대항하는 모종의 시위를 주도할 거라고 생각했다. 하지만 이 자는 완전히 다른 접근법을 택하고 있었다. 처음부터 자신의 야심을 과시하듯 드러냈고, 그 방식 또한 상상할 수 있는 가장 대담한 방식이었다. 비밀주의와 불시의 일격이라는 요소도 큰 무기가 될 수 있을 텐데, 메시아 대망을 품은 이 자는 적어도 그런 무기를 사용할 염려는 없겠다고 빌라도는 빈정거리듯 혼잣말을 했다.

어떤 면에서 그 전략은 아주 재기 넘쳤다. 이 선지자는 자신의 야심을 공공연히 드러냄으로써 빌라도를 곤경에 빠뜨렸다. 평화를 유지하려면 평화를 위협하는 이 존재를 반드시 제거해야 할 터였다. 하지만 어떤 식으로 해야 그자를 제거하면서도 여전히 평화를 유지할 수 있다는 말인가? 방금 받은 보고에 따르면 성전 마당에서 대중들이 이 선지자의 행동을 열렬히 지지했다고 한다. 사람들이 그자를 좋아하고 있다! 공공연히 그자를 체포하려고 했다가는 폭동의 도화선이 되어 평화가 위태로워질 수도 있었다. 체포해도 망하고 체포 안 해도 망할 판이었다! 아주 잘했군, 선지자여. 빌라도는 또 혼잣말을 했다. 어쩌면 그자는 빌라도가 무력을 쓰지 않을 수 없게 만들려는 것인지도 모른다. 자신이 예루살렘에 입성할 때 병력을 동원해 폭력적 대응을 하게 만들고 싶었는지 모른다. 입성 전후의 태도를 보면 확실히 그자는 죽기를 바라는 것처럼 보였다.

그러나 그것이 예수의 계획이라 해도, 그 미끼를 문 사람은 아무도 없었다. 예루살렘 보병대 사령관 브루투스는 성전 산으로 병사들을 보내 예수를 체포하지 않았다. 브루투스는 예수가 수산 문을 통해 도성으로 들어올 때 소요가 발생했다는 병사들의 보고를 받았다. 이에 그는 폭력 사태가 시작될 경우를 대비해 병사 삼백 명을 이방인의 뜰로 출동시킬 준비를 신속히 마쳤다. 그중 백 명은 궁수들로 구성해, 날뛰는 폭도를 향해 마당 주랑(柱廊) 꼭대기에서 화살을 퍼부을 수 있게 했다. 브루투스는 요새 망대에서 상황을 쉽게 관찰할 수 있었지만, 상황은 폭도들의 폭력 사태로까지 악화되지 않았고, 그래서 행동에 나서지 않았다. 빌라도는 브루투스가 신중한 태도로 상황에 대처한 것이 자랑스러웠고, 그래서 이 지역에 주둔하는 로마 병력 총사령관인 수리아 총독에게 다음번 편지를 보낼 때 브루투스에 대해 칭찬 한마디 할 생각이었다.

왜 여리고에서 진작 그 선지자를 체포하지 않았을까? 왜 가야바의 말을 들었을까? 자신의 직감에 따른다면 제어하기 어려운 상태가 되기 전에 예수라는 위협을 제거해야 했지만, 빌라도는 직감에 따르지 않았다. 또다시 그렇게 직감을 무시하는 일은 없을 터였다. 예수를 체포하지 말라는 가야바의 말은 옳았고, 빌라도는 자신도 평화적으로 예루살렘에 들어가리라고 장담했다. 바로 삼 일 전, 빌라도는 삼백 명의 병사들과 함께 예루살렘으로 들어왔지만, 이를 구경하는 군중에게서 불평 한마디 나오지 않게 조심해서 들어왔다. 그런데 결국 이런 상황을 만나고 말았다. 차라리 성난 군중의 야유와 썩은 무화과 세례를 받으면서 들어오더라도 이런 상황을 피할 수만 있다면 기꺼이 그렇게 했을 것이다.

이 예수라는 자를 어떻게 해야 할까? 이 선지자는 확실히 대결을 원하는 것 같았고, 대결을 피할 수 없다는 것을 빌라도도 알고 있다. 로마의 권세를 공공연히 모욕하고 메시아의 구원을 주장하는 태도는 그냥 넘겨버릴 수 없었다. 하지만 빌라도는 어떤 대결이든 대결의 때와 장소는 그 선지자가 아니라 자신이 정할 조건이라고 판단했다. 이는 빌라도 쪽이 유리하다는 것을 양측 다 알고 있는 라트로네스(latrones) 게임이었다.[13] 그러나 아무리 빌라도 측이 유리하다 해도, 조심하지 않으면 승리가 순식간에 패배가 될 수도 있었다. 빌라도는 이 게임을 끝까지 해내야 했고, 그가 알기로는 로마의 힘만이 문제를 해결할 수 있었다. 빌라도가 싸움에서 이기려면 유대 당국의 도움이 필요할 터였다. 생각만 해도 머리가 지끈거려서 빌라도는 가야바에게 도움을 청할 생각이었다.

빌라도는 가야바에게 화가 났다. 그뿐만 아니라 이 제사장이 그릇된 판단을 했다는 사실이 슬퍼지기도 했다. 어쩌면 빌라도는 자신이 가야바에게 화가 났다는 사실까지도 슬픈 것일지 몰랐다. 어쨌든 빌라도는 가야바 때문에 이런 궁지에 빠졌으니 가야바는 이제 빌라도를 이 궁지에서 빼내어 줌으로써 자신이 여전히 쓸모있는 존재임을 증명해야 할 터였다. 심각한 실책이긴 했지만, 그래도 만회할 가능성이 전혀 없지는 않다고 빌라도는 혼잣말을 했다. 모든 걸 다 잃지는 않았으므로, 선지자 예수를 성공적으로 제거하고 평화를 유지할 길이 아직 있을 터였다. 예수를 없애고 평화를 유지하려는 목표가 달성될 수 있고 대제사장 가야바가 자신을 도와 이 목표를 이룰 수 있다면, 가야바의 판단 착오는 용서해 줄 수 있었다.

대제사장을 새로 구하는 일은 확실히 구미가 당기지 않았다. 빌라도는 가야바와 잘 협력해 왔다. 그는 가야바를 좋아했다. 가야바를 내치고 다른 사람을 대제사장으로 세우고 싶지는 않았다. 후보자는 대부분 전 대제사장 안나스와 관련된 사람이거나 어떤 식으로든 안나스와 손 잡은 사람일 테니 말이다. 빌라도는 안나스를 좋아하지도, 신뢰하지도 않았다. 안나스는 늘 자기 가문의 부와 권력을 키울 음모를 꾸미는, 음험한 사람으로 보였다.

빌라도는 다음 날로 예정된 안나스와의 회동에 별 기대가 없었다. 보나 마나 안나스는 현재의 유대인 지도부가 도성을 운영하는 방식에 우려를 표할 것이고 이들의 부실한 지도력을 빌라도가 혹 모르고 있는 건 아닌지 걱정할 것이다. 이는 자신의 사위 가야바를 음해하려는 또 하나의 시도일 것이 분명했다. 빌라도는 지금 가야바에게 화가 나 있기는 했지만 무엇이 됐든 안나스가 꾸미고 있을지도 모르는 책략에는 관심이 없었다.

반면, 가야바와의 만남은 중요하기도 하고 시급하기도 했다. 두 사람은 바로 그날 밤 만날 필요가 있었다. 빌라도는 이 선지자를 어떻게 처리할 것인지 머릿속으로 궁리하기 시작했지만, 그 생각을 실제로 전개해 나가려면 가야바의 도움이 필요했다. 가야바는 빌라도의 제안을 좋아하지 않을 것이 분명했지만, 다른 뾰족한 수는 없을 터였다. 두 사람이 이런 곤경에 빠진 것은 가야바의 잘못이었고, 따라서 이 시점부터 상황을 어떻게 전개해 나갈 것인지에 대해 가야바는 별 영향력을 가질 수 없었다. 체스 게임은 진행 중이었고, 가야바는 빌라도가 체스판에 놓을 가장 소중한 말이 되어야 했다.

5.
음모

빌라도

빌라도의 개인 집무실로 들어서는 가야바는 겁을 내는 것 같지도 않았고 비굴해 보이지도 않았다. 오히려 제사장이라는 위상에 걸맞게 더할 수 없이 위엄 있고 자신감 있는 모습이었다. 가야바에게서 어떤 다른 모습을 기대하지는 않았지만, 이 제사장이 엄청난 판단 착오를 저질러 놓고도 전혀 뉘우치는 기미가 없자 빌라도는 짜증이 치밀었다. 제사장의 잘못을 과도하게 추궁할 마음은 없었지만, 콧대를 꺾어 놓을 필요는 있었다.

가야바는 빌라도의 회동 요청에 신속히 응했고, 그것도 빌라도가 가야바 쪽으로 가겠다는 것이 아니라 빌라도 쪽으로 오라고 했음에도 전혀 반발하지 않고 쾌히 그러겠다고 했다. 전에는 회동 장소도 대개 절충을 거치곤 했다. 유대인들은 이방인의 집에서 만나기를 주저했다. 유대인에게 정결은 터무니없다 할 만큼 소중했기에 이방인의 집에 드나들며 그 정결을 위태롭게 할 수는 없었기 때문이다. 처음에 빌라도는 자신의 존재가 무슨 질병 취급받는 것 같아서 유대인의 이런 관념이 몹시 기분 나빴다! 그러나 이 사람들을 잘 다스리겠다는 어떤 기대라도 가질 수 있으려면 그런 불쾌감은 그냥 참아 넘겨야 한다고 판단했다. 실제로 예루살렘에서 빌라도를 방문하려는 유대인이 있으면 그 만남을 위해서는 길디긴 조율 과정을 거쳐야 했다. 음식물 규정은 유대인과 이방인의 소통을 가로막는 큰 장애물이었기에 빌라도는 이 장애물을 없애려고 유대인의 음식물 관습을 지켰다. 초기에 유대인들이 질색하는 형상을 예루살렘으로 가지고 들어왔다가 말썽이 생겼던 것을 고려해서, 무엇이든 우상으로 여겨질 만한 것은 아예 피했다. 처지 바꿔 생각해 볼 때, 그 어떤 유대인도 빌라도 쪽의 신성한 전통을 이 정도까지 존중해 주지는 못할 터였다.

용건을 꺼내기 전 빌라도는 짐짓 무게를 잡았다. "오늘 있었던 일을 들어서 아실 테지요. 오늘 사건에 비춰 생각해 보면 이 선지자의 의도가 뭔지 아주 확실해 보이는 것 같습니다. 내 생각에 그자는 유월절을 지키려고 평화적으로 예루살렘을 방문한 게 아니라고 결론 내리는 게 안전하겠습니다." 빌라도의 말투에서는 생색을 내는 듯한 느낌과 질책하는 느낌이 뚝뚝 떨어졌다.

빌라도가 뭐라고 말하든 전혀 동요하지 않는다는 듯 물끄러미 바라보고 있던 가야바가 대꾸했다. "네, 그자의 의도가 이제 분명해진 것 같습니다. 그자에게 그런 의도가 있을 가능성은 늘 생각해 왔습니다. 그러나 행동에 나서려면 먼저 확신이 있어야 하고, 여전히 저는 그렇게 신중해야 한다고 생각합니다."

이 뻔뻔스러운 자 같으니! 빌라도는 그렇게 생각했다. 지금도 이 자는 자기 잘못을 인정하고 자신이 형편없는 조언을 한 것에 대해 사과할 생각이 없는 것이다!

"망할 놈의 신중!" 빌라도는 화가 나서 내뱉었다. "가능성에 대해 뭐라고 짐작했든 달라지는 건 없소! 이미 일어난 일이 중요하오. 다스리는 자들은 의사를 결정하는 과정이 얼마나 착실했느냐가 아니라 올바른 결정을 내렸느냐로 평가받는단 말이오! 제사장의 결정은 도박이었소. 그리고 제사장은 그 도박에서 졌소. 지금 중요한 건 그것뿐이오. 자신이 어떤 결정을 내렸는지 인정하고 그 결정에 따른 결과도 인정해야 한단 말입니다."

가야바는 고개를 숙였다. 마침내 잘못을 뉘우친다는 신호였다. "맞는 말씀입니다. 총독님. 제 잘못이 정말 큽니다. 어떤 결과가 따르든 다 받아들이겠습니다."

"중대한 잘못이었지." 빌라도의 말투가 조금 부드러워졌다. "그렇다고 해서 돌이킬 수 없는 잘못은 아니오. 실수에 따른 결과는 감당해야겠지만, 그 결과란 게 꼭 제사장이 지금 상상하는 그런 결과는 아닐 가능성도 있어요. 적어도 아직은."

"그럼 무슨 계획이 있습니까?"

"있지요, 계획이 있습니다." 빌라도가 대답했다. "제사장의 마음에는 안 드시겠지만."

"제 마음에 들고 안 들고는 별로 중요하지 않습니다. 문제가 생기는 데 일조를 했으니 그 문제를 완화하기 위해 제가 할 수 있는 일이라면 다 해야 하지 않겠습니까. 언제 어디서 그 갈릴리 선지자를 체포하실 생각인지요?"

"체포하지 않습니다."

"체포하지 않는다고요?" 가야바의 얼굴에서는 충격과 혼란이 숨김없이 드러났다. "어제 일 이후 저는 상황이 악화되리라는 생각밖에 할 수 없었습니다. 그자의 무모함은 줄어드는 게 아니라 더 심해질 게 분명합니다. 어떻게 이런 위협이 계속되게 놔두실 수 있단 말입니까?"

"그래요, 정말 위험한 일입니다. 하지만 그자를 체포하는 것도 그만큼 위험할지 몰라요. 사실 내가 생각하기에 그자는 내가 자기를 체포하기를 바라고 있어요. 그런 식으로 도성에 들어왔다는 것은 어떤 특정한 반응을 유도할 생각이었던 거지요, 그렇게 생각하지 않습니까?"

"어쩌면 그럴지도 모르겠습니다." 가야바가 대답했다. "하지만 말려들지 않으려고 그냥 가만히 있는 것은 대안이 될 수 없지 않습니까? 그런 태도는 사람들에게 위험한 신호를 보낼 수 있습니다. 가만히 있으면 사람들이 더 대담해져, 그자를 따라 공공연히 폭동을 일으킬지도 모릅니다!"

"아닙니다, 그자의 행동을 그냥 두고만 보지는 않을 겁니다." 빌라도가 말했다. "가만히 두는 건 분명 대안이 아니지요."

"무슨 말씀인지 모르겠군요. 그자가 체포되지 않는다면, 그자가 제기하는 위협을 어떻게 처리하실 겁니까?"

"그자가 체포되지 않을 거라고는 안 했습니다. 내가 체포하지는 않을 거라고 했지요." 교활한 미소가 빌라도의 입술을 타고 번져갔다.

가야바의 표정이 당혹에서 놀라움으로 변해갔다. 잠시 후, 슬픔과 패배감이 뒤엉킨 얼굴로 가야바가 말했다. "그러니까 제가 그자를 체포해야 한다는 말씀이로군요."

"오, 이제야 말귀를 알아들으시는군." 빌라도는 여전히 미소를 거두지 않고 말했다. "내가 로마 병사들을 동원해 이 선지자를 체포하면 정말로 폭동과 반역이 일어날 위험이 큽니다. 하지만 제사장께서 그자를 체포하면, 체포해서 처벌하면, 위험도가 현저히 낮아질 겁니다."

확실히 가야바로서는 쉽게 받아들여지지 않는 아이디어였다. "옳은 말씀일 수도 있습니다. 하지만 사람들은 성전에서 이 선지자가 우리를 비판하는 말을 선뜻 받아들였습니다. 우리 고위직 제사장들을 로마 권력의 연장으로 보는 이들도 많습니다. 물론 총독께서 저를 대제사장으로 임명하셨으니까요. 총독님이 아니라 제가 그자를 체포하면 정말로 사람들이 덜 분노할 거라고 생각하십니까?"

"그렇습니다. 제사장께서도 그렇게 생각하시듯." 빌라도는 자신만만하게 대답했다. 가야바는 예수가 제사장들을 비판했을 때 사람들이 어떻게 반응했는지를 들먹이며 이를 방패로 삼으려 했지만, 빌라도는 호락호락 넘어가지 않았다. "제사장께서도 알고 나도 알다시피 사람들이 부(富)를 시기하는 마음을 이용해 환호와 야유를 불러일으킬 수 있을지는 몰라도, 그것만으로 제사장 제도에 반대하는 폭력 사태가 야기되지는 않습니다. 제사장께서 백성들에게 신망을 얻고 있으니 그게 어떤 식으로든 심각한 보복 행위를 저지하는 역할을 할 겁니다. 물론 누가 체포하든 그렇게 유명한 인물을 체포한다는 건 어느 정도 위험이 따르는 일이라는 것을 인정하지만, 세심히 계획해서 실행하면 괜찮을 거라고 봐요. 최소한 로마를 향해 폭력적으로 대응할 위험은 줄어들 겁니다. 지금 우리가 어떤 곤경에 처했는지를 생각하면, 우리에게 있는 다른 어떤 대안 못지않게 좋은 대안입니다."

"그런 행동 계획은 확실히 총독님보다는 저에게 위험 부담이 더 크지요." 가야바가 말했다. "백성들 앞에서 제 입지도 약화될 테고, 제 정적들은 저를 상대로 그 약점을 이용할 겁니다."

빌라도는 고개를 끄덕였다. "네, 제사장의 정치적 힘이 위험해질 테고, 백성들에게 얻는 인기도 타격을 입을 가능성이 있습니다. 모든 행동에는 결과가 따르지요, 그러니 제사장께서 치러야 할 결과가 그 정도에 그치기를 빕시다. 게다가, 뭐 다른 선택이 있습니까? 거절하신다면, 귀하를 대제사장직에서 폐하고 내 요구를 들어줄 다른 사람을 찾는 수밖에요. 안나스라면 자기 아들 중 하나를 기꺼이 천거하겠지요." 빌라도는 역겹다는 듯한 표정을 지어 보이며 말했다. "나도 그렇게는 하고 싶지 않아요. 난 가야바 대제사장을 좋아합니다. 대제사장을 믿어요. 우리는 잘 협력하고 있고, 그래서 대제사장을 교체하고 싶은 마음이 없어요." 빌라도는 자못 연극적인 태도로 잠시 뜸을 들이다가 다시 말을 이었다. "하지만 꼭 그래야 한다면 그래야겠지요."

빌라도의 말을 듣고는 있지만 가야바는 이것이 마음에 안 드는 게 분명했다. 이제 가야바에게 좀 반가운 소식을 전할 시점이었다. "그런데 그렇게 하면 실제로 어떤 정치적 손해가 야기될까요? 어쩌면 백성들 사이에서 제사장의 인기가 줄어들 수도 있고, 단기적으로 제사장의 삶이 조금 힘들어질지도 몰라요. 하지만 지금 여기서 장담할 수 있는 것은, 내가 제사장을 전적으로 지지한다는 것이며, 그래서 제사장의 정치권력은 어떤 식으로도 위험해지지 않으리라는 것입니다. 누가 내게 와서 불평을 털어놓는다 해도 저는 계속 제사장을 지지할 겁니다. 사실, 제사장이 얼마나 엄청난 판단 실수를 저질렀는지를 고려하면 이 정도 대가는 비교적 미미하다고 생각해요."

가야바는 한동안 아무 말 없이 앉아 있었다. 빌라도의 제안이 마음에 안 드는 게 분명했지만, 그에게는 별다른 선택이 없었다.

얼마 후 가야바는 마침내 입을 열었다. "이 도성의 백성들에게 이 정도 신망을 얻기까지 정말 열심히 일해 왔습니다, 총독. 앞선 여러 대제사장과 달리, 많은 사람이 저를 신뢰하고 존경합니다. 그 신뢰와 존경을 섣불리 위태롭게 만들고 싶지 않습니다."

"잘 알고 있어요, 대제사장." 빌라도가 말했다. "지금 내 요구에 대가가 따른다는 것도 압니다. 하지만 나는 제사장께서 사람들에게 얻고 있는 이 신망에도 의지하는 겁니다. 백성들이 제사장께 품는 신뢰와 존경을 제사장의 권세와 내 권력 사이의 완충물 삼아 의지하려는 겁니다. 이 신뢰에 기대어 사람들이 진실을 보지 못하게 하려는 겁니다. 제사장의 행동은 위험도를 최소한으로 해서 내 목적을 달성하게 해주는 가림막이라는 진실 말입니다." 그렇게 말하며 빌라도는 진심에서 우러나오는 미소를 지었다.

가야바는 천천히 고개를 끄덕였다. "총독의 목적 달성을 위한 수단으로 내 명성을 이용하겠다고요?"

"평화를 유지하는 데 필요하다면 어떤 수단이라도 이용할 거요." 빌라도는 단호했다. "제사장께서도 그러실 거라고 믿소만. 기억하시오. 현재의 이 위기가 폭동과 격변으로 이어지면, 황제께서 우리 두 사람 다 실각시키리라는 것을. 어쩌면 그보다 더 심할지도 모르고."

가야바는 또 한 차례 길게 침묵하다가 입을 열었다. "맞습니다, 총독. 여기서는 평화가 가장 중요한 목표이고, 평화가 저 자신의 명성보다 훨씬 더 소중하지요. 우리가 이 상황이 된 것은 제 조언 때문이니, 문제 해결을 위해 제가 할 수 있는 일을 하는 게 옳습니다. 어떤 대가를 치르게 되든, 마땅히 제가 치러야지요. 자, 이제 이 도성을 사회 불안과 폭력에서 구해낼 계획을 세워 보기로 합시다."

이거였다. 빌라도는 가야바가 결국 이런 결론에 이르리라는 것을 알고 있었다. 처음에 저항이 있을 것은 예상했던 일이고, 결국엔 이성이 그를 설득하리라고 생각했다. 빌라도는 가야바가 자신의 제안에 따르기로 하기까지 시간이 걸릴 거라고 예상했지만, 사실 가야바는 예상보다 빨리 그런 결론에 이르렀다.

"그렇게 말씀해 주니 기쁩니다, 제사장. 그러지요, 계획을 세워 봅시다. 그 선지자를 체포하는 건 제사장과 제사장의 수비대가 맡기로 이제 합의했지만, 아직 해결되지 않은 문제가 많소. 내 생각에 가장 중요한 건 체포 시기인 것 같아요. 그자를 언제 체포해야 할까요?"

가야바는 또다시 한참을 침묵하면서 궁리했다. "그자를 체포하는 데 따르는 가장 큰 위험은 사람들의 저항입니다. 그러므로 체포는 군중들이 없을 때, 그자가 공개적인 자리에 있지 않을 때, 그자를 체포해도 그 즉시 격렬한 반응이 유발되지 않을 때 해야 합니다. 그래서, 한밤중에 하는 게 제일 나은 선택일 것 같습니다."

"내 생각도 바로 그렇소." 빌라도가 말했다. "운이 좋다면 대다수 사람은 체포 사실을 알아차리지도 못할 거요. 어쩌면 그자가 처형장으로 갔다는 것도 잠에서 깬 후에야 알게 되겠지. 잠이 덜 깬 머리로는 성난 폭도들로 결집하는 것도 더딜 거요. 밤을 이용하면 시위와 폭동의 위험을 줄일 수 있는 방식으로 체포와 처형 각본을 구체화할 시간이 주어지기도 해요."

가야바는 고개를 끄덕였다. "밤중에 체포해서 심문하는 게 확실히 이상적이고, 가능하다면 곧이어 아침 일찍 처형해야 합니다. 하지만 한 가지 난제가 있습니다. 그자를 찾아내는 게 문제입니다. 오늘 그자는 오후 늦게 사람들에게 둘러싸여 도성을 빠져나갔습니다. 저의 밀정 몇 사람이 그자를 따르려고 했는데, 군중들이 도성을 나가면서 여기저기로 흩어졌다고 합니다. 일부는 베다니로 갔고, 일부는 성벽 너머 도성 북쪽으로 향했고, 또 일부는 동쪽으로 갔다고 합니다. 그 와중에 그자를 놓친 거지요. 만약 그자가 공공연히 로마와 맞대결할 생각이고, 그래서 공개적으로 체포당해서 폭도들의 폭력 사태를 일으킬 생각이라면, 찾아내기 힘든 곳에서 밤을 지낼 게 틀림없습니다."

빌라도는 밤중에 예수를 찾아내는 게 어려울 거라는 생각도 안 해 봤고, 하려고만 한다면 그자가 얼마나 쉽게 군중들 속에서 모습을 감출 수 있는지도 생각해 보지 않았다. "그래요, 이건 정말 난제이긴 한데, 우리는 반드시 극복할 수 있습니다. 밀정들이 이 도성의 평화 유지에 도움되는 정보를 제공해 줘서 얼마나 유익한지 모른다고 제사장께서 자주 말씀하지 않았소. 지금이 바로 그들이 필요한 때요. 밀정들을 풀어서 이 예수가 밤에 어디에 있는지 알아보게 하시오. 이 문제를 해결하지 않으면 이 자를 제거하고 평화를 유지할 가능성이 아주 낮아요."

가야바는 또 고개를 끄덕였다. "오늘 밤 우리 밀정들을 편성해서 이 일을 맡기겠습니다. 상황이 더 심각해지기 전에 그자의 야간 소재를 추적할 수 있을 겁니다."

"좋소. 하지만 시간이 별로 없소. 내가 생각하기에 그자는 우리가 먼저 싸움을 걸기를 바라고 있어요. 그걸 도화선 삼아 사람들을 흥분시켜 자기 목적을 이루려는 거지. 그자를 자세히 관찰할 필요가 있습니다. 그리고 일이 잘못될 경우를 대비해 병력도 대기시켜야 합니다. 하지만 여러 날을 두고 보았다가 행동에 나서야 합니다. 최대한 유월절이 가까웠을 때 체포하는 게 우리에게 가장 유리해요. 금요일이면 사람들이 온종일 유월절 준비에 정신이 없소. 유월절 전날 밤에 체포해서 다음 날 아침에 처형하면, 사람들이 유월절 준비에 여념이 없는지라 폭력 대응을 막는 효과가 있을 거요."

가야바는 입술에 슬쩍 미소를 흘릴 듯 말 듯하면서 잠시 아무 말이 없었다. "유월절 준비 때문에 폭력 사태가 벌어지지 않을 거라는 말씀이 맞습니다. 반란에 대한 열정이 너무 간절해 절기 준비에 몰두하지 못하는 자들이 혹 있을 수도 있겠지만, 대부분은 그렇지 않을 겁니다. 절기는 철저히 지키는 게 유대인의 마음 자세이지요, 총독."

빌라도는 빙긋이 웃으며 고개를 끄덕였다. "그럼 체포 시기와 관련해 우리의 목표는 명확해진 겁니다. 체포는 밤중에, 가능하면 유월절 전날 밤에 하는 걸로요. 그래야 성공 가능성이 가장 높아집니다."

"동의합니다." 가야바가 말했다. "하지만 총독의 계획에는 또 한 가지 문제가 있습니다. 이 선지자를 처형할 계획이라면, 유대 땅에서 처형을 승인할 수 있는 사람은 총독뿐입니다. 우리가 예수를 체포할 수 있는 건 확실하지만, 체포 후의 일에 대해서는 우리의 권한에 제한이 있습니다. 결국, 그자의 죽음을 명하는 이는 총독이어야 하지 않겠습니까?"

빌라도는 가야바의 눈이 반짝이는 것을 눈치챘다. 마치 자신에게 출구를 마련해 줄 치명적 하자라도 찾아낸 듯이. 하지만 빌라도는 가야바보다 한발 앞서가고 있었다. "맞아요. 내 허가가 필요하겠지요. 하지만 제사장께서 문제로 인식한 것을 나는 차라리 기회로 보고 싶습니다"

가야바는 다시 혼란스러워했다. "무슨 말씀인지 이해를 못 하겠습니다."

"그자를 처형하려면 내 허가가 있어야 할 텐데 나는 그걸 기회 삼아 그 허가 요구를 공개적으로 거부하리라는 것입니다."

가야바는 여전히 무슨 뜻인지 몰라 혼란스러워했다.

"물론 끝까지 거부하지는 않을 겁니다. 하지만 그 와중에 나는 그자의 결백을 대대적으로 공포할 기회를 얻겠지요. 제사장께서 그토록 간절히 바라는, 바라지 않을 수 없는 그자의 파국, 그 파국에서 그자를 구해내려고 나는 군중들 앞에서 싸울 겁니다. 제사장께서는 그자의 죽음을 요구하는 군중을 동원하세요. 그리고 최종 단계에서 나는 이 일에서 손을 씻고 제사장의 요청을 승인할 겁니다. 이렇게 해서, 그자의 죽음을 바라는 제사장의 소원을 그자가 결백하다고 하는 로마의 판결과 맞붙게 하는 거지요. 내가 그자의 결백을 지지하는 게 아마 반역의 불길이 타오를 가능성에 찬물을 쏟아붓는 결과가 될 겁니다. 이 인기 좋고 '악의없는' 선지자를 구하려고 하는데 왜 반역을 꾀하겠습니까? 그리고 사람들은 제사장들의 지도력에 반감을 갖지 않을 겁니다. 특히 현직 대제사장처럼 존경받는 사람이라면 더욱 말이지요."

빌라도가 이렇게 말하고 있는 동안 가야바의 얼굴에는 무슨 말인지 이해하겠다는 표정이 서서히 번져갔다. "정말 빈틈없는 계획입니다, 총독. 그자의 죽음에 대한 책임을 오롯이 제 어깨에 짊어지워 주는 계획이로군요. 누구와도 짐을 나누지 않고 말이지요. 하지만 바로 그게 요점이고요."

"확실히 그렇소." 빌라도는 빙긋이 웃으며 대답했다. "물론 평화를 위해서요. 하지만 이 전략 자체가 성공하려면 재판 소식을 널리 퍼뜨려야 하오. 집, 여관, 시장, 그리고 다른 모든 공공장소에서 사람들이 이 소식을 접하게 해야 해요. 우리의 연기를 재판 현장에 있는 사람들만 봐서는 별 도움이 되지 않을 겁니다."

"어려운 일이 되겠군요." 가야바가 말했다. "동료 제사장들과 함께 이 각본을 널리 퍼뜨릴 계획을 세워 보겠습니다. 이 일에도 우리 밀정들이 유용하게 쓰일 겁니다."

"제사장께서 이 문제를 잘 처리할 것을 믿어 의심치 않습니다. 이제 처형 문제를 의논해 봅시다. 나는 처형에 관여할 수가 없어요. 제사장께서 동료들과 함께 이 선지자의 죽음을 감독해야 합니다. 제사장께서 그자에게 씌우는 혐의를 고려하면 그자는 틀림없이 십자가형을 받을 겁니다. 제사장께서 절차를 주도해서 이 일이 제사장의 뜻이고 제사장의 권한으로 이뤄지는 일이라는 것을 모두가 알게 해야 합니다. 병사들을 몇 차출해 드릴 테니 형 집행과 관련된 불쾌한 일들을 관리하고 처리하게 하세요, 하지만 그 병사들도 제사장의 권한 아래 움직이고 있다는 걸 분명히 해야 합니다. 이런 일들을 세세히 신경 써야 우리가 구성해 내는 이야기가 견실해질 겁니다."

십자가 처형에 그렇게 긴밀히 관여해야 한다는 게 썩 구미가 당기지는 않았지만 가야바는 이 일과 관련해 자신에게 다른 선택이 없다는 것을 알 수 있었다. 가야바는 그런 행동 경로가 필연적임을 인정했다.

"그 선지자만 체포해서 처형하는 겁니까?" 가야바가 물었다. "측근 추종자들은요? 그자들까지 체포하지 않으면 문제가 계속되지 않을까요?"

빌라도는 이 문제에 대해서도 이미 많이 생각해 보았다. "추종자들은 내버려 둬야 한다고 생각해요. 제사장께 한두 명 정도 처형할 권한을 주는 것은 그럴듯하지만, 여러 명을 십자가형에 처하면 사람들 앞에서 이 일이 로마의 권한과 상관없는 일이라고 거리를 두기가 훨씬 어려워질 겁니다. 그리고 이 추종자들이 도성의 평화에 위협이 될 수도 있겠지만, 내 경험상 목자가 쓰러지면 양 떼는 흩어집니다. 추종자 무리 중에는 그 선지자만큼의 자격이나 사람의 마음을 휘어잡는 힘을 가진 자가 없어 보이니, 그자들이 어떤 의미 있는 방식으로 사람들을 결집할 가능성은 없다고 봐요."

가야바는 고개를 끄덕였다. 수많은 동료 유대인들의 죽음을 감독하지 않아도 된다는 것에 감사하는 게 분명했다.

"의논할 게 한 가지 더 있습니다." 가야바가 말했다. "총독께서 제안하신 죄목으로 이자에게 유죄를 선언해야 하는데, 그 일은 제가 직접 못 합니다. 그런 평결을 내리려면 공의회가 소집되어야 합니다."

빌라도가 미처 생각해 보지 못한 문제였다. "그게 문제가 될까요? 대제사장이 공의회 의장 아닙니까? 대제사장이 공의회의 중요한 일에 대해 지휘권을 행사하지 않습니까?"

"제가 공의회 의장인 건 맞습니다." 가야바가 말했다. "그러나 아시다시피 공의회는 다양한 신념을 지닌 사람들, 다양한 목소리를 가진 집단으로 구성되어 있습니다. 그런 사람들이 한목소리로 이자에게 유죄를 선언하게 한다는 것은 생각하시는 것만큼 쉬운 일이 아닙니다. 하지만 힘닿는 대로 제가 한번 해보겠습니다."

빌라도는 고개를 끄덕였다. "해내실 걸로 믿어 의심치 않습니다." 신뢰의 한 표를 던지는 말로 들렸지만, 빌라도는 가야바가 그 말의 저변에 담긴 메시지를 읽을 수 있기를 바랐다. '잘 해내는 게 좋을 거요, 안 그러면 끝이 안 좋을 겁니다!'

빌라도는 이제 회동을 마무리할 시간이 되었다고 생각했다. "중요한 부분에 대해서는 다 의논이 된 것 같군요. 세세한 부분에 대해서는 아마 다시 만나서 이야기해야 할 겁니다. 거사 전까지 각자 할 수 있는 일은 각자 시작합시다."

가야바는 고개를 끄덕였다. 하지만 앞으로 이 일을 진행해 나갈 것에 대한 부담감이 그를 무겁게 짓누르는 게 분명했다. "이 계획이 제사장께 쉬운 일이 아니란 걸 잘 압니다." 빌라도가 말했다. "하지만 이것이 우리에게는 도성의 평화를 위한 최선의 기회라는 데 저와 의견을 같이하신 거라고 생각합니다. 권력에는 도전이 수반된다는 것을 이제 그 어느 때보다 확실히 아셨을 겁니다. 승리의 면류관은 무겁죠, 안 그래요?"

대제사장은 아무 말 없이 또 고개만 끄덕이고는 자리에서 일어났다.

빌라도는 그때 갑자기 한 가지 의논 거리가 또 생각났다. "제사장, 가시기 전에 한 가지 더 의논할 게 있소. 내일 나는 제사장의 장인 안나스를 만나야 해요. 물론 내가 만나자고 한 게 아니라 그쪽에서 요청한 만남이라는 걸 확실히 해두지요. 짐작건대 안나스는 대제사장을 또 깎아내리려고 할 것 같은데, 그렇다고 걱정하지는 마세요. 이미 말했다시피, 대제사장은 내 전폭적 지지를 받고 계십니다. 그런데 궁금한 것은, 안나스에게 우리 계획을 어느 정도나 알려야 할까요? 안나스는 대제사장께서 이제부터 준비하실 일에 유용한 존재인가요, 아니면 장애물인가요? 조언하는 대로 따르겠습니다."

가야바는 잠깐 생각을 해보고는 이렇게 대답했다. "안나스는 아무것도 모르게 하는 게 최선일 듯합니다. 선지자 예수가 화제로 등장하면 안나스는 그 즉시 계략을 세우기 시작할 것이 틀림없습니다. 총독께서 예수를 위협으로 여기지 않는다는 눈치를 주세요, 예수와 관련해 그 어떤 계획도 없다고 말입니다. 총독님과 제가 이 사안과 관련해 불화하는 것으로 알면 그때야말로 안나스는 제게 더 유용한 존재가 될 수 있습니다."

빌라도는 가야바가 안나스를 어떻게 이용하려는 생각인지 궁금한 듯 호기심 어린 눈빛으로 가야바를 쳐다봤다. 여하튼, 빌라도는 가야바의 교활함에 감탄했다. "바라시는 대로하지요. 우리 전략은 안나스를 대상으로 내일부터 시작됩니다."

가야바는 모든 의논을 마치고 돌아갔다. 빌라도는 빈방에 가만히 앉아, 좀 전의 회동이 전개된 과정을 되짚어 보며 가야바와 함께 세운 계획을 곰곰 생각해 보았다. 빌라도는 계획이 잘 진행될 것이라고, 그래서 결국 이 상황에서 빠져나갈 수 있다고 믿었다. 한 가지 신경 쓰이는 것은, 이번에도 대제사장의 역량에 의지하는 꼴이 되고 말았다는 것이었다.

엘르아살

다음 날 아침 요란스러운 노크 소리가 엘르아살을 깊은 잠에서 깨웠다. 지난밤 가야바가 빌라도와 회동을 마치고 돌아오기를 늦게까지 기다리던 엘르아살은 피곤을 이기지 못하고 아버지가 돌아오기 전 잠들고 말았다. 종 빌립이 그의 방문을 두드리며 아버지가 소집한 회의가 삼십 분 후에 시작될 것이라고 알려 주었다.

엘르아살은 서둘러 옷을 갖춰 입고 간단히 아침 식사를 한 다음

저택을 가로질러 아버지의 전용 집무실로 갔다. 방안에는 아버지와 큰아버지 아론이 기다리고 있었고, 작은아버지 시므온, 아버지의 사촌 에스라는 아직 도착 전이었다.

엘르아살이 방으로 들어서자 아버지가 입맞춤으로 그를 맞이했다. 엘르아살은 궁금증을 이기지 못하고 물었다. "아버지, 빌라도와의 회동은 어땠는지 말씀해 주십시오. 이야기가 잘 됐습니까? 간밤에 아버지가 돌아오실 때까지 깨어서 기다리려 했는데, 시간이 너무 늦어지다 보니 그만. 총독이 화가 났던가요? 그 선지자를 체포할 계획이던가요?"

"기다려라, 얘야." 가야바가 대답했다. "모두 오면 다 이야기해 주마."

"네, 물론입니다." 엘르아살은 조급한 모습을 보인 것이 조금 창피했지만, 오래 기다릴 필요는 없었다. 시므온과 에스라가 속속 도착했기 때문이다.

모두 자리를 잡고 앉자 가야바가 이야기를 시작했다. "선지자 예수의 행동과 관련된 어제 사건에 대해서는 모두 알고 있겠지요. 그자는 정복왕처럼 입성해서 순식간에 사람들을 끌어모았고, 군중을 향해 우리 제사장들에 대한 증오를 토해 냈습니다. 그자가 우리를 비난하는 말을 나는 조금도 신경 쓰지 않습니다. 우리에 대해 무지한 말을 내뱉은 선지자나 교사는 그자가 처음이 아닙니다. 우리의 부(富)를 들먹이며 군중을 선동하는 게 그자로서는 손쉽게 딸 수 있는 열매이겠지만, 나는 백성들이 우리 제사장들이나 우리의 신성한 제도를 대적해 반란을 일으킬 거라고는 생각하지 않습니다. 대다수 사람은 제사장 제도를 매우 존중하며, 우리는 그런 신뢰를 확고히 하기 위해 열심히 일해 왔습니다. 그러나 이 선지자의 의중이나 이 자가 백성들에게 인기를 얻고 있다는 것은 또 다른 문제입니다. 정말 이들은 아주 골칫거리에다 우리 도성의 화평을 심히 위태롭게 하고 있습니다. 그자가 사람들을 선동해 우리의 부에 대해 분노하게 만들 수 있다면, 로마에 대해서도 분노하게 할 것이 틀림없습니다. 그런 일이 실제로 일어나면 정말 위험합니다. 백성들은 내전을 일으키고 싶은 마음은 없겠지만, 로마와 싸우고 싶은 욕구는 점점 커져 왔고, 나는 그게 염려스럽습니다."

"여러분도 알다시피, 지난밤에 나는 우리 총독 빌라도를 만나서 이런 일들을 의논했습니다. 유쾌하기만 한 만남은 아니었지만, 결과적으로는 유익했습니다. 총독과 나는 이 골치 아픈 선지자를 어떻게 처리할지에 대해 계획을 세웠습니다. 여러분에게 미리 말씀드리는 것은, 그 계획이란 게 처음에는 우리에게 썩 유리해 보이지 않을 수도 있다는 것입니다. 그러나 결국에는, 제가 그랬던 것처럼 그 계획이 우리가 앞으로 나아갈 수 있는 최선의 길이라는 것을 아시게 될 거라 믿습니다."

이어서 가야바는 빌라도와 만나서 계획한 일들을 모두에게 상세히 전해 주었다. 가야바의 말이 맞았다. 방 안에 있는 사람 누구도 그 계획을 결코 호의적으로 받아들이지 않았고, 게다가 이들은 빌라도가 가야바를 대하는 태도 또한 못마땅해 했다. 에스라와 시므온은 가야바의 조언이 그 당시로써는 분명 지혜로운 조언이었는데 빌라도가 그것을 트집 잡았다는 것에 분개했다. 가야바의 조언이 결과적으로 잘못이었음이 드러났다고 해서 그 당시에도 그 조언이 잘못인 것은 아니었다는 것이다! 이들은 그 충고를 듣기로 한 것은 빌라도 자신의 선택이었다고 지적했다.

아론은 빌라도가 가야바에게 그 선지자를 책임지고 체포해서 처형하라고 했다는 말에 고민이 이만저만이 아니었다. 그렇게 했다가는 자신들에 대한 백성들의 신망이 크게 훼손될 터였고, 안나스는 그 틈을 이용해 자신들을 공격할 것이 틀림없었다. 빌라도가 지금은 자신들을 지원하겠다고 약속할지 몰라도, 사람들이 빌라도에게 불평하거나 혹은 "더 유능한" 대제사장감을 찾으라고 안나스가 압력을 가해도 과연 계속 자신들을 지지해 줄까? 빌라도를 어떻게 신뢰할 수 있단 말인가?

선지자 문제는 단연코 빌라도가 해결할 문제라는 데 모두의 생각이 일치했다. 예수는 이 지역에 로마의 권세가 안정적으로 유지되는 것을 위협하는 존재였고, 빌라도는 로마의 총독이었다. 확실히 빌라도야말로 그자 문제를 처리해야 할 당사자였다!

가야바는 형제들이 자기 생각을 다 말할 수 있도록 너그럽고도 참을성 있게 기다렸다. 이들이 할 말을 다 마치자 드디어 가야바가 입을 열었다. "확실하게 말씀드릴 수 있는 것은, 지금 여러분이 하는 생각, 여러분이 제기한 염려를 저라고 안 해 본 것은 아니라는 것입니다. 하늘이 알거니와 저도 여러분과 똑같은 생각을 하느라 지난밤 거의 잠을 못 이뤘고, 여러분이 하신 말씀은 이런저런 면에서 상당 부분 일리가 있습니다. 사실 저 자신이 빌라도에게 상당 부분 똑같은 의견을 제시하기도 했습니다. 그런데 결국 우리가 다른 모든 것에 앞서 우선순위로 삼아야 할 것이 하나 있습니다. 그것은 바로 이 도성의 평화입니다. 다른 어떤 것도 그보다 중요하지는 않습니다. 저의 명성, 우리 집안의 권세, 또는 대제사장직의 운명까지도 말입니다."

"사실, 이 계획은 우리의 정치적 입지를 약화시킬 가능성이 있습니다. 그리고 빌라도는 백성들의 압력을 받으면서까지 우리를 지지하지는 않을지도 모릅니다. 하지만 우리가 예수를 체포해서 처형하면 빌라도가 직접 이 일을 맡을 경우에 비해 우리 도성에 끼쳐질 위험도가 훨씬 낮아진다는 것을 여러분 누구도 부인하지 못할 것입니다. 우리에게 좋은 감정을 품은 백성들이 많고, 비록 이번 계획 때문에 그런 좋은 감정이 좀 사라진다 해도, 어쨌든 이 계획이 폭력 사태에서 우리를 보호해 줄 수 있다고 하는 빌라도의 말도 맞는 말입니다. 이 선지자 문제를 해결하고 살아남기 위해 대제사장직을 대가로 치러야 한다면, 저는 기꺼이 그렇게 희생할 것입니다. 저는 이 계획에 저 자신을 바쳤습니다. 그리고 여러분도 그렇게 해주실 것을 요청합니다. 조금 생각을 더 해보시면 이것이 우리 도성의 평화를 보존하는 최선의 길임을 깨닫게 되시리라 확신합니다."

가야바가 이야기를 마치자 그다지 심각하지 않은 항변들이 몇 마디 이어졌으나, 탁자에 둘러앉은 이들은 점차 마음을 가라앉혔고, 이어진 논의를 통해 가야바의 생각이 옳다고 모두 인정하기에 이르렀다. 빌라도의 계획은 제사장 통솔권을 유지할 수 있는 최선의 계획은 아닐지언정 평화 유지를 위해서는 최선의 대안이었다.

참석자들 사이에 의견이 일치되자 가야바는 다시 이들을 향해 이야기를 시작했다. "모두 동의하셨으면 이제 많은 준비 작업이 필요합니다. 무엇보다 중요한 일로, 이 선지자가 공개적인 장소에 있지 않을 때 어디에 머무는지를 알아내야 합니다. 아론 형님, 우리 밀정들을 이 일에 투입해야 합니다. 밀정들을 다 동원해서 정보를 얻어야겠지만, 특히 몇 사람은 매일 저녁 그 선지자 뒤를 쫓아야 할 겁니다. 그자는 도성을 나가면 늘 베다니로 갑니까? 도성 안에 머물지는 않는지요? 도성에 머문다면 장소가 어딥니까? 모두 잠든 한밤중에 이 자를 무리에게서 따로 떼어내서 체포할 수 없다면 우리 계획은 성공할 희망이 거의 없습니다."

"조금 후에 우리 밀정들에게 지침을 내려보내겠소." 아론이 대답했다. "밀정들 중에 특히 신뢰할 만한 사람 몇이 있으니 그 사람들 시켜서 밤에 이 선지자를 미행하겠소. 우리가 가진 자원이면 저녁에 그자가 머무는 곳을 찾아내서 체포할 수 있을 거라고 확실히 자신해요."

"형님 말씀이 맞기를 바랍니다. 많은 게 걸린 일이에요!" 가야바가 대답했다.

엘르아살이 말했다. "제가 보기에는 온종일 이자에게서 시선을 떼지 않는 게 아주 중요해요. 제가 생각하기에 빌라도는 이자가 로마를 자극해 어쩔 수 없이 무력을 사용하게 한다고 보면서도 이자가 직접 그 목적을 위해 사람들을 조직하지는 않을 거라고 생각하는 것 같습니다. 하지만 빌라도의 생각이 틀리면 어쩌지요? 그러므로 그자를 자세히 지켜보면서 혹시 공공연한 반란을 도모하는 것처럼 보일 때 행동을 취할 준비를 하고 있어야 합니다."

"나도 같은 생각입니다." 시므온이 입을 열었다. "관찰을 계속 해야 할 뿐만 아니라 더 강화해야 합니다. 밀정들이 쓸모가 있기는 하지만, 신뢰할 만한 하급 제사장들과 레위인들도 효율적으로 활용해야 합니다. 유력한 바리새인들에게 조력을 구해야 할 수도 있습니다. 제가 들은 바로는, 이들은 그 선지자 편이 아닙니다."

"현명한 판단이다." 가야바가 말했다. "엘르아살과 시므온 두 사람에게 이 일을 위임한다. 제사장이든 레위인이든, 더 나아가 바리새인이든 신뢰할 수 있을 만한 사람들을 찾아내서 그자가 공개적인 자리에 있을 때 감시하는 일을 맡기도록 하라. 온종일 꾸준히 보고를 받도록 하고, 이 선지자가 조금이라도 위험해 보이는 행동을 할 때는 즉시 경보를 발령하라고 하라. 빌라도도 나름대로 감시를 할 것이 틀림없지만, 우리가 자료를 많이 가질수록 우리에게 유리한 결과가 나오도록 상황을 통제할 수 있다."

잠시 침묵이 이어지던 중 에스라가 걱정을 드러냈다. "형님에게 이 선지자를 체포할 권한이 있는 건 확실하지만, 그자를 빌라도에게 데리고 가서 사형을 요구하려면 대공의회의 승인이 필요하지 않습니까? 우리는 신성한 관례를 따라야 합니다."

"맞다." 가야바가 대꾸했다. "공의회의 지지가 필요하고, 바로 이 점을 나도 아주 중요하게 생각했다. 공의회 의장으로서 내가 의미 있는 영향력을 행사하기는 하지만, 이 자를 빌라도 앞에 데려가, 이 자가 죽을죄를 지었으니 처벌해 달라고 요구하려면 공의회 다수 회원이 그자가 유죄임을 확증해 주어야 한다. 공의회의 지지를 받는 게 정치적으로 확실히 유리할 것이다."

엘르아살이 불쑥 끼어들었다. "일흔한 명 회원 대다수의 승인을 얻을 수 있다고 저는 확신합니다, 아버님. 적어도 제사장 회원 삼 분의 일은 아버지께 충성합니다. 바리새인과 서기관도 아버지를 지지해 달라고 설득할 수 있을 겁니다. 시므온 삼촌 말씀처럼, 이들은 이 선지자의 친구도 아닐뿐더러 그자를 없애고 싶어 안달일지도 모릅니다."

"그렇지. 다수 회원의 지지를 얻을 가능성이 높지만, 그래도 확실히 하려면 우리가 애를 좀 써야 한다. 에스라, 내 지도를 충실히 따르는 제사장들을 찾아다니며 지지를 부탁하는 작업을 시작하게. 그리고 시므온, 너는 바리새인 요나단과 가까운 사이지. 요나단을 만나서 이 선지자를 어떻게 생각하고 있는지 의중을 떠보아라. 우리 계획에 대해서는 함구하고, 공의회의 바리새인들이 이 선지자를 제거하는 일을 지지할 가능성이 얼마나 되는지 자세히 조사해라."

"안나스는 어떻게 할까요, 형님?" 에스라가 물었다. "안타깝게도 제사장 회원 중에는 형님에게 충성하는 이들보다 안나스에게 충성하는 이들이 더 많습니다. 안나스가 바리새인 회원을 추가하거나 우리 쪽 제사장 일부를 자기편으로 채가면 우리 쪽에 심각한 문제를 일으킬 수 있습니다."

"안나스가 정말 어떻게 나올까?" 가야바는 혼잣말을 하듯 물었다. "그 양반이 이 상황을 어떻게 가지고 놀지 궁금하군. 빌라도가 오늘 안나스를 만난다고 했는데, 총독은 우리 계획을 그에게는 말하지 않기로 했지. 이 예수라는 자를 문제 삼지 않을 것이고, 체포할 계획도 없다고 할 거야."

에스라는 고개를 가로저으며 가야바의 말에 끼어들었다. "안나스가 나중에라도 우리 계획을 알면 빌라도의 환심을 사기 위해 우리 일을 방해할 겁니다. 내가 보기엔 형님이 실수한 것 같습니다."

"자네 말이 맞을 수도 있지, 에스라." 가야바는 침착히 대답했다. "어쩌면 안나스가 우리의 시도를 방해할지도 몰라. 하지만 안나스는 자네가 생각하는 것보다 교활해. 게다가 그에게는 다른 선택안도 있지. 즉, 그 양반이 잠시 나를 지지할 수도 있어. 특히 공의회 회원 대다수가 이미 내 편이 되었다고 생각한다면 말일세. 내 행동이 사람들에게 별로 인기가 없으리라는 것을 알고, 어떤 밧줄을 던져 줘야 내가 그 밧줄로 나 자신을 옥죌지 궁리한 다음 기꺼이 내게 그 밧줄을 던져 줄지도 몰라. 그러다가 사람들이 내게 등을 돌리면 그때부터는 내게 대한 지지를 거둘 테고, 내 추락이 안나스에게는 다시 날아오를 기회가 되겠지."

"내가 생각하기에도 동생 말이 맞소." 아론이 말했다. "안나스는 단 한 번도 수가 뻔히 보이게 행동한 적이 없는 사람이지. 늘 속내를 알 수 없게 움직이는 편을 좋아했어."

에스라는 이해가 되지 않았다. "두 분 모두 안나스를 지나치게 신용하십니다." 에스라는 정나미가 떨어진다는 듯한 표정이었다. "두 분 생각이 틀릴 경우를 대비해서, 믿을 만한 우리 편들을 확보해 놓아야 합니다."

"물론 그렇지, 에스라. 안나스 없는 다수파를 확보하기 위해 모든 노력을 다해야 할 거야. 나는 자네와 시므온이 그렇게 해낼 수 있을 거라 믿는데?" 가야바가 말했다.

"물론입니다." 시므온은 에스라를 마주 보고 서로 고개를 끄덕이며 대답했다. "각자의 역할에 대해서도 의논해야 합니다." 가야바가 이야기를 이어갔다. "이 전략이 성공하려면 설득력이 있어야 합니다. 빌라도가 예수의 결백을 주장하려 한다 해도, 그 주장이 믿을 만한지와 관련해 만만찮은 반대에 부딪힐 겁니다. 우리는 공의회의 지지를 얻어서 그 선지자가 유죄라는 데 한 표를 던지게 하여야 할 뿐만 아니라, 대규모의 군중을 일으켜서 빌라도를 향해 공의회의 평결을 지지하라고 요구하게 해야 합니다."

"공의회에서 아버지께 충성하는 제사장들은 쉽게 설득할 수 있을 겁니다." 엘르아살이 말했다. "그 사람들하고, 그들의 하속(下屬)들과 피후견인들로 꽤 큰 규모의 군중을 불러모을 수 있습니다."

"출발을 그렇게 하면 좋겠구나." 가야바가 말했다. "하지만 주요 바리새인들에게 확실한 언질을 받아내는 것도 중요하다. 더 어려운 일이기도 하고. 하지만 안나스에게 충성하는 제사장들을 이용할 수도 있다. 이 점에서도 안나스의 직접적 지지가 큰 도움이 될 테지. 안나스 본인은 공개적으로 지지를 표명하려 하지 않겠지만, 그에게 충성하는 제사장과 하속들은 꽤 큰 규모의 군중을 집합시키는 데 도움이 될 거다."

"그러면 도와 달라고 설득도 해야 할까요?" 시므온이 물었다.

"드러나게 그럴 필요는 없다." 가야바가 대답했다. "빌라도가 앞으로 어떻게 할지 우리가 알고 있다는 걸 드러내서는 안 된다. 다만 빌라도가 공의회의 뜻을 지지하지 않을 경우 당신들의 지지가 필요할지도 모른다고만 말해 두어라. 로마 총독이 그자를 죽일 뜻이 별로 없는 것으로 드러날 경우 우리가 기꺼이 한마음으로 그자의 죽음을 요구해야 한다는 것만 강조해라. 그런 식으로 접근해야 의심을 사지 않고 지지를 얻어낼 수 있다."

시므온과 에스라 두 사람 모두 고개를 끄덕였다.

"우리 작전을 모르는 사람이 없도록 하는 것 또한 중요하다. 이번 사건에 대한 소문이 도성 구석구석으로 퍼져나가게 해야 한다." 가야바가 말했다. "이야기를 이해시키는 것이 이야기를 만들어 내는 것만큼 중요하지. 사건이 벌어지는 현장에는 틀림없이 구경꾼들이 모여들 것이다. 그 사람들을 쫓아내서도 안 되고 접근을 제한해서도 안 된다. 오히려 새어나가는 이야기들의 현장을 다 보게 해야지. 목격한 사람들의 입을 통해 소문이 퍼져나가게 해야 한다"

"밀정들이 이 부분에서도 도움이 되겠군." 아론이 말했다. "유명한 여관, 술집, 상점, 시장 등 도성 전역에 밀정들을 전략적으로 배치해야겠다. 그날 아침에 있을 사건들에 대한 소식을 관찰하고 퍼뜨리라고 지시해야지. 온 도성으로 이야기가 삽시간에 퍼져나가게 해야 해."

"탁월한 아이디어입니다, 형님." 가야바가 말했다. "그렇게 선전하지 않으면, 그 선지자를 죽이는 일은 로마가 맡아야 한다고 단순하게 생각해 버리는 이들이 많을지도 모릅니다. 그렇게 되면 우리의 계획 전체가 허사가 될 수 있습니다."

몇 가지 사항을 더 처리한 뒤 가야바는 회의를 끝냈다. "각자 맡은 일들 다 숙지하셨지요. 내일 아침에 다시 모여서 진행 상황을 점검해 봅시다."

엘르아살은 참석자들이 다 가고 난 뒤에도 자리를 떠나지 않았다. 회의에서 그에게 맡겨진 일은 그 선지자의 공개적 활동을 감시할 사람을 구하는 것뿐이었다. 그마저도 시므온과 함께 하는 일이었다. 엘르아살은 자신이 그보다는 훨씬 중요한 일을 맡을 자격이 있다고 생각했다.

엘르아살의 마음을 읽기라도 한 듯 가야바는 아들의 얼굴을 쳐다보지도 않은 채 말했다. "너를 빠뜨린 채 임무가 배정되었다고 생각하는구나?"

엘르아살은 어떤 말을 해야 할지 마음속으로 세심히 계산했다. "아버지가 지시하신 대로 섬기는 게 기쁘긴 합니다만, 이 계획을 수행하는 데 좀 더 두드러진 역할을 할 수 있기를 바랐습니다. 저는 제 가치를 증명했고 그래서 그런 기회를 누릴 만하다고 생각합니다."

아버지는 사려 깊은 시선으로 엘르아살을 바라보며 옅은 미소를 지었다. "너는 정말 네 가치를 입증해 보였지, 내 아들. 나는 네가 자랑스러운데, 어쩌면 충분히 표현을 안 하고 있는 것인지 모르겠구나. 내가 이렇게 개인적으로 조언하는 말을 너는 아주 잘 흡수했어."

가야바는 전에 없이 감탄 어린 시선으로 아들을 쳐다보더니 다시 이야기를 이어나갔다. "걱정할 것 없다. 너를 잊지도 않았고 네 능력을 간과하지도 않았으니까. 네가 해줘야 할 중요한 역할이 두 가지가 있다. 첫째, 이 선지자를 감시할 제사장과 레위인을 정하고, 거기에 더해서 너도 직접 그 일을 해주기 바란다. 성전 마당에서 네가 내 눈과 귀가 되어다오. 그자는 분명 성전 마당에서 사람들을 가르칠 것이다. 그자가 돈 바꿔 주는 이들의 좌판을 뒤엎는 것을 처음 본 사람도 너였고, 그 일을 내게 보고한 사람도 너였지. 네가 그자를 계속 감시해 주면 좋겠다. 그자를 좀 더 잘 이해해 보도록 하고, 그래서 실제로 우리에게 어느 정도의 위협이 되는지 따져 보아라. 나는 다른 제사장들과 레위인들의 판단을 다 합친 것보다 네 판단을 더 신뢰한다. 심지어 네 삼촌들과 사촌들의 의견보다도 더 신뢰한다고 할 수 있다."

자부심이 엘르아살의 마음을 가득 채우다 못해 얼굴에서까지 숨김없이 드러났다. "정해 주신 일을 기쁘게 받아들이며, 영광으로 생각하겠습니다. 두 번째로 주실 임무는 뭔지요?"

"두 번째 임무는 첫 번째 임무보다 더 중요하다. 그리고 더 위험하지." 가야바는 잠시 아무 말이 없었다. 아들의 반응을 살피는 것 같았다.

"더 중요하다"는 말, "위험하다"는 말이 주는 흥분에 엘르아살은 오싹 소름이 끼치며 목덜미가 쭈뼛해졌다.

"네가 성전 수비대를 이끌고 가서 이 선지자를 체포해 오너라."

엘르아살은 놀라서 말을 잃었다. 엘르아살의 예상을 넘어선, 아니 상상할 수도 없었던 역할이었다. 선지자와 그를 따르는 자들을 상대로 싸움을 벌일 수도 있겠다고 생각하니 의욕이 솟구쳤다. "하겠습니다!" 그는 불쑥 대답했다.

가야바는 진중한 표정으로 말했다. "이는 가볍게 볼 일이 아니다. 위험 요소도 있고. 그자를 체포하러 갈 때 어떤 일을 만나게 될지 우리는 알 수 없다. 아마 불시에 쳐들어가서 잡아오는 것으로 계획을 세워야 할 텐데, 그런 상황이 되면 사람이 어떤 행동을 할지 알 수 없다. 그자와 추종자들은 저항할 테고, 유혈 사태가 벌어질 수도 있다. 그런 상황을 살펴서 계획을 세워야 하고 그 상황을 이겨낼 준비도 해야 한다."

아버지의 말은 엘르아살의 의욕을 단 한 치도 꺾지 못했다. 한편으로는 아버지가 말한 그런 상황이 실제로 벌어지기를 바라는 마음도 있었다. 열심당 혁명가들과 싸움을 벌일 생각을 하니 흥분이 되었다! 실제 전투 상황을 마주한 적은 없지만, 훈련은 어릴 때부터

해 왔다. "잘 알겠습니다." 엘르아살은 아버지에게 그렇게 대답했다. "저를 지명해 주셔서 영광입니다, 끝까지 잘 해내겠습니다."

아버지는 고개를 끄덕였다. 아들을 자랑스러워하는 표정이 역력했다. 잠시 후 가야바는 더할 수 없이 진지한 어조로 말했다. "이 임무를 이행하러 갈 때 너는 내 반지를 끼고 내 권한을 위임받게 될 것이다. 이 일이 너에게는 네 가치를 보이고 큰 명예를 획득할 기회가 될 것이다. 이 자를 체포하는 데 성공하면 빌라도에게도 좋은 인상을 주게 될 것이다. 어쩌면 대제사장으로서 내 시대가 끝날 때 나를 대체할 사람으로 너를 신임하게 만들 수도 있다."

이 말로써 가야바가 아들에게 이 일을 맡기는 목적이 아주 명료해졌다. 단순히 이 중요한 임무를 성공적으로 수행해 아들이 명예를 얻게 하려는 것이 아니었다. 가야바는 아들이 장차 대제사장직을 자신의 것으로 요구할 기회를 주고 있었다. 가야바는 엘르아살에게 늘 이야기해 왔다. 로마가 버티고 있는 한 대제사장직이 세습될 것으로 생각해서는 안 된다고, 반드시 공로가 있어야 한다고 말이다. 지금이 바로 그런 공로를 획득할 기회였다. 그때, 거기서, 엘르아살은 스스로 맹세했다. 실패하지 않겠다고.

결의에 찬 눈빛과 확신 가득한 마음으로 엘르아살은 말했다. "무슨 말씀인지 알아듣겠습니다, 아버지, 잘 알겠습니다. 실패하지 않고 임무를 완수할 것을 약속드립니다."

가야바는 아들에게 다가가 포옹을 하며 따뜻한 목소리로 말했다. "실패하지 않을 거라고 확신한다."

갈렙

선지자 예수가 정복왕으로 입성한 지 하루 반이 지났지만 놀랍게도 아무 일도 일어나지 않았다. 이 사람을 제지하려고 나서는 이도 없었다. 로마 군인들이 성전 마당으로 들어오지도 않았다. 누가 체포되지도 않았다. 예수의 행동은 전혀 눈에 띄지 않은 채 지나가는 것 같았다. 적어도 로마 총독의 눈에는 말이다.

그러나 사람들은 분명히 보았다. 누구나 입만 열면 예수 이야기를 했고, 게다가 사람들이 다 예수를 좋아하는 것 같았다. 예수는 날마다 성전 마당으로 왔고, 날마다 더 많은 사람이 예수 주변으로 모여들었다. 사람들은 예수가 말하는 하나님 나라 이야기, 의와 참 평화를 요구하는 이야기에 매료당했다. 물론 냉소하는 사람들도 있었다. 유력한 바리새인들은 토라의 올바른 해석과 실천에 관한 논쟁에 예수를 끌어들였고, 이런 논쟁은 대개 예수를 공개적으로 비난하는 말로 끝났다. 하지만 그런 비난은 사람들에게 아무런 영향도 끼치지 못하는 것 같았다. 사람들은 바리새인들의 토라 해석보다 예수의 해석을 더 좋아하는 것 같았고, 오랫동안 사람들에게 영향력을 끼쳐 온 토라 교사들은 이 때문에 초조해 했다. 제사장들도 군중들 틈에서 예수의 가르침을 경청했지만, 감히 예수와 토론을 벌이려는 사람은 거의 없었다. 어쩌다 토론이 벌어진다 해도 대개 그들 뜻대로는 되지 않았다. 그렇다고 해서 제사장들에게 토라를 보는 올바른 관점이나 논거가 없는 것은 아니었다. 그보다 이 선지자의 창의적이고 애매한 해석은 질문자들을 당황하게 하였다. 논쟁을 하나의 춤으로 볼 때 이들은 일정한 스텝에 익숙한 사람들이었다. 그런데 상대방의 프리스타일 동작 앞에서 그 스텝은 바보같아 보였다. 군중의 적대감 또한 이들이 자신 있게 논쟁에 임하는 데 방해가 된 게 확실했다.

갈렙은 이 모든 광경을 맨 앞자리에서 다 보았다. 이 선지자가 예루살렘에 입성하던 날만 해도 자신이 그런 군중 틈에 끼어 있으리라고는 결코 상상하지 못했지만 말이다. 어떤 이들은 그가 지령을 받고 그 자리에 있었다고 말할지도 모르겠다.

예수의 입성 광경을 목격한 다음 날 아침, 연락책이 갈렙의 도기 상점에 나타나 은밀한 만남 장소로 가 보라고 지시했다. 한 시간이 지나지 않아 갈렙은 도성 북쪽의 작은 공동 주택으로 향했다. 감시하거나 미행하는 사람이 있을 것 같지는 않았지만, 그래도 갈렙은 먼 길로 돌아서 그 장소로 갔다. 작은 골목길을 통해 주택 후문에 도착한 갈렙은 지시받은 대로 빠르게 두 번 문을 두드렸다. 연락책이 얼른 문을 열고 갈렙을 안으로 들였다. 갈렙은 전날 목격한 일들을 어서 전달하고 싶었지만 연락책은 재빨리 입을 다물라는 시늉을 했다. 연락책도 이미 다 알고 있는 눈치였고, 그보다 더 시급한 일이 있는 것 같았다. 연락책의 주인은 이 새 선지자에 관해 관심을 보이면서 그자를 계속 감시하라고 지시했다. 이 감시 업무가 갈렙에게 주어지는 새 지령인 듯했다.

갈렙은 가게를 봐야 해서 그건 곤란하다고 항의했다. 요즘이 일

년 중 가장 장사가 바쁜 때였기 때문이다. 하지만 갈렙을 부른 사람은 새 임무가 도기점 영업에도 중요한 의미가 있다고 하면서, 이 임무를 수락하지 않으면 손해를 볼 수도 있다고 했다. 그 사람은 갈렙이 새로 다수의 일꾼을 고용했다는 것을 알고 있었으며, 갈렙이 가게를 비울 때 일꾼 한 사람이 가게를 관리하면 된다고 했다. 갈렙이 지령을 이행하느라 자리를 비울 때도 안심하고 장사를 맡길 수 있을 거라고 연락책은 말했다.

갈렙은 자신의 사업에 대해 이 사람이 이토록 많이 알고 있는 것이 놀랍기도 했고 다소 불안하기도 했다. 그 사람이 상황을 이렇게 정리해 주는 것에 불편한 감이 있었지만, 따지고 보면 갈렙에게는 별 선택권이 없었다. 갈렙은 마지못해 지령을 받아들였다. 종일 예수를 관찰한 뒤 그 내용을 저녁마다 보고해야 했다. 도성에 직접적 위험이나 불안을 일으킬 만한 어떤 일이 눈에 띄면 성전 수비대에 바로 보고해야 했다. 가게를 비워야 하는 게 걱정이긴 했지만, 임무 자체는 그다지 부담스럽지 않았다. 게다가 사촌 야곱이 이 선지자의 가르침을 또 듣고 싶다고 관심을 표했기 때문에, 야곱과 함께하면 일을 편하게 할 수도 있었다.

갈렙은 바로 그날 오후부터 일을 시작해야 했다. 그는 새 일꾼 중 한 사람에게 가게 관리를 맡기고 집에 들러 야곱을 데리고 나와 성전 산으로 향했다. 주변에 사람들이 몰려 있어서 예수는 쉽게 찾을 수 있었다. 눈에 띄지 않기 위해 처음에는 꽤 멀찍이 떨어진 곳에 자리를 잡았지만, 사람들이 계속 몰려들어 시야를 가렸기 때문에 결국은 그 선지자가 잘 보이는 위치까지 가까이 가야 했다.

놀랍게도 갈렙은 이 사람의 이야기를 즐기고 있었고, 그가 이따금 자신을 비방하려는 자들의 질문을 지혜롭게 받아넘기는 광경도 재미있게 지켜보았다. 예수는 열정적으로, 그러나 단순하게 이야기했고, 어렵지 않게 은근슬쩍 사람을 끌어당기는 힘이 있었다. 예수는 임박한 하나님의 나라에 대해 말했는데, 그 나라에서는 힘 있는 압제자가 무너질 것이고 이스라엘에서 다시 공평을 경험하게 될 거라고 했다. 또한 예수는 그 나라를 기다리고만 있지 말고, 빚을 탕감해 주고 이웃을 사랑하며 사회적 지위가 낮은 이들을 후히 대접함으로써 그 나라를 실현하는 데 참여하라고 촉구했다.

갈렙은 하나님의 새 시대가 온다는 둥 하는 말에 냉소적이었지만, 이 사람의 가르침에는 마음이 끌리는 부분이 많았다. 확실히 도발적이기는 했지만 마음이 끌렸다. 예수는 성전을 관리하는 유력한 제사장들에 대해서도 할 말이 많았다. 제사장들이 하나님의 집을 부패시켰다고, 가난한 사람과 과부를 제대로 돌보지 않고 자신들의 부(富)만 키웠다고, 하나님께서 토라와 선지자들을 통해 명하신 화평과 공의보다 정치적 이득을 더 중시했다고 책망했다. 예수는 현재 성전을 운영하는 이들에게 심판이 임박했다고 똑똑히 말했는데, 갈렙이 보기에 예수는 성전이 아예 무너져 내리는 상상까지 하는 것 같았다. 시간은 빠르게 지나갔고, 그날 저녁 갈렙은 연락책에게 많은 것을 보고해야 했다.

다음 날 갈렙과 야곱은 전날보다 일찍 성전 마당에 도착했지만,

그래도 예수의 모습이 잘 보이는 곳에 자리를 잡으려면 힘들게 인파를 뚫고 나가야 했다. 오늘 예수는 하나님 나라 이야기를 또 했고, 이스라엘의 옛 선지자들에 관해 이야기하면서 이들은 공의를 부르짖었고 사회에서 소외되고 따돌림당하는 사람들을 그 나라로 불렀다고 이야기했다. 예수는 하나님 나라에 충성하는 것이 가족보다 중요하며, 심지어 목숨보다 더 중요하다고 주장했다.

이번에도 예수의 가르침은 사람들을 도취시켰고, 이번에도 예수는 각양각색으로 이의를 제기하는 사람들과 비방하는 사람들을 만났다. 그중에서 가장 주목할 만한 사람은 예수가 성전 당국자들을 막 꾸짖고 나서 등장했다. 아버지의 친구였기 때문에 갈렙도 잘 알고 있는 유명한 바리새인 두 사람이 예수에게 다가와 그의 진실함과 강직함, 그리고 진리에 대한 헌신을 칭찬했다. 갈렙이 보기에 그것은 진실하지 않은 인사치레였다. 칭찬을 마치고 나서 두 사람은 이 선지자를 시험하려는 의도가 뻔히 드러나는 질문을 하나 했다. "우리 유대인들은 로마의 권력자들에게 세금을 내야 합니까? 가이사에게 돈을 바쳐야 할까요?" 아니라고 대답하든 그렇다고 대답하든, 거기에 어떤 함축적 의미가 담길지는 누구라도 알 수 있었다. "아니"라고 대답하면 이는 예수가 로마를 대적한다는 뜻일 터였다. 그렇게 대답하는 게 예수가 그렇게 극적으로 예루살렘에 입성해서 로마와 로마의 지배자들을 대체할 나라를 선포한 행동과도 어울릴 터였다. 백성들은 그런 대답을 바랄 게 틀림없었다. "그렇다"고 대답한다면 이는 지금까지의 예수의 행동이나 가르침과 철저히 상반

되는 대답일 터였다. 그런 대답을 하면 사람들은 혼란스러워할 것이고 어쩌면 많은 이들이 분노할지도 몰랐다.

갈렙은 바리새인들이 왜 그런 질문을 하는지 이해할 수 없었다. 저들은 왜 이 선지자를 어느 한 극단으로 몰아가려 할까?

예수는 자기 나름의 질문으로 이에 응수했다. "반 세겔짜리 주화를 갖고 있습니까?" 반 세겔은 성전세를 내는 데 쓰는 주화로, 두 데나리온의 가치가 있었다. 두 바리새인은 어리둥절한 표정으로 서로를 쳐다봤다. 그리고 그중 한 사람이 옷 속에 손을 넣어 은화 하나를 꺼내 들고는 예수를 향해 호기심 어린 표정을 지었다.

"그런 돈을 만들어 낼 권세를 누가 줍니까?" 예수가 물었다.

"로마지요." 한 바리새인이 대답했다.

예수는 고개를 끄덕이며 두 사람 모두에게 말했다. "로마의 것은 로마에 주고, 하나님의 것은 하나님께 바치시오." 예수를 심문하듯 질문을 던진 이들은 그런 대답을 예상치 못했을 게 분명했다. 군중들도 그 대답의 뜻과 거기 담긴 함축적 의미를 금방 깨닫지 못했다. 얼마 후 그게 무슨 뜻인지 알겠다는 듯 사람들이 수군거리는 소리가 갈렙의 귀에 조금씩 들려왔지만, 대부분은 그 대답의 의미를 여전히 제대로 깨닫지 못한 게 분명했다.

그러나 어떤 면에서 예수의 답변은 결코 답변이 아니었다. 예수는 그저 질문자들에게 질문을 되돌려 보냈을 뿐이었다. 예수는 무엇이 하나님의 것이고 무엇이 로마의 것인지 질문자들이 결정하지 않으면 안 되게 만들었다. 애초에 그 주화를 만들어낼 권한을 준 사람이 가이사이므로 그 돈은 가이사의 것이라고 말할 수 있었고, 따라서 가이사에게 돌려줘야 했다. "이교도의 돈은 이교도 황제에게 주라"고 말이다. 어쩌면 이는 세금은 가이사의 것이고 다른 모든 것은 하나님의 것이라는 뜻일 수도 있었다. 또 어쩌면 처음 두 가지 답변보다 좀 더 과격하게, 모든 것이 다 하나님 것이며 따라서 로마의 것은 아무것도 없다는 뜻으로 결론 내릴 수도 있었다!

갈렙은 이렇게도 해석할 수 있고 저렇게도 해석할 수 있는 이 답변이 그 두 바리새인에게 제대로 충격을 안기는 것을 보면서 슬며시 미소를 지었다. 허를 찔린 게 분명한 두 바리새인은 당혹스런 표정을 지었다. 두 사람은 생각에 잠겨 고개를 끄덕이더니 천천히 돌아서서 멀어져갔다.

갈렙은 둘러선 사람들의 끄트머리에서 그 두 바리새인이 고위직 제사장으로 보이는 이들과 만나는 것을 보았다. 모종의 이야기가 오가더니 두 바리새인은 화를 내며 가 버렸다. 그 순간, 갈렙은 그 바리새인들이 그런 질문을 한 이유를 확연히 깨달았다. 이들은 자신들이 궁금해서 물은 게 아니라 제사장들을 대신해서 물은 거였다. 도성 지도자들이 이 함정 뒤에 자리 잡고 있는 것 같았다.

초저녁 무렵, 예수는 군중을 향해 이제 갈 시간이 되었다고 했다. 그러자 예수를 따르는 이들이 그를 밀착해서 에워싸고는 동쪽으로 움직이기 시작했다. 일부 군중은 흩어졌고, 일부는 이 선지자와 그 측근을 따라 성문을 지나 도성 밖으로 나갔다.

갈렙과 야곱은 성전 마당을 가로질러 예수 일행과 반대 방향으로 걸음을 옮겼다. 야곱은 그 선지자의 가르침에 도취되어 있었고, 갈렙은 야곱이 왜 그러는지 이해할 수 있었다. 예수는 사람의 마음을 휘어잡는 힘이 있었고 그의 가르침에는 영감이 있었다. 예수에게는 무언가가 있었다. 야곱과 야곱의 가족들은 그날 밤 친구들을 만나 저녁 식사를 할 예정이었기에 두 사람은 성전 산을 빠져나온 뒤 헤어졌다.

갈렙은 집으로 향하면서 이 선지자에 대해 생각했다. 이 선지자는 도무지 어떤 사람인지 파악하기 힘들었다. 그는 정복왕으로서 예루살렘에 입성해 큰 찬양과 환호를 받았다. 그는 화평과 공의와 번영의 새 나라에 대해 말했다. 이는 이스라엘의 영광스러운 새 시대 및 압제자 로마의 멸망을 구상하는 메시아적 인물의 행동과 언어였다. 이는 어느 모로 보나 선동적인 언행이었고, 그의 말에 매달리는 군중들도 이를 알고 있었다.

하지만 예수의 가르침에는 흔히 예상될 만한 어떤 점이 빠져 있었다. 예수는 로마나 로마의 권력에 대해서는 전혀 부정적인 말을 하지 않았다. 총독 빌라도나 황제 디베료에 대해서는 단 한마디도 하지 않았다. 예수는 성전과 성전 지도자들은 비판했지만 로마는 비판하지 않았다. 임박한 하나님의 나라를 지금 여기서 실현하라고 사람들에게 촉구하면서도 폭력적 저항이나 혁명 또는 폭동을 부추긴 적은 단 한 번도 없었다. 예수의 가르침을 경청하는 많은 이들이 자신은 그런 외침을 들었다고 생각했지만, 예수는 절대 그런 말을 한 적이 없었다. 예수는 노골적인 말을 삼가고 미묘한 수사법을 구사하는 것일까? 청중을 꾀어서 자신이 암시하는 메시지를 행동에 옮기게 만들면서 겉으로는 비폭력 저항으로 치장하는 것일까? 아니면 하나님께서 신적으로 개입하사 천사들을 보내 원수들을 물리치게 하시고 의로운 이들은 기쁨으로 그 광경을 지켜보게 하실 것을 꿈꾸는 것일까?

갈렙이 이런 생각에 잠겨 걷고 있는데 누군가가 그의 어깨를 움켜쥐었다. 갈렙은 발에 힘을 쓰지 못하는 상태로 작은 골목 쪽으로 끌려갔다. 자세를 바로 하려고 용을 썼지만 물렁거리는 흙바닥에서 뒤꿈치가 자꾸 미끄러지기만 했다. 누군가의 손이 우악스럽게 목덜미를 쥐고 한쪽 팔을 조이는 바람에 숨이 막히고 공포가 밀려들었다. 갈렙은 다른 쪽 팔을 휘저으며 닥치는 대로 움켜쥐었다. 그는 결국 주먹으로 뭔가 딱딱한 것을 쳤고, 통증이 손 전체로 찌르르 퍼졌다. 그를 습격한 사람은 전혀 아랑곳하지 않았다. 갈렙을 움켜쥔 손아귀가 더 단단해졌다. 벗어날 수 있다는 소망이 점점 사라져 갔고, 배신자의 종말에 대한 공포가 밀려들었다. 그 순간 환한 빛이 갑자기 사라졌고, 갈렙은 어두운 방으로 끌려들어 가고 있다는 것을 깨달았다. 가슴이 덜컹 내려앉았다.

목덜미를 움켜쥔 손아귀는 처음 잡아챌 때만큼 날쌔게 그를 풀어놓았다. 갈렙은 바닥을 핑그르르 돌아 벽에 세차게 부딪쳤고, 그와 동시에 힘센 팔 하나가 숨통을 짓누르고 손이 그의 입을 세게 틀어막았다. 갈렙은 거무스름한 후드 그림자에 가려진 한 얼굴을 들여다봤다. 사내가 고개를 까닥하자 후드가 뒤로 젖혀졌고, 갈렙은 자신을 습격한 사람의 얼굴을 볼 수 있었다. 유다였다!

"조용히 해!" 유다는 갈렙의 입을 틀어막고 있던 손에서 천천히 힘을 빼면서 나지막이 말했다. 순간 갈렙의 얼굴에 분노가 확 타올 랐지만 그는 사촌이 시키는 대로 따랐다. "뭐하는 거야?" 갈렙은 소리를 낮춰 물었다.

"미안해, 형. 형한테 할 말이 있는데 사람들 눈에 띄면 위험해서!"

"겁나게시리! 강도당하고 죽는 줄 알았잖아!" 갈렙은 말을 더듬 었다. 반은 거짓말이었다. 사실은 자신이 밀정이라는 것을 누군가 가 알아낸 거라고 생각했다. 배신행위 때문에 목숨을 잃는 거라고 생각했다.

"알아." 유다가 말했다. "놀라게 해서 정말로 미안해. 하지만 아무도 못 보는 은밀한 곳으로 형을 데리고 와야 했다고. 저들이 나를 찾고 있어! 위험해서 다른 식으로는 형한테 연락할 수가 없었어. 형집은 지금 감시당하고 있어." 갈렙은 놀란 표정을 지었다. 유다의 말이 사실인지 궁금했다. 연락책이 내 집을 지켜보며 신호를 기다리는 것을 유다가 보았단 말인가? 어쩌면 연락책이 유다까지 감시하고 있었던 것인가?

두려움과 분노가 가라앉자 갈렙은 유다의 얼굴을 좀 더 자세히 봤다. 몹시 여위어 보였다. 눈 밑이 무겁게 처진 것으로 보아 여러 날 잠을 못 잤다는 것을 알 수 있었다. "알겠어." 갈렙은 낮은 목소리로 침착하게 말했다. "너 괜찮은 거야, 유다? 거의 두 주 동안 못

봤잖아. 집에 가 봤더니 모두 네가 집안일로 다소에 갔다고 하더라고."

"그래." 유다가 대답했다. "집에선 그렇게 이야기하고 있지. 난 도성에서 멀지 않은 곳에 숨어 있었어. 그런데 가족들하고 너무 오래 떨어져 있다 보니 내가 무사하다는 걸 알려 줘야겠더라고. 내가 일을 할 수 없게 되어서 식구들이 돈 문제로 고생할 것이 걱정되기도 하고. 그래서 형을 찾아온 거야. 오늘 아침에 짐마차를 타고 숨어들어왔고, 내일 똑같은 방법으로 빠져나갈 생각이야. 형이 우리 집에 가서 나는 무사히 잘 있다고 알려 주었으면 해. 여유 있으면 우리 식구들 형편도 좀 살펴주면 좋겠고. 자존심 센 사람들이라 형편이 어렵다고 말도 잘 안 할 테지만, 형이 돈을 좀 빌려 줄 수 있으면 좋겠어. 분명 돈이 필요한 상황일 거야. 식구들한테는 내가 줬다고 하고. 그렇게 말해야 받을 거야."

갈렙은 고개를 끄덕이며 유다를 껴안았다. "그래, 물론이지, 유다! 오늘 밤 너희 집에 가서 네가 무사하다는 소식도 알리고 돈도 전할게. 요즘 장사가 잘 돼서 여유가 좀 있거든. 네가 집에 없는 동안 내가 가족들 어려움 없게 할게! 너 배고파 보인다. 나한테 빵이 한 덩이 있는데, 먹겠어?"

유다의 눈이 휘둥그레졌다. "그럼, 먹고말고! 일주일 동안 먹은 게 별로 없거든." 유다는 갈렙의 손에서 빵을 채가서는 허겁지겁 먹기 시작했다.

"어디에서 지냈는지 물어봐도 될까? 어디서 머물고 있어?" 갈렙이 물었다.

"뜻을 같이하는 친구들이 도성 밖 여러 마을에 살고 있지." 유다 가 말했다. "반갑게 맞아서 숨겨 준 친구들도 있었고. 최근 며칠은 베다니에서 지내다 왔어. 베다니에는 로마에 저항하는 사람들을 자기 집 비밀 지하실에 재워 주는 사람이 있어. 아주 넓고, 사람들 로 북적거릴 때도 잦지. 어젯밤만 해도 선지자 예수와 측근 추종자 들이 거기 머물렀지."

예수라는 말에 갈렙은 귀가 솔깃했다. 연락책은 밤에 예수가 어 디 머무는지 추적하는 데 도움이 될 만한 정보라면 뭐든 알아내라 고 했었다. "그랬어?" 갈렙이 물었다. "지난 이틀 동안 성전 마당 에서 그 사람이 하는 말을 나도 들었지. 너는 그 사람 어떻게 생각 해?"

"별생각 없어." 유다가 대답했다. "제자들이 늘 에워싸고 있어서 가까이 가기도 힘들어. 제자들이 그 사람을 아주 철저히 보호해." 갈렙은 고개를 끄덕이며 지나치게 관심 있는 것처럼 보이지 않으 려 애썼다.

"제자 한 사람과 이야기 나눌 기회가 있긴 했지. 잠깐 대화했어. 나하고 이름이 똑같고 나와 똑같은 뜻을 품고 있더군. 나는 그 사람 의 선생에 관해서 묻고 그가 우리와 한편인지를 물었지. 처음엔 그 문제에 대해 말하기를 꺼리더군. 그 문제 때문에 뭔가 불만인 것 같 았어. 내가 집요하게 파고들었더니 마지못해 입을 열었지. 그는 자 기 선생의 야망에 대해 의구심을 품기 시작하는 중이었어. 해방을 찾아서 가는 거라고 믿고 예루살렘에 왔는데 이제 그런 확신이 사라졌다고 했어. 그 사람 말이, 예수는 자기가 순교자인 것처럼 자꾸 자기 죽음에 관해서 이야기한데. 하지만 그 사람은 '내가 순교하자고 제자가 된 건 아니다'라고 했어. 거기까지 말하고는 자기가 너무 말이 많았다고, 친구들한테 가봐야겠다고 하더군."

갈렙은 고개를 끄덕이며, 별생각 없이 묻는 말처럼 물었다. "흥미롭군. 그럼 제자들 사이에서도 서로 생각이 다르다는 거야?"

"내가 느끼기에는 그랬어." 유다는 무심히 대답했다. "적어도 나하고 이야기를 나눈 사람은 그랬지. 사실 다른 제자들하고는 이야기할 수가 없어." 유다는 잠시 말을 멈추고 좌절한 표정으로 고개를 흔들었다. "운명은 꼭 뒤통수치는 애인 같아." 유다는 화가 나는 듯 중얼거렸다.

"무슨 말이야?" 갈렙이 물었다.

"어떤 일이 꼭 실패할 수밖에 없는 때에 일어난다는 뜻이야. 우리는 어떤 일이 도화선이 돼서 사람들 사이에 반란의 불길이 일어나기를 기다려 왔어. 그리고 지금 이 선지자가 나타났지. 완벽한 기폭제야. 이 사람이 순교라도 해 주면 더할 나위가 없고! 그런데 우리는 지금 흩어져 있어. 몇몇은 옥에 갇혔고, 몇몇은 은신 중이어서 이 상황을 우리한테 유리하게 이용할 동력이 없어." 유다는 유감스럽다는 듯 고개를 가로저었다.

"미안하다, 유다." 갈렙이 말했다. 갈렙은 가능한 한 예수 이야기로 다시 화제를 돌리고 싶었다. "너하고 이야기를 나눴다는 사람이 어쩌면 예수에 대해 잘못 알고 있는 건 아닐까? 내가 들으니 예수는 장차 임할 나라에 대해 말하더군. 예수는 마치 과거의 시므온 마카비우스처럼 도성으로 들어왔어, 정복자처럼 말이지! 내 눈으로 직접 봤어. 예수가 혁명을 꿈꾸고 있을 가능성도 있지 않을까?

"어쩌면." 유다가 대답했다. "하지만 나와 이야기 나눈 그 제자는 그렇게 생각하지 않았어. 제자보다 더 잘 아는 사람이 어디 있겠어?"

"제자들과 좀 더 어울리다 보면 다른 목적이 드러날지도 몰라. 너도 제자가 될 수는 없어?" 갈렙이 물었다.

"그건 불가능할걸. 그 사람들은 한 번 밤을 지낸 곳에 다시 오지 않아. 한 장소에서 하룻밤 자면 더는 머물지 않지. 그다음에 어디로 갈지 나는 전혀 몰라."

갈렙은 가슴이 철렁했다. 유다는 밤중에 그 선지자가 어디에 있는지를 알아내는 데 거의 도움이 안 될 것 같았다. 그러나 어쩌면 다른 길이 있을지도 몰랐다. "내가 지난 이틀 동안 성전 마당에서 그 사람과 제자들을 봤다고 했잖아? 너와 이야기를 나눈 제자 말이야, 어떻게 생겼어?" 위험한 질문이었지만, 갈렙은 유다가 별생각 없이 대답해 주기를 기대했다.

유다는 별걸 다 묻는다는 듯이 갈렙을 쳐다보고는 이렇게 대답했다. "다른 제자들보다 키가 작고, 코는 뭉툭하고, 턱수염이 듬성듬성, 그리고 얼굴이 둥그스름해." 그리고 잠시 말을 멈추었다가 말했다. "아, 그리고 뺨에 커다란 갈색 점이 있구나. 어느 쪽인지는 기억 안 나지만, 안 보일 수가 없는 점이야. 근데 그건 왜 물어?" 유다의 설명을 듣고 갈렙은 그와 이야기를 나눈 제자가 누군지 금방 알아챘다.

"별 이유 없어, 그냥 궁금해서. 그 사람을 나도 본 것 같아." 갈렙은 무심한 듯 대답했다. 유다도 그렇게 받아들이는 눈치였다.

갈렙은 화제를 바꾸기로 했다. "오늘 밤 어디에서 잘 거야, 유다?"

유다는 대답이 더뎠다. 갈렙은 너무 꼬치꼬치 캐물어서 의심을 산 것은 아닌가 걱정했다. 하지만 유다의 대답에 갈렙은 안도했다. 유다는 시선을 떨군 채 "창피한 말이지만, 형, 평판이 나쁜 곳이야. 하지만 지금 내게는 가장 안전한 곳이지."

"여기서 그걸 가지고 좋다, 나쁘다 할 사람은 없을 거야." 갈렙은 이해한다는 듯 대답했다. "너를 도울 수 있는 일이라면 뭐든 다 할게. 그리고 네가 돌아올 수 있을 때까지 너희 식구들이 어려움 없이 지낼 수 있도록 신경 쓸게."

"정말 고마워, 형. 하지만 그건 형한테 너무 벅찬 약속일지도 몰라. 내가 돌아올 수 있기는 할지 나도 잘 모르는데." 그 말을 들으니 갈렙은 마음이 아팠다. 그래서 그 순간 갈렙은 뭔가 도움이 될 만한 일을 해야겠다고 마음먹었다. 하지만 그게 뭘까?

갈렙은 유다를 포옹하며 말했다. "상황이 달라질 수도 있어, 유다. 그때까지 너희 식구들은 내가 돌볼게."

유다의 눈에 눈물이 가득 차올랐다. 우는 걸 보이고 싶지 않은지 유다는 머리 위로 후드를 뒤집어썼다. 그리고 갈라진 목소리로 가만히 말했다. "고마워."

문을 열고 나가 골목길로 사라지는 유다를 보면서 갈렙은 유다를 다시 만날 수는 있을까 하는 생각을 했다. 바로 전 갈렙의 머릿속에서는 한 가지 계획이 구체화되었다. 그 계획이 바람대로 이뤄지면 사촌 동생의 목숨도 구할 수 있고 자신의 배신행위 때문에 그가 성 밖으로 도망쳐야 했던 상황도 바로잡을 수 있을지 몰랐다. 시간이 없었다. 서둘러야 했다!

갈렙은 곧장 가게로 향했다. 밤이라서 가게 문은 닫혀 있었지만, 뒷방에서 연락책을 만나기로 되어 있었다. 가게에 도착한 지 몇 분 지나지 않아 빠른 속도로 뒷문을 두드리는 소리가 났다. 갈렙은 연락책을 얼른 방 안으로 들인 뒤 말했다. "중요한 정보가 있습니다만, 아론을 직접 만나 전달해야 합니다." 갈렙의 말에 연락책은 깜짝 놀랐다. 그는 처음에는 당혹스러워 하는 것 같다가 이내 갈렙의 요청을 거절했다. 하지만 갈렙은 아론을 직접 만나야 한다고 계속 고집했다.

"이건 아주 변칙적인 요구입니다." 연락책이 말했다. "아론은 당신을 다시 만나고 싶어 하지 않을 겁니다."

"이건 그 선지자 예수의 위치에 관한 정보입니다. 그 사람이 밤중에 어디에 머무는가에 관한 정보라고요. 그 문제라면 아론도 저를 만나려 하리라고 생각합니다." 갈렙은 짐짓 거드름을 피우며 말했다.

남자의 눈이 휘둥그레졌다. 잠시 아무 말이 없던 그는 이렇게 말했다. "만날 의향이 있는지 아론에게 물어보기는 하겠지만, 만날 거라고 약속은 할 수 없습니다. 내게 말을 해주어야 할 수도 있어요, 그러면 내가 아론에게 전달하고 말입니다."

갈렙은 차가운 시선으로 남자를 쏘아보며 말했다. "내게서 그 정보를 듣게 되는 일은 없을 겁니다. 아론만이 내 입에서 그 정보를 들을 수 있습니다. 아론 외에는 누구도 못 들을 겁니다."

화가 치미는지 남자의 얼굴이 붉으락푸르락했다. "여기서 기다리시오!" 남자는 그렇게 말하고 서둘러 뒷문을 통해 밖으로 나갔다.

영원 같았던 삼십 분의 시간이 흐른 뒤 남자가 돌아왔다. 화는 가라앉은 것 같았지만, 목소리에는 여전히 짜증이 실려 있었다. "한 시간 후, 전에 만났던 그곳에서 만나시겠답니다. 늦지 마세요." 남자는 대답을 기다리지도 않고 휙 돌아서서 어둠 속으로 사라졌다.

한 시간 후 갈렙은 꼭 한 달 전의 바로 그 술집 그 자리에 앉아 있었다. 그리고 그때 후드를 뒤집어쓰고 있던 그 얼굴, 아론의 얼굴을 찾고 있었다.

처음 만났을 때 갈렙은 아론이라는 이름을 상징적으로 해석했다. 모세와 모세의 대변자 역할을 했던 그 형을 재치 있게 빗댄 이름이라고 말이다. 그러나 지난 한 달 넘게 갈렙은 아론이 누구를 위해 일하는 것인지 깊이 고민했다. 이렇다 하고 말할 만한 선택안이 별로 많지 않았다. 아론은 로마인이 아니었다. 그래서 그가 로마인을 위해 일할 가능성은 없다고 생각했다. 이는 아론이 유력한 유대인 집안, 아마도 어떤 제사장 가문을 대표하는 사람일 수 있다는 뜻이었다. 그가 제시한 수고비 규모를 보면 확실히 그럴듯했고, 외모를 봐도 그랬다. 실내에서만 생활하는 듯 고운 피부, 세련되게 다듬은 수염, 몸에서 풍기는 꽃향기 등. 익숙한 냄새였지만 처음에는 그게 어디에서 맡아본 냄새인지 금세 떠오르지 않다가 나중에야 기억이 났다. 그것은 성전에서 피우는 어떤 향냄새였다. 그렇다, 그 사람은 힘 있는 집안 출신의 제사장임이 분명했다.

하지만 어느 집안일까? 이틀 전, 갈렙이 성전 산에 갔을 때 모든 퍼즐 조각이 맞춰졌다. 대제사장 가야바와 그의 형제들이 성전 바깥마당을 지나 성전 건물로 들어가고 있었다. 대제사장의 형제 중 한 사람이 어딘지 낯이 익었고, 그것이 갈렙의 기억을 불러일으켰다. 코였나, 아니면 아래턱 윤곽이었나? 갈렙은 옆에 있는 사람에게 가야바의 형제들 이름을 물었다. 그 사람의 입에서 아론이라는 이름이 나오자 갈렙은 모든 일의 진상을 파악했다. 이제 다시 그 사람과 마주 앉은 갈렙은 자신이 만나고 있는 사람이 대제사장의 형이라는 사실을 믿어 의심치 않았다. 맞은편에 앉아 있는 사람은 예루살렘에서 가장 권세 있는 사람을 대표하는 사람이었다. 갈렙이 이제부터 하려는 말은 상대가 바로 그런 사람이었기에 할 수 있는 말이었다.

아론이 먼저 입을 열었다. "이 만남은 아주 이례적이오. 오직 한 번만 만나는 게 내 관행이지요. 보아하니 나하고만 의논해야 할 아주 중요한 일이 있는 듯하오만? 이렇게 왔으니 어디 들어 봅시다."

"이 만남이 파격적이라는 건 알고 있습니다." 갈렙이 말했다. "이렇게 늦은 시간에 만나 주셔서 감사합니다. 제게 있는 정보가 중요한 정보인 건 확실한데, 이렇게 나와 주신 걸로 봐서 선생님에게도 아주 귀한 정보인 것으로 짐작됩니다."

제사장의 얼굴엔 아무 동요가 없었지만, 갈렙은 그의 눈빛에서 어럼풋한 분노를 보았다.

그가 아무 말이 없었기에 갈렙이 이야기를 이어갔다. "예수의 야간 활동과 소재에 관해 정보를 입수했습니다."

"듣고 있소." 아론이 말했다.

"믿을 만한 소식통에게 듣기로 그 사람은 절대 한 곳에 두 번 묵지 않는답니다. 당국에서 자기를 찾는다는 걸 알고 있고, 그래서 늘 돌아다니며 묵는답니다."

"별로 새로울 것 없는 소식이군." 아론이 실망했다는 투로 대답했다. "앞으로 며칠간 그자가 어디에서 묵을지 말해 줄 수 있소?"

"그건 모르겠습니다." 갈렙이 말했다.

아론의 얼굴에 분노가 스쳐 지나가는 것이 확연했다. 그 분노를 감추려고 애쓰는 목소리로 제사장이 말했다. "그럼 나를 왜 여기까지 오게 한 거요? 내 시간을 허비하게 한 거라면, 장담컨대 후회하게 될 거요."

갈렙은 여전히 침착했다. "그 사람이 어디에 묵을지 저는 모르지만, 제가 아는 사람 중에 그걸 아는 이가 있습니다. 그 사람이 어쩌면 선생님께 도움이 될지도 모르겠습니다… 적정한 값만 치러 주신다면."

그의 말에 아론이 다시 관심을 보였다. "계속해 보시오." 제사장은 퉁명스레 말했다.

"그 선지자의 측근 제자 한 사람이 선지자에게 불만을 품고 있고 그래서 충성심이 흔들리고 있다는 사실을 알게 되었습니다. 그 제자를 선생님께서 느슨한 연결 고리로 이용하실 수 있을 것 같습니다."

갈렙은 제사장이 자신 쪽으로 몸을 기울이는 것을 눈치챘다.

"그 제자가 누구요?"

갈렙은 제사장을 낚아채는 데 성공했다. 이제 요구사항을 말할 차례였다.

"제가 이제 말씀을 드릴 거고요, 그 제자에게 접근할 수 있도록 도와드릴 수도 있습니다. 하지만 그 전에 먼저 부탁할 게 있습니다."

아론은 놀라는 표정이었다. "돈은 이미 상당액을 드리고 있소. 돈을 더 요구하는 거요?"

"아닙니다. 돈을 더 달라는 게 아닙니다. 저를 위해 어떤 사람을 보호해 주셨으면 합니다."

"누구를 보호해요?" 아론의 말투를 들으니 놀라는 것 같기도 했고 분개하는 것 같기도 했다. "무슨 말인가요?"

"제 사촌 동생 유다가 로마 측에 쫓기고 있습니다. 로마 병사 다섯 명 피살 사건 용의자죠. 분명히 말씀드리건대 제 동생은 결백합니다. 피살 사건이 있던 날 밤 유다는 저와 함께 있었고, 따라서 그 사건과는 아무 관계도 없습니다. 로마 사람들이 유다를 그만 추적했으면 합니다. 유다의 가족을 그만 괴롭혔으면 좋겠습니다. 유다를 가만히 두세요. 이것만 약속해 주시면 원하시는 정보를 드리겠습니다."

아론이 눈이 둥그레졌다. 말문이 막힌다는 표정이었다. "무슨 근거로 내가 이런… 이런 극단적 요구에 도움이 되어 줄 수 있다고 생각하는 거요?"

갈렙은 잠시 아무 말 없이 제사장의 눈을 빤히 바라보았다. "선생님이 누군지 압니다." 갈렙이 말했다. "선생께서 누구를 대표하고 있는지 알고 있습니다. 선생님의 동생은 예루살렘에서 제일 힘 있는 사람이지요. 그런 사람이 내 사촌을 도울 수 없다면 다른 누구도 도울 수 없을 겁니다."

아론은 갈렙의 말에 깜짝 놀랐다. 그는 아무 말 없이 앉아 갈렙을 뚫어질 듯이 쳐다보았다. 어떻게 하는 것이 최선인지 궁리하고 있는 것 같았다.

마침내 아론이 입을 열었다. "여기서 게임을 할 필요는 없소. 나는 당신이 생각하는 그 사람 맞고, 내가 누구를 위해 일하고 있는지도 당신은 바로 알고 있군요. 하지만 당신 요구를 들어주는 건 생각만큼 그렇게 간단하지 않소. 우리보다 더 큰 힘을 가진 이들이 있는데, 그 사람들은 당신의 그… 결백한 사촌에게 아무 혐의가 없다고 순순히 인정해 주지 않을 거요."

"압니다." 갈렙이 말했다. "하지만 제가 보기에 예수 관련 정보는 선생님이나 선생님이 대표하는 분께 아주 중요한 정보이고, 어쩌면 그분보다 더 큰 힘을 가진 이들에게도 중요한 정보인 것 같습니다. 이제 제 사촌 동생이 선생님께도 알려졌고 로마 측에도 알려졌으니 계속 감시당하며 관리 대상이 될 수 있습니다. 제가 바라는 건 앞으로 누구도 유다를 뒤쫓지 말아 달라는 것, 체포나 처형의 위협을 받지 않게 해달라는 것, 그리고 일상생활로 돌아와 가족과 함께 살 수 있게 해달라는 것뿐입니다. 유다가 정말 결백하다는 제 말씀을 믿으시고 말씀입니다. 앞으로 그가 무슨 범죄를 하다가 잡히면 그때는 그를 보호해 주겠다는 약속이 무효가 될 것이며 그를 선생님 마음대로 하셔도 좋습니다."

아론은 생각에 잠긴 표정으로 갈렙을 쳐다봤다. 갈렙은 아론이 자신의 눈에서 존경의 기미를 포착했을지도 모른다고 생각했다. "지금 여기서 그 결정을 할 수는 없소. 내게는 그럴 만큼의 권한이 없어요. 돌아가서 의논해야 해요. 시기가 중요한 일이라, 지금 시간이 늦긴 했지만 오늘 밤 안으로 답변을 줄 수 있도록 해보겠소. 당신의 요청을 들어줄 수 있으면, 우리는 가능한 한 내일 아침 일찍 그 정보를 바탕으로 행동을 시작해야 하오."

"알겠습니다. 편의를 봐 주셔서 감사합니다." 갈렙이 말했다.

"가게로 돌아가 기다리시오." 아론이 말했다. "나를 또 볼 일은 없을 겁니다. 평소에 연락하는 이가 답변을 가지고 가게로 갈 거요.

아주 늦을 수도 있으니, 집에 가지 말고 기다려요. 오늘 밤 안으로 답변을 듣게 될 겁니다."

갈렙은 고개를 끄덕였다. 제사장은 자리에서 일어나 술집을 나갔고, 갈렙은 잠시 더 머물다 그곳을 빠져나왔다.

자정 직전, 연락책이 가게로 찾아왔다. "요구를 들어주시겠답니다." 그렇게 말하고 나서 그는 짐짓 거드름을 피우며 말했다. "이제 그 선지자를 배신할지도 모르는 제자의 정체를 내게 알려 주시오." 쩨쩨하게 치고 들어오는 그의 공격을 무시하며 갈렙은 유다에게서 들은 대로 그 제자에 대해 말해 주었다. 다 듣고 나서 연락책은 말했다. "이 정보는 아주 요긴하게 쓰일 겁니다. 하지만 이 제자를 설득하는 데 힘을 보태 주어야 당신의 요구를 들어줄 수 있을 겁니다." 갈렙은 두 번 생각할 것도 없이 대답했다. "필요하다면 무슨 일이든 하겠습니다."

"좋아요." 남자가 대답했다. "함께 전략을 짜 봅시다." 갈렙과 연락책은 그 뒤로 한 시간에 걸쳐 갈렙의 사촌과 이름이 똑같은 그 제자 유다를 회유할 계획을 짰다.

엘르아살

엘르아살은 아침 햇살에 잠이 깼다. 지난 이틀과 마찬가지로 오늘도 바쁜 하루가 될 것이 틀림없었다. 전통적으로 유월절 주간에 제사장이 처리해야 할 여러 가지 업무에 더해, 엘르아살은 그 갈릴리 선지자가 성전 마당에 들어와 있는 동안 그를 감시하는 일까지 해야 했다. 게다가 그 선지자는 계속 성전 마당에 들어올 것 같았다. 예수가 오전 중 성전 마당에 도착해 온종일 사람들에게 이야기를 들려주고 해 지기 직전에야 성전을 나가는 바람에 엘르아살은 쉴 틈 없이 예수를 감시해야 했다. 하급 제사장과 레위인에게 이일을 위임하기는 했지만, 아버지의 요구를 생각하면 엘르아살 본인도 이 예수라는 자에게서 시선을 떼면 안 될 것 같은 생각이 들었다. 너무도 많은 것이 걸린 일이었기에 엘르아살은 자기 자신 외에 믿을 사람이 별로 없었다.

그때 여종 하나가 말린 생선, 따끈한 빵, 신선한 대추야자가 담긴 아침 식사 접시를 들고 들어왔다. 아버지와 아침 회의가 곧 시작될 터였다.

그 선지자를 감시하며 보낸 시간은 별 특이점이 없었다. 엘르아살의 지휘 아래 제사장들과 심지어 바리새인 두어 명까지 그자에게 가서 정보를 더 끄집어내려고 했지만, 그 모든 노력이 다 헛일이었다. 아버지와 삼촌들에게 이런 실패에 대해 언급할 필요는 없었다. 그나마 좋은 소식은, 이 예수라는 자가 아직은 즉시 체포해야할 그 어떤 행동도 하지 않았고 자신이 도성의 평화에 직접적 위협이 되는 존재임을 암시하는 행동도 하지 않았다는 것이다. 이 점에서는 빌라도의 생각이 옳은 것 같았다.

이 시점까지 예수의 가르침에는 로마가 없어져야 한다는 주장이 분명 암시되어 있었지만, 로마를 제거하라고 직접 명령하거나 그 일에 동참하라고 사람들을 자극하지는 않았다. 적어도 공개적으로는 말이다. 그리고 여기엔 곤란한 점이 있었다. 예수가 공개적인 자리에 있을 때, 예를 들어 성전 마당에서 큰 무리의 사람들을 가르치고 있을 때는 그를 감시하기가 쉬웠다. 하지만 그때를 제외하면 예수의 위치를 알아내기가 힘들었다. 예수는 군중 속에 섞여 도성으로 들어왔고, 나갈 때도 같은 방식으로 나갔다. 일부 제사장, 레위인, 밀정들이 예수를 쫓으려고 했지만, 번번이 그는 변두리 마을로 모습을 감추었다. 한 레위인은 벳바게의 한 여관까지 예수를 뒤쫓았다고 확신했는데, 여관에 딸린 선술집으로 들어가 보니 그 선지자는 간 곳이 없었다. 엘르아살은 이것을 문제로 보고 이를 곧 해결해야 한다고 생각했다. 사람들이 보는 곳에서 예수를 체포하는 것은 지극히 위험했기 때문이다. 예수의 인기가 날로 높아감에 따라 날마다 그 위험도 커져갔다. 이 문제 해결에 진전이 없으면 아버지가 노할 것이 분명했다.

식사를 하고 있는데 아내 요안나가 방으로 들어왔다. 요안나는 정말 아름다운 여인이어서, 어느 공간으로든 아내가 들어서면 엘르아살은 지금도 여전히 숨이 멎었다. 아내의 미소를 보면 기분이 좋아졌고, 아내의 커다란 갈색 눈은 볼수록 빠져들었다. 아내는 다정하게 아침 인사를 건네며 그를 포옹하고 뺨에다 가만히 입을 맞추었다.

"어젯밤 만찬은 정말 흥미로웠어요." 요안나는 엘르아살 옆의 쿠션에 기대어 누우며 말했다.

"오, 그랬소? 예루살렘에서 제일 멋진 여자들에게 흥미로웠다는 건가, 아니면 내가 흥미로워할 거라는 뜻인가?" 엘르아살은 싱긋 웃으며 말했다.

요안나는 샐쭉하는 표정이었다. "당신은 아직도 내 꾀를 별거 아닌 걸로 생각하죠?"

엘르아살은 아내 쪽으로 몸을 기울여 가볍게 입을 맞추었다. "당신 꾀를 과소평가해서는 절대 안 되지! 그 꾀가 없으면 나는 영영 길을 잃고 말걸! 그래 뭘 알게 되었는데? 어서 말해 봐요!"

요안나는 장난스레 웃음을 터뜨리며 대추야자 한 알을 야금야금 뜯어먹었다. 그리고는 공연히 의심하는 듯한 눈빛으로 엘르아살을 쳐다보고는 말했다. "안나스 할아버지와 아들들이 이 선지자 예수에 대해 아주 관심이 많으신 것 같아요."

엘르아살은 갑자기 표정이 진지해지며 요안나의 말에 집중했다. "정말? 어떤 부분에 그리 관심이 많으신데?"

"안나스 할아버지가 어제 로마 총독하고 은밀히 만나신 것 같아요." 이 만남이 그리 놀라운 소식은 아니었지만, 엘르아살은 고개를 가로저으며 들릴 듯 말 듯 욕을 했다.

"제 이야기를 듣고 싶은 건가요, 듣기 싫은 건가요?" 요안나는 좀 실망했다는 투로 물었다.

"물론, 듣고 싶지! 계속 말해 보구려."

"빌라도가 자기는 이 선지자한테 관심이 없고 간섭할 생각도 없다고 했대요. 안나스 할아버지한테는 충격적인 소식이었나 봐요. 온 집안이 발칵 뒤집혔대요! 전에 말했다시피, 그 댁 분들은 예수를 심각한 위협으로 보고 있으니까요."

엘르아살은 자기도 모르게 빙긋 웃지 않을 수가 없었다. "그래, 계속해 봐요."

"외할아버지하고 외삼촌들은 로마 지도부의 이 게으른 말에 누가 귀를 기울이겠느냐고 모두에게 말하면서, 로마 총독이 안 하려고 하는 일을 아버님께 요구하고 있다는군요. 안나스 할아버지는 대제사장 가야바가 이제 자기 능력을 보여 주고 도성의 평화에 위협이 되는 것을 제거할 때가 되었다고 힘 있는 제사장 집안들에 말하고 있대요."

외할아버지는 총독의 비위를 맞추려 하지 않고 대신 아버지에게 압력을 가해 대중들에게 인기 없을 게 뻔한 행동을 하게 만들기로 작정한 것 같았다. 가야바를 향해 지도자가 지녀야 할 능력을 보이라고 하는 것은 얼핏 관대한 기회를 주는 것 같지만 사실 이는 스스로 목을 매라고 던져준 밧줄에 불과했다. 늘 그랬듯, 도성의 안전과 평화를 염려한다는 공언은 자기 집안의 정치적 이득을 위한 핑계일 뿐이었다. 외할아버지의 이런 반응은 아버지가 예측하기도 했고 바라기도 한 바로 그 반응이라는 역설이 엘르아살에게 큰 만족감을 주었다.

"그 말을 들으니 외할아버지는 아버님께서 그 일을 맡아야 한다고 생각하신다는 느낌이 들어요." 요안나는 이야기를 이어갔다. "안나스 할아버지는 아버님께서 능력을 보여 줄 것이고 마땅히 해야 할 일을 할 거라고 믿는 것 같아요! 당신은 외할아버지가 아들들과 공모해서 대제사장직을 빼앗으려 한다고 생각하지만, 그런 분이 이런 행동을 하겠어요?"

계속되는 아내의 순진한 말을 듣고 있노라니 엘르아살은 아내가 귀엽기도 했고 그와 동시에 한심하기도 했다. 그는 아내를 향해 다정한, 그러나 어쩌면 살짝 거들먹거리는 표정을 지어 보이며 말했다. "덫이란 게 원래 걸려들기 전에는 늘 매혹적으로 보이기 마련이오, 여보. 내가 장담하는데, 세상일이 늘 눈에 보이는 것과 똑같지는 않아. 섣불리 이렇다저렇다 하지 말고 이 열매가 무르익을 때까지 지켜봅시다."

요안나는 참 알 수 없는 사람이라는 표정으로 고개를 가로저었다. "언제나 이렇게 의심이 많다니까!" 요안나는 엘르아살의 뺨에 입을 맞추고는 그의 어깨에 고개를 기대었다.

"안나스 할아버지 태도에 대한 당신 생각에 동의하지는 않지만, 그 생각을 내게 말해 준 건 고맙소. 소중한 정보요, 당신이 생각하는 것보다 훨씬 더 소중한. 아버지께 말씀드리면 아주 좋아하실 거야. 당신에게서 들은 거라고 아버지께 꼭 전하리다." 엘르아살의 말에 요안나는 사랑스러운 미소를 지었다.

그때 방문을 두드리는 소리가 들렸다. 종이 들어와 다른 손님들이 다 도착해 엘르아살을 기다리고 있다고 알려 주었다. 엘르아살은 시간이 그렇게 되었는지도 모르고 있었다. 아버지는 시간을 안 지키는 것을 싫어하지만, 왜 늦었는지를 알면 틀림없이 이해해 주실 터였다. 엘르아살은 벌떡 일어나 아내의 머리에 입을 맞춰 주고

문 쪽으로 향했다.

방을 나서는데 요안나가 장난처럼 말했다. "우리 도성 구하기 잘 되길 바라요, 여보!" 엘르아살은 놀리지 말라는 듯 눈을 치켜떠 보이고 방에서 나왔다.

아버지의 개인 집무실에 도착해 보니 삼촌 둘과 아버지의 사촌이 무화과와 치즈가 담긴 접시를 놓고 둘러앉아 있었다. 아직 본격적인 의논은 시작되지 않은 것 같았다. 엘르아살은 늦어서 죄송하다고 사과를 하고는 그럴 만한 이유가 있었다는 점을 확실히 했다.

가야바가 발언을 시작했다. "지난번 회의 이후, 할 일이 아주 많았고 아직도 많이 남아 있습니다. 여러분을 오래 붙잡아 두고 싶지는 않지만, 우리 계획에 얼마나 진전이 있었는지 알려드리는 게 중요하다고 생각합니다. 엘르아살, 네가 그 선지자를 감시하는 일을 맡았지. 그자가 아직은 어떤 긴박한 위협이 될 만한 일은 하지 않은 것으로 보인다. 안 그랬다면 내게 벌써 보고가 되었겠지. 우리에게 전하고 싶은 새 소식이라도 있느냐?"

"네, 예수가 아침에 성전 마당에 도착할 때부터 저녁에 떠날 때까지 매일 그에게서 눈을 떼지 않고 있습니다. 아버님 말씀처럼, 어떤 폭력 사태가 가까웠다고 걱정할 만한 행동은 전혀 하지 않았습니다. 그자의 가르침에는 확실히 반(反)로마적인 메시지가 암시되어 있긴 하지만, 로마의 점령을 직접 비판하는 말은 전혀 하지 않습니다. 무기를 들라고 요구하지도 않고 그런 목적을 위해 사람들을 조직하지도 않습니다. 하지만 성전과 우리 지도부를 비판하는 데는 아주 거침이 없고, 우리의 명예를 훼손하는 발언도 많았습니다."

"우리는 이스라엘을 선도하는 제사장들이다." 가야바가 말했다. "그런 모욕에 집중력이 흐트러져 우리 목적을 그르쳐서는 안 된다. 그자가 무슨 말을 하든, 하고 싶은 말은 다 하게 내버려 둬라. 이곳에서는 평화가 최우선이다. 지금으로써는 그자가 사람들을 부추겨 폭력 사태를 일으키거나 어떤 식으로든 반대 세력을 규합하려 한다는 증거가 없다는 게 반갑구나."

"적어도 공개적으로는 그렇습니다." 엘르아살이 말했다. "안타깝게도 그자가 밤에 어디에서 머무는지는 아직 못 알아냈습니다. 그자가 측근들과 모종의 음모를 꾸밀지도 모르는데 우리는 그걸 전혀 모릅니다. 제가 겁나는 건 바로 그런 음모의 가능성입니다."

엘르아살은 큰아버지 아론이 아버지를 흘긋 쳐다보는 것을 눈치챘다.

"그 선지자의 야간 행방 문제에 대해서는 약간의 돌파구가 있습니다." 가야바가 말했다. "지난밤에 새 정보가 들어왔습니다. 아론 형님, 형님이 소식을 전해 주시겠습니까?"

"그러지." 아론이 대답했다. "그 선지자의 측근 제자 중에 무슨 이유 때문인지 자기 선생에게 실망한 자가 있는 것 같더군. 한 밀정의 말에 따르면 그 제자가 예수의 야간 소재를 밝히는 일에 도움을 줄 용의가 있다고 하네. 오늘 오전에 그 제자를 만나 회유를 하려고 하네. 일이 잘되면 사람들 눈에 안 띄게 그자를 체포할 길이 열릴 걸세."

둘러앉은 이들은 아론의 말에 안도하며 기쁨을 감추지 않았다.

"엘르아살." 가야바가 아들을 불렀다. "그 제자를 설득하는 일을 네가 지휘해 주면 좋겠다. 나는 끼어들 수가 없고, 네 삼촌들이나 에스라보다 눈에 덜 띄는 사람이 이 일을 맡는 게 낫겠다는 게 내 생각이다. 우리를 대표해서 네가 그 제자를 만나 얘기해 보겠느냐?"

엘르아살은 아버지의 부탁에 속으로 의기양양했지만, 이번에는 짐짓 욕심이 없는 척 침착하게 대답했다. "네, 물론입니다. 이런 방식으로 섬길 수 있어서 영광입니다. 계획을 구체적으로 말씀해 주십시오, 필요한 일이라면 뭐든 다 하겠습니다."

아버지는 자랑스럽다는 표정으로 엘르아살을 쳐다보며 말했다. "고맙구나, 내 아들. 나는 전적으로 너를 믿는다. 상세한 내용은 회의가 끝나고 큰아버지께서 알려 주실 거다." 가야바는 다시 전체를 향해 말했다. "긴급히 의논할 일이 더 있습니까?"

"공의회의 지지를 얻는 일은 어떻게 되었습니까, 형님?" 시므온이 물었다. "이 선지자를 일단 체포한 뒤 유죄를 선언하는 데 필요한 표를 확보할 수 있을까요?"

"그건 아직 두고 봐야 한다." 가야바가 말했다. "우리와 한 편인 제사장 집안들에 내가 이야기를 했고, 예수에게 유죄 선고를 내리는 건 물론 빌라도가 우리 뜻에 반대할 경우 그에게 예수의 죽음을 요구하자는 우리 입장을 지지하겠다는 약속을 받아냈다. 이 제사장들은 확실히 예수를 우리 도성의 화평을 위협하는 존재로 보고 있다. 바리새인 요나단도 만나 봤는데, 결과는 별로 좋지 않구나. 유력한 바리새파들은 대개 이 선지자를 탐탁지 않아 하지만, 그를 죽이는 일에 가담하고 싶어 하지는 않더구나. 요나단은 심지어 바리새인 중에 은밀히 예수를 지지하는 이도 있고 그래서 어떤 식으로든 예수를 처형하려는 시도가 있을 때는 이들이 역공세를 펼칠 거라고 생각하고 있다."

"요나단이 말하는 바리새인은 아마 이삭의 아들인 아리마대 사람 요셉을 말하는 것 같네요." 시므온이 말했다. "제가 듣기로 그 사람은 이 선지자가 전에 예루살렘에 왔을 때 자기 집에 머물게 했다는군요. 이번 주에 그 사람과 그의 집을 자세히 지켜봤는데, 유감스럽게도 그가 예수와 만난다는 징후는 전혀 없었습니다. 예수 같은 자와 친밀히 교제하는 게 얼마나 위험한 일인지 알고 있는 게 틀림없습니다."

에스라가 끼어들었다. "요셉은 크게 존경받는 사람일 뿐만 아니라 몇몇 바리새파에 영향력이 있습니다. 요나단이 다수를 좌우하지만, 요셉에게서 반대가 나오면 문제가 될 수 있습니다. 그리고 바리새인들의 지지가 없으면 표결이 아주 아슬아슬해질 겁니다. 지지를 좀 더 확보하지 못하면 우리가 바라는 대로 유죄 판결을 받지 못할 수도 있고 예수를 처형하라는 요구가 빌라도에게 설득력을 가질 수 있을 만큼 군중을 모으지 못할 수도 있어서 그 또한 걱정입니다."

"그 점과 관련해 제가 좋은 소식을 전해 드릴 수 있을 것 같습니다." 엘르아살이 말했다. "어젯밤 제 아내 요안나가 버니게와 살로메하고 저녁 식사를 하면서 유익한 소식 몇 가지를 수집해 왔습니다. 안나스 할아버지는 빌라도가 예수를 잡아들일 생각이 없다는 것을 알고 나서, 빌라도는 유약한 총독이기 때문에 아버지께서 예수를 체포함으로써 그 유약함을 벌충해야 한다는 말을 유력한 제사장 가문들 사이에 퍼뜨리기 시작한 게 분명합니다. 안나스 할아버지는 아버지를 이 도성의 유일한 소망으로 내세우고 있습니다. 아버지, 안나스 할아버지의 계획에 대해 아버지께서 예측하신 게 맞는 것 같습니다."

"확실히 그렇군." 가야바가 젠체하며 말했다. "내 예측이 맞았다고 해서 기쁘지는 않지만, 만약 이 정보가 사실이라면 안나스는 물론 그분에게 충성하는 사람들도 우리를 지지해 줄 것으로 기대할 수 있겠구나. 이 정보가 정확하지 않을 가능성도 있지만, 정확한지 아닌지 확인하기는 어렵지 않을 거다. 에스라, 자네가 이 일을 좀 살펴 주겠나?" 에스라가 고개를 끄덕였다.

더 의논할 일이 없었기에 가야바는 회의를 끝냈다. 자리에서 일어나고 있는 이들에게 가야바는 일깨워 주었다. 시간이 촉박해지고 있어서 그날 저녁 다시 모여야 할 수도 있다고.

갈렙
전날 밤늦은 시각에 잠자리에 들어 겨우 몇 시간 자는 둥 마는 둥 했음에도 갈렙은 다음 날 아침 일찍 눈을 떴다. 당연히 피로가 느껴져야 했지만, 전날 밤에 있었던 일과 그날 해야 할 일을 생각하니 힘이 솟았다. 계획은 예상한 만큼 잘 진행되었지만, 아직 더 할 일이 있었다. 갈렙은 아침 일찍, 그 선지자와 군중들보다 먼저 성전 마당에 도착하고 싶었다. 전날 밤 연락책에게 말했다시피, 갈렙이 관심을 두고 있는 그 제자는 예수와 제자들 일행 중에서 특별한 직분을 가진 것으로 보였다. 예수나 다른 유력한 제자가 그에게 모종의 심부름을 자주 시켰다. 지난 이틀 동안 그 제자는 예수 일행을 위해 먹을 것을 사는 일을 맡았고, 게다가 잠깐씩 이들 일행에서 사라질 때도 있었다. 갈렙은 그 제자가 하는 일을 다 확인하지는 못했지만, 이렇게 심부름 다닐 때를 이용해 그에게 접근할 수 있다는 것을 알게 되었다. 갈렙은 그 제자가 예수보다 앞서 성전 마당에 도착해 미리 채비할지도 모른다고 기대했다.

성전 마당으로 먼저 갈 테니 오고 싶으면 이따가 거기서 보자고 야곱에게 쪽지를 남긴 뒤 갈렙은 집을 나섰다. 혼잡을 피하려고 일찍 성전에 도착했지만, 그가 찾고 있는 제자는 아직 보이지 않았다. 꽤 오랜 시간을 기다리고 나서야 갈렙은 그 제자가 일찍 도착할지 모른다는 기대를 접었다.

예수는 어제 그제와 거의 똑같은 시간에 성전 마당에 모습을 드러냈다. 그는 이번에도 역시 미문을 통해서 들어왔다. 제자들이 그를 에워쌌고, 큰 무리가 또 이들을 에워쌌다. 예수는 전에 사람들을 가르치던 그 자리로 또 갔다. 갈렙은 예수가 또 가르침을 베풀 것이라 짐작하고 이미 그 자리에 가 있었다.

전과 달리 갈렙은 예수의 메시지에는 별 관심이 없었다. 예수가 가르치는 동안 갈렙은 유다가 말한 그 제자를 지켜봤다. 키가 작고, 코가 뭉툭하고, 턱수염이 듬성듬성한 사람을. 점은 왼쪽 뺨에 있었다. 다른 제자들은 군중을 통제하느라 여념이 없는데, 그는 아무 일에도 관심 없이 홀로 몽상에 잠긴 듯해 보였다.

예수가 가르침을 시작한 지 한 시간쯤 후, 이 유다가 다른 제자의 어깨를 톡톡 두드리며 무언가 귓속말을 했다. 그 제자가 고개를 끄덕이자 유다는 일어나서 혼잡한 사람들을 뚫고 어딘가로 향했다. 바로 갈렙이 기다려 온 순간이었다. 갈렙은 거리가 너무 벌어지지 않도록 애쓰며 그를 뒤쫓았다. 유다는 먹을 것을 파는 노점으로 가는 것 같았다. 갈렙은 노점에 이르기 전에 유다를 붙들고 싶었다. 유다와 거리가 가까워지자 갈렙은 그를 소리쳐 불렀다. "유다!" 유다는 누가 자기 이름을 부르는가 하는 얼굴로 뒤를 돌아보았다. 갈렙이 손을 흔들자 그는 호기심 어린 표정으로 갈렙을 쳐다보았다. 아는 사람인지 기억을 떠올리려 하는 것 같았다. 갈렙이 가까이 다가갔을 때도 유다는 여전히 어리둥절한 얼굴이었다.

"제가 아는 분이던가요?"

"아닙니다, 사실은 잘 모르실 겁니다." 갈렙이 말했다. "저는 지난 이틀 동안 당신의 선생님 예수의 말씀을 들었고, 당신 이름도 어깨너머로 들었습니다." 어리둥절해 하던 유다의 표정이 단박에 의심하는 표정으로 바뀌었다. 그는 경계하는 눈빛으로 물었다. "제가 뭐, 도와드릴 일이라도?"

"불시에 귀찮게 해드려 죄송합니다. 예수에 관해 그냥 몇 가지 좀 여쭐 수 있을까 해서요."

유다의 의심은 짜증으로 변했다. 그는 고개를 흔들었다. "죄송합니다만, 그분에 관한 질문에는 대답하지 않습니다. 그분이 저기서 가르치고 계시잖아요. 듣고 직접 질문하면 알고 싶은 것 다 알 수 있습니다."

갈렙은 기죽지 않고 말했다. "하지만 아주 유명하신 몇몇 분들도 당신에게 몇 가지 질문을 좀 하려고 하셔요. 그분들에게 시간 좀 내주실 수 있을까요?"

유다는 다시 미심쩍다는 표정이 되었다. 그는 고개를 가로저으며 얼굴을 돌려 버렸다. "그런 일에 내줄 시간이 없습니다."

유다가 몇 걸음을 떼어놓기도 전에 갈렙이 말했다. "시간을 내주시면 적정한 값을 치러 주실 겁니다. 저한테도 그러셨거든요, 덕분에 저는 아주 부자가 되어가는 중입니다."

유다는 걸음을 멈추고 잠시 망설이더니 갈렙 쪽으로 고개를 돌렸다. 얼굴에는 여전히 의심이 남아 있었다. "그 사람들이 누군데요?" 유다가 물었다. "그건 말씀 못 드리지만, 정보를 주시면 후히 값을 치러 주신다는 건 말씀드릴 수 있습니다. 그분들은 자기들이 원하는 정보를 당신이 많이 갖고 있다고 생각해요, 분명 넉넉히 값을 쳐주실 겁니다."

남자는 가부간에 쉽게 결정을 못 하겠다는 듯 하늘을 올려다보았다가 땅을 내려다보았다가 했다. 그리고 마침내 고개를 가로저으며 노점 쪽으로 걸음을 옮겼다. 그 모습을 지켜보노라니 갈렙은 마음이 무거워졌다. 이 남자는 미끼를 물 생각이 없었다. 갈렙은 남자를 조금 더 지켜보다가 예수를 에워싸고 있는 군중 쪽으로 발길을 돌렸다.

하지만 갈렙은 선지자가 하는 말에 집중하기가 힘들었다. 유다와 나눴던 대화가 자꾸 머릿속을 맴돌았기 때문이다. 내가 너무 강하게 나갔나? 너무 공격적이었나? 다른 접근 방식을 써야 했나? 그때였다. 생각에 잠겨 있는 그의 어깨에 누군가가 손을 얹으며 귓속말을 했다. "돌아보지 마시오." 목소리가 말했다. "그냥 듣기만 해요. 당신 친구들을 만나 보겠소. 한 시간 후에 서쪽 벽 가장 남쪽 문 앞에 서 계시오."

갈렙은 갑자기 온몸에 기운이 솟구치는 기분이었다. 하지만 돌아보지는 않았다. 아무 말도 하지 않았다. 몇 분 후, 그는 유다가 좀 전의 위치로 돌아가 있는 것을 보았다. 유다는 빵 자루를 들고서 예수를 따르는 이들에게 나눠 주기 시작했다. 그로부터 한 시간 동안 유다는 아무 일도 없던 듯이 행동했다. 갈렙 쪽은 단 한 번도 쳐다보지 않았다.

시간이 되자 갈렙은 약속 장소인 남쪽 문 바로 안쪽에 서서 유다를 기다리며 동정을 살폈다. 얼마 후 아까 그 목소리가 다시 귓속말을 했다. "문 안으로 들어가요." 고개를 돌려보니 제자 유다가 바로 등 뒤에 서 있다가 갈렙을 통로 안쪽으로 밀기 시작했다. 일단 통로 안으로 들어오자 유다는 갈렙을 밀어붙여 벽에 기대서게 했다. 유다는 재빨리 주위를 살피고 나서 말했다. "당신 친구들을 빨리 만나야 합니다. 오래 자리를 비울 수가 없어요."

"지금 바로 만날 수 있어요." 갈렙이 말했다. "우리를 기다리고 있답니다. 저를 따라오세요."

두 사람은 다시 문을 지나 성전 마당으로 들어갔다. 유다는 누가 따라오지는 않는지 부지런히 살폈다. 두 사람은 서쪽 벽을 따라 쭉 올라가다가 창고 방이 줄지어 있는 주랑 현관의 어느 지점에 이르렀다. 갈렙은 유다를 세 번째 방 앞으로 안내한 뒤 방문을 세 번 두드렸다. 천천히 문이 열렸고, 갈렙은 유다에게 말했다. "안으로 들어가시면 제 친구들이 있을 겁니다." 열린 문 사이로 유다가 방 안으로 들어가는 것을 지켜보자니 안도감이 파도처럼 갈렙의 온몸을 휘감았다. 갈렙이 바라는 것처럼 제사장들과의 이야기가 잘 되면 사촌 유다는 안전할 터였다. 갈렙이 지난 몇 주 동안 애써 부인하려 해 온 죄책감이 가벼워지기 시작했다.

엘르아살

엘르아살의 계획은 아홉 시부터 정오까지 창고 방에서 기다리는 것이었다. 그 시간까지 밀정이 예수의 그 제자와 접촉하지 못하면, 신호를 보내서 계획을 다시 짤 생각이었다. 정오가 가까워지자 엘르아살은 최악의 경우가 걱정되었다. 하지만 정오가 되기 직전 창고 방문을 세 번 두드리는 소리가 들렸다. 그 제자가 도착했다는 신호였다.

방 안에는 엘르아살과 성전 수비대원 한 사람뿐이었다. 수비대원이 문을 열자 짧달막하고 수염이 삐죽삐죽한 남자가 들어왔다. 아론이 말한 것처럼 뺨에 점이 있었다. 이 남자가 바로 그 사람임이 분명했다. 수비대원은 남자가 무기를 가지고 있지 않은지 몸수색을 한 뒤 아무것도 없음을 확인했다. 남자는 다만 은화와 동전이 가득 들어 있는 가죽 쌈지를 지니고 있었다. 남자는 긴장한 얼굴로 방 안을 둘러보았다. "안심하시오." 엘르아살이 말했다. "여기 있으면 안전해요, 이야기도 자유롭게 나눌 수 있고. 만나러 와 줘서 고맙소."

　"시간이 많지 않습니다. 저한테 원하시는 게 뭡니까?"

　"갈릴리에서 온 그 선지자, 예수라는 교사와 가까운 걸로 알고 있소. 그런가요?"

　"아시는 대로입니다." 남자는 퉁명스레 대답했다. "인사는 건너뛰고, 내가 왜 여기 와 있는지 그 이유로 바로 들어갈 수 있겠습니까?"

　"물론이오." 엘르아살이 말했다. "이야기를 시작하기 전에, 이름부터 좀 알 수 있을까요?"

　"나는 유다입니다. 시므온의 아들이지요." 남자가 말했다. "당신 이름은 뭡니까, 제사장님?" 이는 순전히 조롱의 의도로 내뱉은 질문이었다. 엘르아살과 수비대원은 흠칫 놀랐다. 엘르아살은 제사장 의복 차림이 아니었기 때문이다.

　"그렇게 놀란 얼굴 하지 마십시오." 남자가 말했다. "지금은 예복을 안 입었지만 성전 마당에서 당신을 봤습니다. 멀리서 우리를 지켜보고 있었지요. 주변을 살피는 게 내 일이거든요. 나는 바보가 아닙니다."

"그러시겠지요." 엘르아살이 말했다. "하지만 내 이름이 뭔지는 별로 중요하지 않아요. 당신이 정말 우리 일에 관심이 있기만 하다면, 우리한테 정말 많은 정보를 줄 수 있는 사람일 거요. 스스로 생각해 봐도 알 수 있을 거라 믿소."

유다는 두 손을 들어 올리며 엘르아살이 이름을 알려주든 안 알려 주든 크게 개의치 않는다는 뜻을 표시했다.

"그럼 당신이 왜 여기 와 있는지 그 이유로 들어가 봅시다. 우리는 매일 밤 당신과 당신의 선생이 어디에 머무르는지 알고 싶소."

"그거로군요? 그게 왜 알고 싶지요? 그분을 체포하고 싶은 거라면, 바로 밖에 있잖아요. 가서 말하고 바로 잡아들이면 될 텐데요."

"우리가 왜 이런 정보를 원하는지는 당신이 알 바가 아니오." 엘르아살이 말했다. "우리가 알고 싶은 것을 말해 줄 거요, 말 거요?"

"왜 이런 정보를 원하는지 나는 압니다." 남자는 냉소가 실린 얼굴로 말했다. "당신은 겁쟁이입니다. 다들 겁쟁이예요. 너무 겁이 나서 사람들이 보는 데서는 그분을 잡아들이지 못하는 거지요. 당신은 사람들이 두려운 거예요. 그보다 더 분명한 사실은 없지요."

엘르아살은 평정을 유지하려고 애를 썼다. "다시 말합니다. 우리가 이런 정보를 원하는 이유는 당신이 알 바가 아니에요."

남자는 조롱하듯 웃음을 터뜨리며 말했다. "뜻대로 하시오, 제사장 나리. 계속 비밀을 유지해요."

"이 사람이 매일 밤 어디에 머무는지 압니까, 모릅니까?" 엘르아살은 침착을 잃지 않으려 애쓰면서 물었다.

"네, 그분이 어디에 머무는지 압니다, 그리고 유월절에 여기 계시는 동안 어디에 묵을 계획이신지도 다 알아요. 그 모든 채비를 하는 사람이 바로 나니까요. 그런데 내가 진짜 묻고 싶은 것은, 내가 이 정보를 건네주면 당신은 내게 무엇을 주겠느냐는 겁니다. 분명한 것은, 내가 이 정보를 거저 주지는 않으리라는 거예요. 당신은 내게 친구를 배신하라고 말하고 있어요, 아닌가요?"

이번에는 엘르아살이 웃음을 터뜨릴 차례였다. "친구, 라고 했소? 이 사람이 진짜 당신 친구라면 당신이 여기 와 있지도 않을 텐데."

남자의 얼굴에 분노가 번득였다. "그분이 내게 어떤 분인지는 당신이 알 바 아니고, 내가 왜 여기 와 있는지도 마찬가지요!"

엘르아살은 여전히 침착했다. "그렇다고 달라질 건 없소. 당신에게는 분명 나름의 이유가 있겠지. 그 이유가 뭐든 나는 상관 않소. 내가 원하는 건 정보요. 정보를 넘기는 대가로 우리에게 무얼 원하시오?"

엘르아살은 이 남자가 자신에게 정보를 넘기리라는 것을 알고 있었다. 남자가 처음 이 방에 들어서는 순간 확실히 알 수 있었다. 남은 것은 흥정뿐이었고, 엘르아살은 이 남자가 기대하는 것보다 훨씬 더 큰 금액을 줄 용의가 있었다.

"돈이겠지요." 남자가 말했다.

"물론이지요." 엘르아살이 대답했다.

"삼십 드라크마요." 유다가 말했다.

엘르아살은 웃음이 터져 나올 뻔했으나 가까스로 참아 넘기고 보일 듯 말 듯 미소만 지었다. 그는 원래 오백 드라크마를 줄 생각이었다.

"쾌히 응할 수 있는 금액이군요."

"오해하시는군요." 유다가 말했다. "나는 단순히 삼십 드라크마를 요구하는 게 아닙니다. 도성에는 내 가족이 있습니다. 날로 쇠약해져 가는 어머니, 여동생, 그리고 남동생이 있지요. 가족들을 부양하려고 노력해 왔는데, 내가 가진 밑천은 곧 바닥이 날 듯합니다. 내 가족이 새집으로 이사하면 좋겠습니다. 무기한 거주할 수 있도록 말이지요. 그리고 또 내가 원하는 건, 매달 삼십 드라크마를 무기한으로 지급해 달라는 겁니다. 그리고 오늘 첫 달 분의 삼십 드라크마를 받아갈 생각입니다."

생각보다 큰 요구였지만, 엘르아살이 충분히 감당할 수 있는 금액이었다. "빈틈없는 분이시로군, 정말. 하지만 요구를 들어드리도록 하겠소. 가족들은 당신의 요구에 따라 보살핌을 받게 될 거요."

남자는 고개를 끄덕이고 나서 또 말했다. "한 가지 요구가 더 있습니다."

"말해 보시오." 엘르아살이 말했다.

"예수만 잡아가셔야 합니다. 그분을 따르는 이들은 단 한 사람도 해를 입어서는 안 됩니다. 뱀의 머리를 자르면 뱀은 죽습니다. 그분이 일단 죽으면 그분을 따르는 이들은 당신에게 아무런 위협이 안 됩니다. 내가 장담할 수 있습니다."

엘르아살은 잠시 생각에 잠겼다. 빌라도는 이미 예수만 체포하기로 했고, 그래서 이 요구는 쉽게 들어줄 수 있었다. 하지만 엘르아살은 이 남자가 스스로 협상을 잘하고 있다고 느끼게 해주고 싶었다. "의미 있는 요구로군요, 하지만 우리의 주 관심은 예수요. 요구를 들어 드리리다. 그자를 따르는 이들에게는 손대지 않겠소. 자, 이제 조건들에 대한 합의는 끝난 거지요?"

"네, 이 조건들에 동의합니다." 유다가 말했다. "하지만 경고하는데, 어떤 부분에서든 약속을 어기면 후회하게 될 겁니다. 당신과 당신 아내, 당신 아이들을 찾아낼 수 있는 사람들을 내가 알고 있거든요. 만약 그런 약속한 적이 없다고 발뺌하면, 당신 가족 중 누구도 안전하지 못할 겁니다."

이런 협박을 하다니 좀 놀랍기는 했지만, 엘르아살은 이것이 실제 어떤 위력을 지닌 협박이라고는 생각하지 않았다. "협박할 필요는 없어요. 약속은 지킬 겁니다. 장담해요. 하지만 협박을 하려면 먼저 우리가 당신을 신뢰하고 있다는 걸 깨닫기를 바라요. 당신 선생이 우리 계획을 알아차린 게 확실해지거나 당신 정보가 거짓으로 드러나면, 당신과 당신 가족은 물론 예수에게 충성하는 모든 친구까지 고통을 겪게 될 거요. 확실히 말해 두는데, 우리에게는 힘이 있어요, 아마 당신보다 더 큰 힘이." 이 말과 함께 엘르아살의 얼굴에는 음산한 미소가 번졌다.

"그럼 배신자들끼리 서로 신뢰하기로 약속해야 하는 거로군요."
유다는 빈정대듯 말했다.

"그래요." 엘르아살이 맞장구쳤다.

엘르아살은 이후 나흘 동안 예수가 밤에 머물기로 한 곳을 알아
냈다. 유월절이 지나고 일요일에 도성을 떠나는 게 예수의 계획인
것 같았다. 그런데 더 흥미로운 것은, 다음 날 저녁 예수와 측근 제
자들이 성전에서 기드론 골짜기 건너편에 있는 감람산 서쪽 면의
겟세마네 동산에서 모이려 한다는 사실이었다. 유다는 다음 날 밤
동산의 집결지까지 엘르아살을 안내하겠다고 성의를 보였다. 이는
유다가 엘르아살을 직접 도울 유일한 기회일 터였다. 그날 밤 저녁
식사 후 예수와 다른 제자들이 동산에 모여 있는 동안 유다는 따로
빠져나와 예수가 밤에 묵을 곳을 찾아 두기로 되어 있었기 때문이
다. 숙소를 마련하러 다녀야 하는 그 시간에 예수 체포조를 만나겠
다는 것이었다. 엘르아살은 아버지가 유다의 이 제안에 따라 예수
를 체포하려고 할지 확신이 서지 않았지만, 어쨌든 실현 가능성 있
는 일이고 흥미롭기까지 했다.

엘르아살은 삼십 드라크마를 세어서 유다에게 주고 그의 가족이
사는 곳의 주소를 받았다. 도성에서도 가난하기로 악명 높아서 유
독 달갑지 않은 동네였다. 엘르아살은 일주일 안에 도성에서 훨씬
더 살기 좋은 곳에 가족들의 새 거처를 마련해 주겠다고 유다에게
약속했다. 그리고 가족들은 잘 보살핌 받으리라고 유다를 다시 한

번 안심시켰다.

　유다는 이제 가봐야 한다며 몸을 일으켰다. 그러나 문에 이르기 전 그는 엘르아살을 돌아보며 말했다. "내가 이 분을 왜 배신하려고 하는지 당신은 신경 안 쓸지도 모르겠습니다. 장담컨대 내 친구이자 친구 이상인 분을 말이오. 그런 짓을 하는 나를 나쁜 놈이라 생각할지 모르지만, 나도 좋아서 하는 짓은 아니라는 걸 분명히 말해 둡니다." 유다는 잠시 말을 멈추었다. 눈물을 참는 것 같았다. "정말 가슴이 찢어지는군요. 내가 할 수 있는 말은, 한때 그분이 해주실 것이라 믿었던 일, 그 일을 그분은 하지 않으시리라는 걸 이제 내가 안다는 것뿐이오. 설령 그렇더라도, 이게 내 목숨만 걸린 일이라면 나는 그분을 위해 죽을 수도 있소. 하지만 내게는 딸린 가족이 있고, 이들을 생각하지 않을 수가 없지. 순교자로 내 목숨을 바치는 게 가족들의 목숨까지 포기한다는 의미라면 도저히 그렇게 할 수가 없는 거요. 나는 당신이 머릿속에 그리고 있는 그분의 최후를 그분도 자신의 최후로 구상하고 있다고 믿고 거기서 위로를 얻을 뿐이오."

　유다는 그렇게 말하고 방에서 나갔다.

6.
책략

엘르아살

배반자 유다와 대화를 나눈 지 이십사 시간이 지나자 아버지가 처음 틀을 잡은 계획이 최종 형상을 갖추었다. 이들은 예수와 제자들이 겟세마네 동산에 모여 있을 때 예수를 체포할 생각이었다. 이렇게 하면 예수가 다른 누군가의 집안에 있을 때보다 체포 작전이 훨씬 은밀하게 진행될 터였고, 이웃 사람들이 체포 소식을 퍼뜨릴까 봐 걱정할 필요도 없었다.

엘르아살이 체포 작전을 지휘하는 동안 아버지와 삼촌들은 대공의회를 소집하기로 했다. 바리새파들은 지지를 거부했기 때문에 이들에게는 회의가 소집된다고 짤막하게 공지만 했다. 선지자 본인에게나 혹은 가야바 집안의 계획을 훼방하려는 이들에게 말이 새어나가지 않도록 하기 위해서였다. 가야바에게 충성하는 제사장 집안들은 처음부터 이 계획을 지지하기로 약속하고 회의가 소집되기를 기다리고 있었다. 안나스도 가야바를 은밀히 만나 지지를 약속했다. 이렇게 해서, 바리새인들의 반대에도 불구하고 가야바는 예수에게 유죄 판결을 내리는 데 필요한 지지표를 다 모을 수 있었다. 이 선지자에게 죄를 묻겠다고 약속한 이들은 다음 날 빌라도에게 이 자를 처형할 것 또한 요구하겠다고 굳게 약속했다. 그리고 총독이 모습을 드러내면 실제로 수많은 항의자 무리가 모여들 터였다.

예수가 공개적으로 심문당할 것이라는 이야기를 도성 전체에 퍼뜨릴 계획도 착착 마련되었다. 밀정들이 재판을 현장에서 보고, 사람들이 많이 오가는 지역에 가서 현장에서 있었던 일을 알리기로 했다. 모든 게 잘 진행되면 예수는 다음 날 아침 십자가형으로 처형당할 터였다. 처형이 아침 일찍 집행될 것이고, 사람들은 유월절을 준비하는 데 여념이 없을 것이고, 로마는 이 일과 무관하다고 각본을 짠 것을 고려하면, 선지자의 죽음이 폭력 사태로 반발을 불러일으키지는 않을 거라고 기대할 만했다.

엘르아살과 성전 수비대장이 예수 체포 계획을 검토하고 있는 사이, 오후 시간은 천천히 흘러갔다. 성전 수비대는 로마 병사들보다 전투 훈련은 훨씬 미비했지만, 무장이 잘 되어 있어서 예수와 그 추종자들을 제압하고 제 역할을 해낼 수 있을 것이 확실했다. 엘르아살은 수비대원 오십 명을 골라 뽑아 체포조를 구성했다. 듣기로는, 열다섯 명 또는 스무 명이 그 선지자와 함께 다니는 것 같다고 했다. 체포조를 둘로 나누어, 양쪽에서 예수와 그 일행을 에워쌀 계획이었다. 이렇게 하면 도망치려는 시도를 차단할 수 있었다. 엘르아살은 선지자가 순순히 항복하게 해야 한다는 점을 분명히 했다. "이 사람이나 따르는 이들을 어떤 식으로든 먼저 공격해서는 안 된다"고 그는 말했다. "하지만 착각하지는 마라. 저들이 저항하려고 한다면, 그때는 마음 단단히 하고 대응해야 한다!" 말은 안 했지만, 저항이 있었으면, 그래서 더 큰 영광을 얻을 기회가 생겼으면 하는 것이 엘르아살의 은근한 바람이었다.

　저녁 무렵이 되자 엘르아살은 가볍게 저녁을 먹고 성전 산 북쪽 주랑 현관 아래서 수비대원들을 만났다. 이들은 여기서 유다를 만나, 그의 안내에 따라 감람산의 겟세마네 동산 예수가 있는 곳까지 갈 예정이었다. 한동안 기다렸더니 유다가 도착했다. 긴장되고 흥분된 모습이었다. "일행에게서 빠져나온 지 한 시간 됐어요." 유다가 엘르아살에게 말했다. "지금쯤 저녁 식사를 하고 동산에 가 있을 겁니다."

　"한 시간 동안 어디에 있었소?" 엘르아살이 의심하는 표정으로 물었다.

　"그게 제사장께서 상관할 일인지 잘 모르겠군요." 유다가 냉정히 받아쳤고, 그 당돌한 태도에 수비대원들은 흠칫 놀랐다. "꼭 아셔야겠다면 말씀드리죠. 가족들을 만나고 왔습니다. 돈을 주면서 한동안은 나를 못 볼지 모른다고 했지요. 내가 없어도 부족한 것 없이 지내게 될 거라고요." 그렇게 말하면서 유다는 차갑고 의미 있는 눈빛으로 엘르아살을 응시했다. 엘르아살은 고개를 끄덕였다. 유다와 약속한 것은 이미 실행되고 있다는 뜻이었다.

엘르아살은 대원들을 향해 말했다. "이제 출발할 시간이다. 기억하라, 우리는 어둠을 틈타 접근한다. 등불이나 횃불은 없다. 달빛만으로도 충분히 길 안내를 받을 수 있다. 우리는 기습 공격을 할 생각이다. 목표물에 충분히 접근하면 내가 횃불을 밝힐 것이고, 그것을 신호 삼아 너희도 횃불을 밝혀라. 그런 다음 선지자와 그 일당을 에워싸고 순순히 항복하라고 요구할 것이다. 그자가 항복하지 않으면 체포한다. 산 채로 잡아야 한다."

체포조의 조장들이 고개를 끄덕였다. 체포조는 여기서 둘로 나뉘어, 한 조는 안토니아 요새를 통해 도성 북쪽으로 빠져나갔고, 또 한 조는 엘르아살이 직접 이끌고 성전 산 남쪽 출구로 나갔다. 미문은 감람산에서 잘 보일 수 있기 때문에 그 문은 피했다. 이들은 북쪽에서는 예수 일행을 측면 공격하고 남쪽에서는 혹여 도주하는 자들을 막기로 했다.

엘르아살 일행은 어둠 속에서 천천히 이동했다. 겟세마네 동산은 산기슭에 있었다. 이곳은 감람나무가 많고 감람유 짜는 커다란 틀이 있어 이 지역에 엄청난 양의 감람유를 공급하는 곳으로 유명했다. 유다는 예수와 제자들이 감람유 틀의 바로 북쪽인 동산 한가운데서 기도를 하고 있을 거라고 했다. 엘르아살 일행은 남쪽에서 감람나무 숲으로 들어와 소리 없이 천천히 이동했다. 동산 한가운데로 다가가자니 사람들의 목소리가 들렸다. 유다는 앞으로 계속 진행하라는 뜻으로 손을 흔들어 보였다. 예수 일행에 조금씩 다가가던 이들은 나무들 사이에 빈 터가 하나 있는 것을 보았다. 빈 터에는 스무 명 남짓한 사람들이 모여 있었다. 몇몇은 선 채로 기도 중이었고, 몇몇은 잠든 것으로 보였다. 작은 모닥불이 흐릿한 빛을 던져 주고 있었다. 엘르아살은 북쪽에서 접근하기로 한 다른 조가 반대편 숲에 도착할 시간을 주려고 잠깐 기다렸다. 그리고 잠시 후 그는 횃불을 밝혀 들었고, 빈 터에 있던 몇몇 사람들이 이 불빛에 주목했다. 하지만 불빛을 본 사람은 이들만이 아니었다. 엘르아살 건너편에 계획대로 위치를 잡은 또 한 체포조도 이 불빛을 보고 횃불을 밝혀 들었다. 활활 타오르는 횃불이 순식간에 둥그런 대형을 이루어 빈터에 모여 있는 사람들을 포위했다.

예수의 제자들 사이에 돌연 공포 분위기가 감돌았다. 한두 명은 도망을 쳐서, 동쪽에 아직 남아 있던 작은 틈으로 빠져나갔다. 어떤 이들은 짐 보따리가 있는 곳으로 기어가서 무기를 꺼내 쥐었다. 칼도 나오고, 단검도 나오고, 심지어 도끼까지 나왔다. 칼을 든 사람 하나가 성전 수비대원의 투구를 내리쳤다. 불시에 공격을 당한 수비대원은 어리둥절해 하며 쓰러졌고, 그의 머리에서는 피가 흘러 나왔다. 싸움을 피할 수 없을 듯해 보였고, 엘르아살은 전신에서 큰 힘이 솟구치는 것을 느꼈다.

그러나 그때, 혼돈의 와중에서 큰 목소리 하나가 외쳤다. "됐다! 무기를 내려놓아라!" 예수의 제자들은 그 목소리의 주인이 자신들의 선생인 것을 알아차렸지만, 선생의 말에 이들은 충격을 받은 것 같았다. 제자들은 천천히 무기를 내려놓고 예수 쪽으로 움직였다. 예수가 한 발짝 앞으로 나서며 물었다. "대장이 누구요?"

늘어선 나무 사이에서 엘르아살이 걸어 나오며 말했다. "나, 엘르아살, 대제사장 가야바의 아들이 이들을 지휘한다. 나는 대제사장의 권한을 위임받아 움직이고 있다. 내가 여기 온 것은 모반(謀反)과 예루살렘 성의 평화를 어지럽힌 중범죄 혐의로 갈릴리 사람 예수를 체포하기 위해서다."

"당신이 찾는 사람이 바로 나요." 예수가 말했다. "지금 보니 내 친구를 데리고 오셨군. 유다, 무슨 일로 이렇게 오래 지체했는지 궁금했다." 예수의 목소리에는 서글픔이 어려 있었다.

유다는 수비대원들 사이에서 모습을 드러냈다. 그가 수비대원들과 함께 있는 모습에 지금까지 그의 친구였던 이들의 얼굴에 공포와 충격이 드리웠다.

엘르아살이 목소리를 높여 다시 말했다. "평화적으로 체포하는 게 우리의 목적이지만, 만일 저항하면 자비는 없다. 숫자도 우리가 월등히 많고 무기도 우리가 더 많다." 엘르아살이 보기에, 무기를 내려놓으라는 지시도 있고 눈앞의 병력 규모를 봐도 그렇고 예수의 추종자들은 싸울 의지를 잃은 것 같았다. 엘르아살은 이 점을 놓치지 않고 말했다. "우리의 관심은 오로지 너희 선생에게만 있다. 나머지는 가도 좋지만 따라오는 것은 허용하지 않는다." 엘르아살의 말에 이들은 어찌할 바를 모르고 서로를 쳐다보았다가 선생을 쳐다보았다가 했다. 침묵이 흐르는 사이, 한 사람이 검을 내려놓고 재빨리 무리에게서 빠져나와 수비대원들을 지나쳐 어둠 속으로 사라졌다. 그것을 신호로 마치 도미노가 쓰러지듯 사람들이 연이어 빠져나갔다. 줄지어 서 있는 수비대원들 옆을 지나치자마자 모두 하나같이 꽁무니가 빠지게 도망쳤다. 몇 분 사이에 그 선지자 혼자 남았다.

"저항하지 않겠소." 그가 말했다. "하지만 내가 날마다 성전에서 공개적으로 설교하고 있는데 굳이 밤에 체포하러 온 게 이상하오." 선지자는 그렇게 말하며 의미를 알 듯 말 듯한 미소를 지었다.

"묶어라!" 엘르아살이 명령하자 수비대원 두 명이 거침없이 달려들어 예수의 두 손을 포승줄로 묶었다. "이 자를 대제사장님의 집으로 끌고 가라. 거기서 공의회가 열리고 있다."

겟세마네 동산을 출발할 때까지도 엘르아살은 유다가 보내는 그 어떤 신호도 보지 못했다. 그 배신자는 어느새 사라지고 없었다. 그리고 엘르아살은 그자를 두 번 다시 보지 못했다.

도성으로 다시 들어와 엘르아살의 집까지는 아무 일 없이 신속히 도착했다. 성전 마당을 통과하면서 엘르아살은 동행했던 수비대를 해산시키고 네 명만 데리고 집으로 갔다.

대제사장의 집에 도착한 이들은 공의회가 소집된 넓은 방으로 들어갔다. 공의회는 보통 성전 산에 있는 '깎은 돌로 만든 방'(Hall of Hewn Stones)에서 열렸지만, 이날은 밤이 늦은 데다 사안이 긴박해서 대제사장의 집에서 모일 수밖에 없었다. 공의회는 칠십일 인으로 구성되었는데, 제사장과 유력한 바리새인, 다수의 서기관 등 유대 백성에게 존경받는 원로들이 구성원이었다. 이날은 대다수 회원이 회의에 참석했다. 엘르아살이 도착해 보니 방 안에는 사람들이 가득 들어차 서로 대화하고 바쁘게 움직이느라 소란스러웠다. 계획한 대로, 예수는 가야바가 공의회 회원들에게 상황 설명을 마칠 때까지 밖에서 기다려야 했다. 엘르아살은 아버지와 시선을 주고받으며 모든 게 순조롭게 진행되었으니 이제 회의를 진행해도 된다는 신호를 보냈다. 가야바는 알았다는 듯 고개를 끄덕였다.

엘르아살의 아버지가 천천히 좌중 앞으로 나가고 있을 때 니고데모라고 하는 한 바리새인이 목소리를 높여 말했다. "가야바, 이 회의의 목적이 뭡니까? 이렇게 늦은 밤에 왜 우리를 소집한 겁니까? 게다가 유월절 전이지 않습니까? 언제까지 우리를 이 깜깜이 상태에 잡아둘 겁니까?" 니고데모는 방 안을 한 번 둘러보고 난 뒤 또 말했다. "정말 아무것도 모르는 사람들이 있다고요!"

가야바는 아무 대답도 없이 조용히 하라는 신호를 보냈다. 시끄러운 소리들이 서서히 잦아들자 가야바가 말했다. "오늘 밤 왜 이곳에 소집되었는지 모두 궁금해하신다는 것 알고 있습니다."

'그렇지요, 적어도 몇 사람은.' 엘르아살은 그렇게 생각했다.

"많은 분이 알고 계시다시피, 이번 주에 우리 도성의 화평을 크게 위협하는 일이 생겼습니다. 지난 일요일에 한 선지자가 나귀에 올라타고 마치 정복왕처럼 우리 도성으로 들어왔습니다. 구원을 부르짖는 우리 백성들의 찬송과 찬양을 받으며 말이지요. 그날 그자는 우리의 성결한 제도인 성전과 존귀한 성전 지도자들의 권위와 권세에 이의를 제기했습니다. 그때부터 그자는 성전 마당에서 날마다 불충한 발언을 했습니다. 백성들을 선동해 폭력 사태를 초래하려는 발언이었습니다. 그런 폭력 사태가 도성 전체에 소동을 일으키고 도성의 안정을 무너뜨리는 결과를 낳으리라는 것을 우리는 다 알고 있습니다. 그자는 또 하나님의 성결한 성전과 그 성전을 지도하는 이들을 자꾸 모욕합니다. 주요 제사장들과 저는 이 사람이 우리 도성에 큰 위협이며, 이 자가 백성들을 동요시켜 폭력 혁명을 일으키는 일이 없도록 신속히 처리해야 한다고 판단했습니다."

무리 중의 한 바리새인이 고함을 질렀다. "그자가 우리 도성에 위협일 수는 있지만, 이것은 빌라도가 해결해야 할 문제 아닙니까? 이 사람의 유죄나 무죄를 밝히는 게 우리와 무슨 상관입니까?"

"제가 아직 발언 중인데 끼어드신 것은 유감입니다만, 질문은 아주 적절했습니다, 나다니엘." 가야바가 대답했다. "빌라도는 이 사람이 전혀 위협이 안 된다고 판단했고 따라서 이 자를 체포할 생각이 없다고 제게 말했습니다."

안나스가 일어나 참견을 했다. "실례이오만, 내 아들이여." 엘르아살이 알기로 아버지는 안나스가 자신을 '아들'이라 부르는 것을 혐오했다. "여기 계신 내 모든 형제를 위해, 그대의 말이 사실이라는 것을 내가 확인해 주고자 하오. 빌라도는 내게도 똑같은 말을 했소. 빌라도의 선택은 그가 겁쟁이라는 사실을 보여 주었고, 결과적으로 우리를 위협하는 폭력 사태에서 도성을 보호하는 일은 우리의 책임이 되어 버렸소. 우리는 이 골치 아픈 선지자를 우리 손으로 처리해야 하오. 오늘 밤, 우리에게는 결단력과 힘이 요구되고 있소." 안나스는 가야바 쪽을 돌아보며 말했다. "가야바, 그대가 지금 우리에게 보여 주고 있는 그 결단력과 힘이!"

가야바는 존경이 담긴 표정으로 장인을 향해 고개를 끄덕여 보였다. "감사합니다, 대제사장님. 제 체면을 세워 주시는군요. 우리 총독과 관련해 해주신 말씀이 참으로 옳습니다." 엘르아살은 음흉한 외할아버지에게 아버지가 이렇게 어쩔 수 없이 존경을 표해야 한다는 사실이 역겨웠다. "로마가 행동하지 않으면 우리가 행동해야 합니다! 우리 도성의 안전은 우리의 최대 관심사이며, 이 갈릴리인 선지자는 중대한 위협입니다." 그때 이삭의 아들 요셉, 곧 이 선지자에게 동조하고 있다고 의심을 사고 있는 바리새인이 가야바의 발언을 또 가로막았다. "그가 우리 도성에 그 정도로 위험한 존재라면, 대제사장님, 왜 여태까지 기다리고 있다가 이제야 체포하는 겁니까? 그것도 한밤중에요? 그 사람은 날마다 성전 마당에서 평화적으로 사람들을 가르쳤는데, 대제사장께서는 지금, 대 절기인 유월절 전날 저녁에 그 사람을 체포하시는군요. 그리고 이런 회의는 관례상 심히 옳지 않습니다. 저는 대제사장의 저의에 의문을 품지 않을 수가 없습니다."

"적정한 재판 절차에 따라 발언 기회를 얻을 수 있을 것입니다, 요셉. 듣고 싶은 말은 다 들으실 수 있을 겁니다." 가야바가 말했다. "하지만 이 체포 시기에 관한 한, 숨겨진 의안이나 그릇된 동기가 영향을 끼치지는 않았다는 것을 장담합니다. 다만 이 사람이 제기하는 위험과 관련해 빌라도가 아무 대응도 안 하려 한다는 것을 최근에 알았고, 그래서 이 사람을 저지하려고 우리로서는 최대한 신속히 움직였을 뿐입니다. 유월절 전에 이 자를 체포하는 건 피할 수 없는 일이었습니다."

"제가 보기에 그건 그저 편의에 따른 일이군요." 요셉이 또 가야바의 말에 끼어들었다. 요셉의 이 발언에 힘입어 그의 뒤에 앉아 있던 바리새인들 사이에서 불평이 새어나왔고, 다수의 제사장에게서도 비슷한 반응이 나왔다. 공의회원들 사이에 의견이 나뉘고 있는 게 확실했다.

엘르아살은 예수를 체포해서 심문하는 일에 반대하는 이들이 있다는 사실이 성가셨다. 예수에게 유죄 판결을 내려서 빌라도 앞에 끌고 가자고 할 때 이에 찬성하는 표는 충분히 얻을 수 있을 테지만, 이 사람을 무언가 보호할 만한 가치가 있다고 여기는 이 바리새인들의 무분별함에 마음이 어지러웠다.

가야바는 다시 좌중을 진정시키면서 순서에 따라 모두에게 발언 기회가 주어질 거라고 되풀이해서 말해 주었다. 그런 다음 그는 예수를 불러들여서 그가 치안을 방해하고 사회 질서를 어지럽혔다고 혐의 내용을 읽어 주었다. 이런 혐의에 대해 그 선지자는 아무 말도 하지 않았다. "고발 내용을 알아듣겠는가?" 가야바가 물었다. 역시 선지자는 아무 말도 하지 않고 고개만 끄덕였다.

엘르아살은 이 선지자의 마음을 읽으려 애를 썼다. 하지만 그가 어떤 생각을 하는지 꼭 집어 말하기는 힘들었다. 예수는 화가 난 것 같지도 않았고 겁을 내는 것 같지도 않았다. 슬퍼… 보이는 것일까? 그렇다, 그거였다. 슬픈 듯한 얼굴.

"이제 이 사람을 고소하는 증언을 들어 보겠습니다. 우리 율법의 거룩한 명령에 따라, 두 사람이나 그 이상 증인들의 증언으로 뒷받침되지 않는 한 그 어떤 혐의도 공의회의 표결 대상으로 고려하지 않을 것입니다."

증인 몇 사람이 등장했다. 이들은 예수가 도성에 들어올 때의 모습을 설명하면서 거기에 치안 방해 요소가 있었다고 증언했다. "그 사람은 왕 행세를 한 것이 분명합니다." 한 증인이 그렇게 주장했다. "그 사람은 군중들이 자기를 부르면서 우리 도성에 구원을 달라고 외칠 때 이들을 진정시키려는 그 어떤 노력도 하지 않았습니다." 또 한 증인이 말했다. 여러 증인이 예수가 성전 마당에서 보인 모습을 증언했다. 이들은 예수가 돈 바꿔 주는 이들의 상을 뒤엎었다고 했고, 짐승 파는 이들을 위협했다고 했지만, 그런 행동이 어떤 의미인지에 대한 해석은 제각각이었다. 어떤 이는 이를 예루살렘의 지도자들에 대한 반역 행위로 보았다. 어떤 이는 이를 성전 자체가 무너질 것을 상징하는 행동으로 보았으며, 어떤 이는 심지어 성전이 무너질 날이 가까웠다고 예수가 말하는 것을 들었다고 했다. 또 어떤 이는 예수가 성전을 허물겠다고 말하는 것을 들었다고 했고, 어떤 이는 이 증언에 이의를 제기했다. 다수의 증인이 예수가 성전 지도자들의 명예를 훼손했고 지도자들의 권위, 곧 로마와 하나님께서 확고히 해준 권위에 도전했다고 증언했다. 예수의 이런 가르침은 반역적이었고, 어떤 이들이 보기에는 신성모독적이기까지 했다. 사실상 마지막 한 사람에 이르기까지 이 증인들은 예수가 도성의 평화를 당장에라도 위협할 수 있는 존재라고, 그의 행동을 보면 사람들을 선동한 죄가 드러난다고 주장했다.

증인들이 증언을 다 마친 후 가야바는 예수 쪽을 돌아보며 이 혐의에 대해 뭐든 자신을 변호할 말이 있느냐고 물었다. 예수는 그저 고개를 가로저었고, 이를 본 공의회 회원들의 반응은 놀라움이었다. 가야바는 곧 다시 물었다. "피고가 자기를 변호하지 않는데, 혹시 여러분 중에 피고를 대신해 발언하고자 하는 분 계십니까?"

회의 시작 때 발언했던 바리새인 요셉이 자리에서 일어나더니 천천히 좌중 앞으로 나섰다. 여기저기서 수군거리는 소리가 시작되었지만, 그가 동료 공의회원들을 쭉 둘러보며 서 있자 수군거리는 소리는 서서히 잦아들었다. 이윽고 요셉이 이들을 향해 발언하기 시작했다. "오랜 역사를 지닌 이 정직한 공의회의 회원님들, 오늘 밤 우리는 이 아름다운 도성의 백성들에게 사랑받는 한 선지자의 유무죄를 결정하는 투표를 요청받았습니다. 그의 혐의가 유죄임을 뒷받침하는 여러 가지 자세한 증언을 들었습니다. 하지만 저는 그의 무죄를 주장합니다. 무엇보다 먼저, 여러분 모두에게 묻습니다. 이 사람에게 정확히 어떤 죄가 있습니까? 다가올 하나님의 나라에 대해 말한다고요? 오, 부끄럽습니다! 이런 혐의에 대해서라면 이 방에 있는 바리새인들은 물론 우리 땅에 사는 바리새인들을 하나도 빠짐없이 다 체포해야 할 것입니다. 이들 모두가 우리 가운데 밝아올 그런 새로운 하나님의 나라를 뜨거운 기대감으로 기다리고 있으니까요. 게다가 우리 백성들에게도 그렇게 하기를 가르치고 있지 않습니까! 여러분 사두개인들은 그런 미래를 꿈꾸게 하는 선지자뿐만 아니라 그런 꿈 자체를 거부하실 수도 있지만, 그래도 우리는 아주 평화롭게 함께 살 수 있습니다. 여러분들은 그런 소망과 가르침을 이유로 우리를 치안 방해죄로 로마 측에 넘기지는 않으십니다. 왜 아니겠습니까? 우리는 비폭력에 깊이 전념했고, 로마 점령자들을 상대로 한 그 모든 폭력적 저항 관념을 거부하기 때문입니다. 제가 여러분에게 묻겠습니다. 이 문제와 관련해 이 사람이 정말 뭐가 다른 점이 있습니까? 이 사람이 칼을 들었나요? 칼을 들라고 누구에게 지시했습니까? 그럴 수도 있다는 두려움을 저도 이해합니다. 하지만 그런 두려움이 생길 만큼 이 사람이 정말로 무슨 범죄를 저질렀습니까? 저는 아니라고 생각합니다!"

"그리고 이 사람이 성전과 성전 지도자들, 즉 지금 이 방을 가득 채우고 계신 분들을 비판한 문제에 대해서는 어떻게 생각해야 할까요? 이 사람은 여러분들 다수를 비판했습니다. 하지만 여러분들 일부가 서로를 비판하는 말보다 더 심한 말을 하지는 않았습니다!" 요셉은 가야바에서 시작해 안나스에게로 천천히 시선을 옮기며 말했다.

"사실, 우리 일부 바리새인들도 여러분 같은 유력한 사두개인들에 대해 이따금 고약한 말을 한두 마디 할 수 있습니다. 여러분 사두개인들도 저희 바리새인들에 대해 역시 그럴 때가 있다는 걸 저는 의심하지 않습니다. 그러나 그런 말들, 그런 비판이 정말 범죄입니까? 만약 범죄라면, 자기 손을 자기가 묶고 앞으로 나와 이 사람과 똑같은 처벌을 받으세요. 사실 여러분 중에는 이 사람을 위협으로 여기는 이들도 있습니다. 그리고 아주 솔직히 말해, 저는 우리 총독이 이 사람을 위협으로 여기지 않는다는 사실에 어안이 벙벙했습니다. 그러나 위협이든 위협이 아니든, 나는 이 공의회가 이 사람에게 유죄 판결을 내릴 그 어떤 근거도 찾지 못하겠습니다. 만약 로마가 이 사람을 유죄로 여긴다면 그렇게 하라지요."

요셉의 말을 듣고 있던 사람들 사이에서 누군가가 고함을 쳤다. "이 사람이 정복왕으로 입성한 것에 대해서는 어떻게 생각하시오? 정말로 그런 행위가 있었다면 이는 치안 교란 행위입니다! 그건 부인할 수 없어요, 요셉!"

요셉은 그 비난의 말이 들려온 방향을 바라보며 말했다. "지금은 제게 발언권이 있는 줄로 압니다만, 요나단. 그래도 간단한 질문 하나로 그 혐의에 대해 말씀드리자면, 어떤 사람이 백성들에게 인기가 있다는 이유로 그 사람을 정죄해야 합니까? 뉘라서 대중을 제어할 수 있습니까? 치안 교란이라는 혐의를 씌우려면 백성들의 인기와 종려나무 가지만 가지고는 안 됩니다."

별로 설득력 없는 변론이었고, 요셉 자신도 이를 알고 있는 것 같았다. 요셉이 앞서 한 발언은 좌중이 경청했지만, 이번 발언은 비웃음을 샀다. 반응이 이러하자 요셉은 자기 자리로 돌아갔다.

가야바가 다시 앞으로 나왔다. "이 사람을 변론하실 분 또 있습니까?" 다른 누구도 앞으로 나서려 하지 않는다는 것을 확인한 가야바는 이렇게 말했다. "발언하실 분이 더 없으면 관례대로 이 사람의 유무죄 여부를 공개 표결에 부치겠습니다. 치안을 방해하고 화평을 어지럽힌 범죄와 관련해 이 사람이 무죄라고 여기시는 분은 손을 들어 주십시오."

예상했던 대로 바리새인들은 요셉의 지휘를 따라 손을 들었다. 그러나 곧이어 유죄라고 여기는 사람은 손을 들라고 하자 거의 오십여 개의 손이 들려 이 선지자의 운명을 결정지었다. 가야바는 예수의 얼굴을 쳐다보며 혐의에 대해 유죄가 선언되었음을 알렸다. 그리고 공의회에 하고 싶은 말이 없는지 다시 한 번 물었다. 이번에도 그는 아무 말이 없었다.

예수가 침묵을 지키자 가야바는 이제 공의회를 향해 말했다. "여러분들은 이 사람이 사형에 해당하는 범죄를 저질렀다고 판결하셨습니다. 그러나 아시다시피 우리에게는 사람을 살리고 죽일 권한이 없습니다. 그래서 이제 이 사람을 빌라도에게 데려가서 공의회의 뜻을 존중해 주기를 요청해야 할 것입니다."

가야바의 이 말에 요셉과 요셉 지지자들은 자리를 박차고 일어나 나가버렸다. 가야바는 이들이 회의장을 이탈했다는 사실에 아랑곳하지 않은 채 발언을 계속했다. "시간이 늦었습니다. 모두 귀가하셔서 잠을 좀 주무시기 바랍니다. 그리고 아침 일찍 헤롯 궁으로 모두 모여 주시길 청합니다. 빌라도가 여전히 행동 방침을 바꾸지 않았다면, 우리의 요청을 들어주지 않으려 할 수도 있습니다. 공의회의 요청을 지지하는 이들과 함께 공의회 구성원들이 더 많이 모일수록, 총독을 설득할 가능성도 높아질 것입니다." 이 말에 많은 이들이 구두로 지지를 표했다.

얼마 후 공의회 회원들이 다 돌아가고, 성전 수비대는 예수를 사람들의 눈에 띄지 않는 한 방으로 데려갔다. 방 안에는 침대가 놓여 있어서 원한다면 잠을 잘 수도 있었지만, 예수는 손이 묶인 상태로 수비대원들과 함께 문가에 머물렀다.

온종일 이런저런 일들로 고단했던 엘르아살은 잠자리에 들었다. 내일도 긴 하루가 될 것이 틀림없었다.

갈렙

그동안 밤잠을 못 이루던 갈렙은 오랜만에 숙면을 하고 동트기 전 깨어났다. 오늘은 이런저런 일들이 많을 게 분명했다. 오늘 그는 총독 궁 밖에 있는 마당으로 가라는 지시를 받았다. 그곳에서 빌라도가 재판을 집행할 예정이었는데, 이때 벌어지는 일들을 지켜보고 도성 곳곳을 돌아다니며 이 일에 대해 소문을 퍼뜨려야 했다. 어떤 일이 일어나든, 예루살렘의 고위 제사장들은 이 일이 대중에게 알려지기를 원했다.

갈렙은 빵과 말린 생선으로 서둘러 아침 식사를 하고 총독 궁으로 출발했다. 헤롯 대왕이 지은 이 궁은 도성 북서쪽 모퉁이에 자리 잡고 있었다. 궁의 서쪽 벽은 도성의 바깥벽이기도 했고, 거대한 망루 세 개가 북쪽 벽을 장식하고 있었다. 정교하게 설계된 이 망루의 소재는 흰 대리석이었고, 망루의 상층부 1/3은 흰 대리석 기둥으로 둘러싸여 있었다. 이 망루의 높이는 삼십 미터가 넘었다. 헤롯은 이 망루 하나에는 자기 형의 이름을 붙였고, 또 하나에는 친구의 이름을, 셋 중 가장 낮은 망루에는 아내 마리암네의 이름을 붙였다. 마리암네는 헤롯이 끔찍이 사랑한 여인이었으나 배신했다는 의심을 사서 결국은 처형당했다. 갈렙은 궁 안에 들어가 본 적이 없었고, 갈렙의 지인 중에도 궁에 들어가 본 사람은 아무도 없었다. 하지만 거대한 연회장, 정원, 샘, 끝없이 늘어선 주랑 현관, 넓은 안마당, 호화롭게 장식된 침실 등, 궁 내부가 어떻게 생겼는지는 도성 전체에 널리 알려졌었다.

갈렙은 첫 새벽에 궁에 도착했지만, 날이 어두컴컴해서 궁 안마당에는 아직 횃불이 밝혀져 있었다. 한 떼의 군중들이 이미 모여들고 있었다. 주 출입구 근처에 서 있는 꽤 여러 명의 제사장 때문에 구경꾼들이 모인 것이다. 이렇게 이른 새벽에 총독 거처 밖에 왜 제사장들이 모여 있는지 궁금했던 것이 틀림없었다. 궁의 안마당은 커다란 기둥들이 늘어서 있는 주랑 현관으로 둘러싸여 있었는데, 갈렙은 가장 북쪽의 주랑 현관을 따라 길을 잡았다. 마당에서 어떤 일이 벌어지는지 보고 싶고 듣고 싶었지만, 오가는 사람들에게 방해되지 않으려고 기둥 근처에 자리를 잡았다. 갈렙이 거기 서 있는 동안에도, 이미 와 있는 제사장 무리에 점점 더 많은 제사장이 합류했다.

제사장들을 관찰하던 갈렙의 등 뒤에서 소란스런 소리가 들렸다. 고개를 돌려보니 대제사장 가야바가 자신의 형과 동생을 비롯한 고위 제사장들의 행렬을 이끌고 이쪽으로 오고 있었다. 행렬 뒤로는 적어도 열다섯 명은 되는 성전 수비대원들이 족쇄를 찬 한 남자를 에워싼 채 이들을 따르고 있었다. 남자는 선지자 예수였다! 재판을 위해 예수를 총독에게 데려오는 게 분명했지만, 웬 제사장들이 이렇게 많이 따라오는 것일까? 그리고 갈렙은 이 광경을 지켜보고 도성 사람들에게 전하라는 지시를 받았는데, 왜 그렇게 해야 할까? 아무리 생각해도 도무지 알 수 없는 일이었다.

행렬이 궁 출입문에 가까워지자 이미 모여 있던 제사장 무리가 이들에게 길을 열어 주었다. 잠시 후, 로마 병사 한 명이 출입문에서 나와 가야바와 이야기를 나누었다. 얼마 후 병사는 다시 궁 안으로 들어갔다. 십 분 남짓 지나는 동안 마당에서는 아무 일도 일어나지 않았지만, 무슨 일이 벌어지든 구경이나 해보자 싶어서인지 주랑 현관 주변으로 점점 더 많은 사람이 모여들었다.

그때 로마 총독이 궁 출입문으로 통하는 계단 꼭대기에 직접 모습을 드러냈다. 계단 아래로는 제사장들 무리와 죄인 예수가 섰다. 총독 뒤로 로마 병사 넷이 늘어섰고, 그중 하나가 의자를 가져왔다. 총독이 앉아서 법적 판결을 내리게 될 재판석이었다. 하지만 빌라도는 의자에 앉지 않았다.

총독은 마당에 모인 모든 사람이 다 들을 수 있을 만큼 큰 소리로 연설을 시작했다. "예루살렘의 주요 제사장들은 무슨 특권으로 나를 찾아온 것이오? 공식 업무를 시작하기에는 너무 이른 시간인 것 같소. 게다가 큰 절기에는 더욱 그렇지 않은가! 이토록 아름답고 평화로운 아침에 굳이 나를 성가시게 할 만큼 그렇게 중요한 일이 무엇이오?"

"바로 처리해 주셔야 할 긴급한 문제가 있습니다, 총독." 가야바가 대답했다. "갈릴리 사람 예수는 우리 백성들이 오랫동안 선지자로 여겨 온 인물로서, 지금 우리 도성에 큰 위험이 되고 있습니다. 그는 정복왕 행세를 하면서 로마의 통치를 새로운 나라로 대체해야 한다고 선동하고 있고, 우리의 성전과 그 지도자들, 그리고 이를 승인해 준 권세, 즉 총독 각하의 권세를 모욕하고 있습니다. 우리의 대 공의회는 공식 재판을 열어 이자에게 우리 도성의 치안을 교란하고 화평을 어지럽힌 죄가 있다고 판결했습니다. 이 범죄는 그 성격상 사형에 처할 만한 죄인데, 사형 선고는 오직 총독께서만 내릴 수 있습니다. 그래서 이 아침 우리는 총독께서 이 선고를 내려 주시기를 청합니다."

"실로 심각한 혐의로군." 빌라도가 말했다. "그게 사실이라면 벌을 내릴 수밖에 없소. 하지만 아침부터 이렇게 많은 사람이 나를 찾아온 것이 놀랍군. 꼭 이렇게 많은 사람이 찾아와야 하오?"

"이렇게 많은 사람이 왔다는 것은 우리 도성의 화평을 위협하는 자를 없애는 일에 우리가 얼마나 진지하고 성실하게 임하고 있는지를 보여 줍니다. 이 위협은 로마의 평화에 대한 위협이기도 합니다! 우리의 바람이 총독 각하의 귀에 들려야 하기에 이렇게 다들 찾아왔습니다.”

"아주 좋소.” 빌라도가 말했다. "내 이 사람을 직접 심문해 보고 유무죄를 판단하겠소. 죄인을 앞으로 데려오시오!.” 예수가 빌라도 앞으로 끌려오자 빌라도는 예수를 위아래로 훑어보고는 궁으로 호송해 갔다.

갈렙은 이 과정이 오래 걸리지는 않을 거라고 생각했다. 그간 지켜본 광경으로 볼 때, 예수는 대제사장이 고발한 그 범죄에 대해 유죄가 확실했다. 로마 총독은 그런 활동에 지극히 예민하게 반응할 것이 틀림없었다. 예수는 바로 그날 아침 십자가에 달릴 가능성이 높았다.

그렇게 생각하자 갈렙은 슬프기도 하고 겁이 나기도 했다. 갈렙은 그 선지자가 점점 좋아지기 시작한 참이었다. 그 선지자에게 있는 무언가가 갈렙을 자꾸 그에게로 끌어당겼다. 어쩌면 그 선지자가 어떤 면에서 갈렙의 아버지를 떠올리게 했기 때문일 수도 있었다. 하지만 갈렙은 두렵기도 했다. 이 선지자를 처형하는 건 위험해 보였다. 사람들은 선지자를 좋아했다. 그를 처형했다가는 격렬한 항의 사태가 일어날 가능성이 아주 높았다.

빌라도

빌라도는 호송병과 죄수를 이끌고 궁내로 들어오는 주 출입구를 지나 궁의 본 건물을 에워싸고 있는 또 다른 넓은 마당으로 들어왔다. 이들은 정원을 통과해 작은 방으로 향했다. 빌라도와 예수는 방 안으로 들어가고 호송병은 문밖에서 기다렸다. 방 안에는 작은 책상과 책상 뒤로 의자가 하나 있었고, 책상과 의자 모두 방금 지나온 정원이 내다보이는 커다란 창문을 마주하고 있었다. 책상 맞은편에도 의자 여러 개가 있었는데, 빌라도는 그중 하나를 가리키며 예수를 향해 앉으라는 시늉을 했다.

빌라도는 언젠가 이런 순간이 오리라는 것을 얼마 전부터 알고 있었고, 그래서 이때 어떻게 처신하는 게 가장 좋을지 곰곰이 생각했었다. 예수에게 시치미를 뗄까, 아니면 진실을 말할까? 빌라도는 진실을 말해 주고 싶었다. 도성을 불안하게 만들려는 예수의 계획을 조롱하고 싶었다. 시종 예수보다 한 걸음 앞서 나가고 있었다는 것을 알려 주고 싶었다. 사실 자기 아니면 누가 예수에게 그런 말을 해줄 수 있단 말인가? 하지만 빌라도는 신중하게 행동하는 게 옳은 길이라고 스스로 다짐했다. 오만은 재앙으로 향하는 길을 열어줄 뿐이었다. 그래서 그는 시치미를 뗄 작정이었다.

"네가 이렇게 심각한 혐의를 받고 있다." 빌라도가 말했다. "이것이 사실인가? 네가 정말로 유대인의 왕인가?" 선지자는 여전히 아무 말이 없었고, 빌라도는 약간 짜증이 났다. "혐의에 관해 아무런 할 말이 없는가?" 빌라도가 또 물었다. "부인하는가?" 여전히 아무 말이 없었다. 빌라도는 점점 더 짜증이 났다. 빌라도가 보기에 침묵은 오로지 오만일 뿐이었다. 죽음 앞에서도 이 사람은 왕으로서 상황을 주관하는 역할을 하고 있다.

"왜 너 자신을 변호하지 않는가?" 빌라도가 다시 물었다. "죽음이 눈앞에 있다는 것은 알고 있는가?"

이 질문에는 선지자가 고개를 끄덕였다. "좋다, 반응이 있기는 하군." 빌라도는 성가시다는 듯 말했다. "죽어도 괜찮다는 것인가?" 선지자는 다시 빌라도를 바라볼 뿐이었다.

"내게는 너를 살려 줄 권세가 있다는 걸 알고 있는가?" 남자의 얼굴에 옅은 미소가 슬쩍 스쳐 지나갔다. 그 미소를 보자 빌라도는 더 화가 났다. "이 상황이 재미있나?"

마침내 남자가 입을 열었다. 온화한 목소리였다. "내가 오늘 당신의 권세로 목숨을 부지하지는 않을 거요. 당신도 나만큼 이를 잘 알고 있을 겁니다." 빌라도는 갑자기 분노가 확 치밀었다. 이 자는 자기가 이 상황을 꿰뚫고 있음을, 혹은 자기가 이 상황을 주관하고 있음을 지적하는 것일까? 빌라도는 잠시 화를 가라앉히고 나서 다시 말했다.

"왜 그런 말을 하지? 신문(訊問)이 공정하게 이뤄지리라고 믿지 않는다는 말인가? 로마의 재판은 공정하다."

"불투명하기도 하고 그만큼 때로 공정하기도 하지요." 사내가 말했다.

"무슨 암시인가? 뭐 하고 싶은 말이라도 있는가?" 역시 침묵, 그리고 의미 있는 듯한 표정뿐이었다.

이 지점에서 댐은 무너졌다. 이제는 분노를 억누를 수 없었다. 빌라도는 가차 없는 정직함으로 신속히 절차를 진행해 나가기로 했다.

"네 말이 맞다!" 빌라도는 약이 바짝 올랐다. "너는 오늘 확실히 죽는다!" 이런 말을 하는 것은 지혜롭지 않을 수도 있었지만, 그래도 이렇게 말하고 나니 흡족했다. 빌라도는 계속해서 말했다. "그리고 그것이 바로 공정함일 것이다. 너의 혐의는 모두 사실이라는 것을 너도 알고 나도 안다. 네가 내 도성에 들어와 정복왕 행세를 했다지? 웃기는 자로군!" 빌라도는 예수를 비웃었다. "촌뜨기가 촌뜨기 제자들을 끌고 다니며 곧 세상을 다스리게 될 걸로 여기다니! 너 같은 부류는 전에도 죽여 본 적이 있다. 그리고 오늘 또 한 건 할 예정이고!"

사내는 망연히 빌라도를 쳐다봤다. 빌라도의 말에 조금이라도 겁을 먹기는 했는지 전혀 드러나지 않는 표정이었다. 사내의 태도에 빌라도는 더 화가 났다. "점잖은 체하는 사기꾼 같으니! 너는 오늘 죽기만 하는 게 아니라 엄청난 고통도 당하게 될 것이다. 고통을 느끼면서, 오만이 그 고통의 원인이었다는 것을 깨달아라!" 빌라도가 이 사람 예수에게 추가적 처벌을 내리기로 한 것은 바로 그 순간이었다.

"호송병!" 빌라도는 병사를 불렀다. "이제 제사장에게 다시 가서 판결 내용을 알릴 것이다." 호송병들이 방문을 열고 예수를 거칠게 잡아채서 번쩍 들어 올렸다. 빌라도가 앞장서서 좀 전에 왔던 길을 되짚어 궁 입구 쪽으로 향했다. 걸음을 옮기며 그는 마음을 가라앉혔다. 연극은 계속되어야 했고, 게다가 설득력이 있어야 했기 때문이다.

갈렙

갈렙은 다른 구경꾼과 이야기를 나누고 있다가 제사장들이 모여 있는 쪽이 소란스러워지는 소리를 들었다. 총독이 선지자 예수와 함께 다시 나타났다. 그는 궁 출입구에 서서 군중을 향해 연설을 시작했다. "존경하는 이스라엘의 제사장들이여, 내가 이 사람을 철저히 신문했소. 이 도성에서 일어나는 일들을 밤잠도 자지 않고 지켜보는 병사들을 포함해 내 쪽 증인들에게도 질문했소. 이런 과정을 거친 결과, 나는 이 사람이 중대한 범죄를 저질렀다고 선언할 만한, 혹은 여러분들의 요청대로 이 사람에게 사형을 선고할 만한 근거를 찾지 못했소."

이 말에 갈렙은 충격을 받았다. 무죄라니!? 한편으로는 안도감을 느꼈지만 또 한편으로는 혼란스러웠다. 로마인의 관점에서 볼 때 이 사람은 분명 하나의 위협이었다. 그런데 빌라도는 어떻게 이 사람이 무죄라고 생각할 수 있단 말인가?

총독의 선언이 있자 제사장들은 즉시 목소리를 높여 항변했다. 다른 많은 구경꾼은 총독의 말에 안도하는 것 같았지만 제사장들 때문에 위협을 느꼈는지 아무 말 없이 서 있기만 했다.

빌라도가 두 손을 들어 군중을 진정시키자 이들의 분노는 서서히 진정되었다. "여러분의 실망을 이해하오. 하지만 로마의 정의는 충족되어야 하오. 나는 이 사람에게서 아무런 잘못도 찾아내지 못했고, 이 사람이 반역을 주도하고 있다고 볼 만한 그 어떤 이유도 알아내지 못했소. 내가 여러분의 노여움을 가라앉힐 수 있을 것이고, 여러분과 내가 어떤 공통의 입장을 찾아낼 수도 있을 것이오. 새 나라가 임박했다는 이 사람의 과격한 언사가 좀 난처한 것은 사실이오. 하지만 그런 말 좀 했다고 사람을 다 죽인다면 살아남을 유대인이 없을 것이오! 하지만 이런 발언과 이 발언이 낳는 헛된 기대를 저지하고, 도성의 평안을 지키려는 여러분의 열심에 보답하기 위해 나는 이 자를 채찍으로 벌한 뒤 풀어 줄 생각이오."

제사장 무리는 다시 불만을 드러냈고, 빌라도는 두 손을 들어 올리며 말했다. "이것이 내 판결이오."

갈렙은 가슴이 철렁했다. 채찍질은 두려운 행위였고, 차마 지켜보기 어려운 광경이었다. 죄수는 일반적인 채찍이 아니라 로마인들이 쓰는 채찍(*flagrum*)으로 매질을 당할 터였다. 이 채찍은 짧고 두툼한 손잡이에 서너 개의 긴 끈이 달려 있고, 끈 끝에는 작은 납 구슬이나 뼛조각이 달려 있었다. 그래서 이 채찍에 한 번 맞으면 곧 피부가 터져 버렸다. 이는 참으로 소름 끼치는 광경이었고, 끈이 몇 개 달려 있느냐에 따라 채찍은 그 자체가 치명적일 수 있었다.

로마 병사들이 예수를 돌기둥으로 데려가 기둥에 손을 묶었다. 그리고 등과 어깨가 드러나도록 옷을 벗겼다. 예수는 약간 구부정하게 서서 로마 병사에게 등을 보인 자세가 되었고, 이 병사들은 이제 채찍질을 할 참이었다. 어린 종 하나가 채찍을 가져왔고, 곧이어 매질이 시작되었다.

대다수 구경꾼은 그 광경을 보지 않으려고 고개를 돌렸지만, 갈렙과 제사장 무리는 그렇지 않았다. 채찍질하는 병사(릭토르[*lictor*] 라고 불리는 공세적으로 나올 수도 있었지만 그렇게 하지 않는 것 같았다. 처음 두어 대를 때리자 채찍 맞는 이의 입에서 큰 신음이 새어나왔다. 세 번째로 채찍을 휘두르자 살점이 떨어져 나왔고, 극심해진 고통으로 울부짖는 소리가 뒤따랐다. 채찍을 한 번씩 휘두를 때마다 살갗은 더 깊이 패었고, 비명도 점점 커졌다. 차마 눈 뜨고 볼 수 없는 광경이었지만, 갈렙은 고개를 돌리지 않았다.

열 번의 채찍질이 끝나자 빌라도는 릭토르에게 중지를 명했다. 채찍 열 대는 선지자에게 상당한 고통을 안겼지만, 그래도 열 대에 그쳤다는 것은 죄인에게 자비를 베푼다는 표시였다. 갈렙에게는 놀라운 일이었지만, 이 사람을 처형할 이유를 찾지 못했다는 빌라도의 주장을 생각하면 그럴 법했다. 만약 선지자를 유죄로 판단했다면 처벌은 십자가형이었을 것이며, 십자가형에 앞서 가해지는 채찍질은 갈렙이 방금 목격한 것보다 훨씬 더 가혹하고 잔인했을 것이다.

병사들은 예수의 옷을 어깨 위로 올려 준 뒤 제사장 무리 앞으로 다시 끌고 왔다. "이 정도 벌을 주었으면 여러분들도 만족했을 것이오." 빌라도가 말했다. "여러분들이 제기한 혐의와 무관하므로 이 사람이 이보다 더한 일을 겪어서는 안 될 것이오." 무리 사이에서 야유와 조롱과 무례한 말이 터져 나왔다. 이들의 이런 반응은 점점 고조되었고, 예수를 처형하기를 꺼리는 총독에 대한 분노도 점점 커져갔다.

빌라도는 손을 들어 올려 무리를 진정시켰다. "만족스럽지 않다는 뜻을 알겠소." 빌라도는 실망한 것 같았다. "좋소. 내 이 사람을 다시 한 번 심문해 보고, 내 고문들과 상의한 뒤 판결을 재고해 보겠소." 제사장 무리는 빌라도의 이 결정을 흡족해하는 게 확실했지만, 갈렙을 비롯해 다른 구경꾼들에게 이는 그동안 너무나도 친숙해진 느낌을 다시 한 번 안겨 주었다. 희망의 불빛이 가물가물 꺼져 가는 느낌.

빌라도

판결을 재고해 보겠다고 알린 뒤 빌라도는 병사들과 죄수를 이끌고 다시 궁으로 돌아왔다. 원래는 예수에게 채찍질할 생각이 없었지만, 이 선지자의 그 점잔빼는 태도를 보니 그렇게 하지 않을 수가 없었다. 열 대에 그치는 데도 큰 자제심이 필요했다. 마음 같아서는 스무 대를 더 때리고 싶었지만, 이 사람이 결백하다는 자신의 믿음을 선전하는 게 무엇보다 중요했다. 노여움 때문에 원래 계획을 위태롭게 만들 수는 없는 노릇이었다. 그 정도 했으면 이제 예수의 그 자신 있는 태도도 좀 위축되었을 터였다. 뉘라서 로마의 채찍 앞에 겸손해지지 않을 수 있단 말인가.

이제 기다리는 것 말고 따로 할 일은 없었다. 고문을 만날 일도 없고 심문을 더 할 생각도 없었다. 주사위는 이미 던져졌다. 이 자는 십자가에 달릴 것이다. 하지만 빌라도는 이 전략에서 자기 역할을 완벽하게 수행해야 했다.

호송병이 예수를 안마당의 긴 의자로 데려가 앉혔고, 빌라도는 의자에 앉은 그에게로 다가갔다. 젠체하는 표정은 사라지고 없었다. 오직 고통만 남아 있었다. 채찍질 때문에 그는 실제로 몸이 많이 상해 있었다. 예수는 거칠게 숨을 몰아쉬며 신음을 내뱉고 있었다. 통증 때문에 눈물을 억제하지 못했고 움찔하는 태도도 감추지 못했다. "내 판결 때문에 놀랐는가?" 빌라도는 생색을 내며 물었다. 남자는 아무 말도 하지 않았다.

"대답하느라 힘 뺄 필요 없다. 힘을 아껴라. 대답은 내 이미 알고 있다." 여전히 아무 반응이 없었다.

빌라도는 모든 계략을 다 밝히기로 마음먹었다. 이 마당에 해될 것이 뭐 있겠는가? "네가 시종 무엇을 원했는지 나는 알고 있다. 너는 내가 손을 쓰지 않을 수 없게 만들려 했지. 이 도성에 처음 들어왔을 때부터 내가 너를 체포하기를 바랐어. 그런데 아무 일도 일어나지 않아서 놀랐겠지. 우리는 바보가 아니다. 너는 잘 모르겠지만, 군중은 생각보다 위험하다는 것을 우리는 알고 있다. 우리가 위험한 선지자를 저지하러 달려들었다가 도성 사람들의 노여움을 사는 꼴이 될 걸로 생각했는가? 오늘 아침까지만 해도 네가 로마의 손에 체포되어 처형당하면 그게 도화선이 되어 사람들이 반역을 일으켜 주기를 바랐겠지. 내가 여기서 분명히 말하거니와 그런 일은 없을 것이다. 로마는 너를 유죄로 여기지 않을 것이다. 로마는 이곳 백성들의 분노의 중심이 되지 않을 것이다. 그 분노는 자기 지도자들, 자기들의 제사장에게로 향할 것이다. 바로 너를 처형할 자들 말이다. 그리고 그 일은 네가 시작하려고 했던 반란의 불길을 막는 홍수 역할을 할 것이다. 너는 죽을 것이다, 그리고 지금까지의 네 삶은 아무 의미 없는 삶이 될 것이다. 네가 시작한 일, 네가 이루고자 한 일은 단 한 가지도 이뤄지지 않을 것이다."

마침내 모든 걸 털어내자 빌라도는 매우 흡족했다. 하지만 선지자는 여전히 아무 말이 없었다.

"여기서 좀 쉬도록 하라." 빌라도가 말했다. "힘이 필요한 순간이 올 거다." 빌라도는 몸을 돌려 걸음을 옮기기 시작했다. 그러나 그때 예수가 뭐라고 중얼거리는 소리가 들렸다.

빌라도는 다시 몸을 돌렸다. "뭐라고? 마침내 뭐 할 말이라도 생긴 건가? 말해 보아라. 꼭 들어 보고 싶다." 빌라도는 조롱했다. 그가 바짝 몸을 기울이자 예수가 다시 입을 열었다.

온몸의 힘을 다 끌어모으려 애쓰는 게 분명한 목소리로 선지자는 말했다. "오늘 여기서 일어나는 그 어떤 일에도 나는 놀라지 않소. 여기서 벌어지는 모든 일은 마땅히 일어나야 할 일들이오."

제어할 수 없는 노여움이 온몸에서 솟구친 나머지 빌라도는 주먹을 움켜쥐고 예수의 얼굴을 세게 내리쳤다. 빌라도의 손도 아팠지만 예수에게도 얼얼한 한 방이어서 그는 바닥으로 고꾸라지고 말았다. 예수를 한 대 치고 나니 만족스럽기는 했지만 노여움이 다 가라앉은 것은 아니었다.

빌라도는 예수를 뒤로하고 걸음을 옮기며 마음을 추슬렀다. 평정을 잃지 말아야 그다음 행동에 나설 수 있을 테니.

갈렙

판결을 재고하겠다고 하면서 빌라도가 궁으로 다시 들어간 지 거의 삼십 분이 지났다. 구경꾼은 늘어났지만, 일부는 벌써 자리를 떴다. 갈렙은 자리를 떠난 구경꾼들이 도성 곳곳으로 흩어져 이 아침에 있었던 일들을 사람들에게 말할 거라고 생각했다. 마침내 빌라도가 다시 모습을 드러냈고, 호송병이 예수를 데려왔다. 예수의 옷은 피로 흠뻑 젖어 있었다. 그는 무력해 보였다. 얼굴은 온통 고통으로 가득했다. 호송병에게 끌려오는 사람이 하나 더 있는 것 같았지만 빌라도와 예수에게 가려져 있어서 갈렙의 시야에는 잘 보이지 않았다.

총독이 나타나자 다시 모여 선 제사장 무리를 향해 빌라도가 연설을 시작했다. "존경하는 예루살렘의 제사장과 지도자 여러분, 심문을 더 해 봤지만 이 사람은 정말로 무죄라는 내 판단만 더 굳어졌소." 총독의 말에 갈렙에게는 안도감이 파도처럼 밀려왔다. 갈렙은 총독의 판단이 틀림없이 달라질 거라고 생각했었다.

"이 사람을 사형에 처할 만한 이유를 나는 찾지 못했고, 사형당해 마땅한 사람은 따로 있소. 하지만 나는 오늘 여러분들이 평화라는 큰 뜻에 마음을 바치는 것을 봤고, 그 평화를 훼방하는 움직임에 맞서 발언하고자 하는 모습을 봤소. 이런 생각을 나는 전적으로 지지하는 바이며, 그래서 여러분에게 한 가지 선택안을 제시하겠소. 내가 보기에 폭력 사태를 일으킬 의도가 전혀 없어 보이는 이 선지자를 처형하겠소, 아니면 이 도성에서 평화를 유지하는 로마 병사들을 대적해 폭력 사태에 가담했다고 자백한 자를 처형하겠소? 내가 기꺼이 한 사람은 풀어 주고 한 사람은 처형할 것이오."

빌라도는 그 두 번째 사내를 소개하면서, 군중에게 그의 모습이 보이도록 옆으로 한 걸음 비켜섰다. 사내를 본 순간 갈렙은 자기도 모르게 숨을 헉 들이마셨다. 그 사내는 갈렙의 어릴 적 친구 사무엘, 갈렙이 제공한 정보 때문에 잡혀간 바로 그 사무엘이었다. 충격은 곧 정신을 차릴 수 없을 정도의 죄책감으로 변했다. 사무엘은 몹시 수척해 보였고, 얼굴은 창백하고 눈은 퀭했다. 몸 이곳저곳의 타박상은 그가 로마 감옥에서 얼마나 가혹한 대접을 받았는지 여실히 보여 주었다. 갈렙의 죄책감에는 곧 희망과 괴로움이 뒤따랐다. 사무엘은 석방될 가능성도 있고… 십자가형을 당할 가능성도 있었다.

그러나 이런 상반된 감정이 해결되기를 오래 기다릴 필요는 없었다. 빌라도가 말을 마치자마자 제사장들 사이에서는 사무엘을 풀어 주고 선지자 예수는 십자가에 못 박으라는 함성이 터져 나왔다! 제사장들의 폭발적 요구에 총독은 두 손을 들어 올렸다. 혼란스러움과 실망 두 가지 감정을 모두 전하는 듯한 몸짓이었다. 예수를 처형하라고 외치는 소리는 점점 커지기만 했다.

빌라도는 제사장들을 향해 조용히 하라는 몸짓을 했다. 제사장들이 잠잠해지자 빌라도는 말했다. "내가 보니 여러분은 이 사람의 피를 보기 전에는 만족하지 않을 듯하오. 하지만 여러분이 이 사람에게 제기하는 혐의에 대해 유죄를 인정하지 않기에 나는 양심상

이 사람에게 사형을 선고할 수 없소. 여러분이 알다시피, 로마는 평화가 유지되기만 한다면 각 지역의 통치자들에게 최대한 자치권을 허용하고 있소. 사법적 판결도 마찬가지요. 이 갈림길 앞에서 어찌해야 할지 결정한다는 게 내게는 성가신 일이오." 빌라도의 얼굴을 보니 괴로워 보였다. 이 결정이 그에게는 힘든 일인 것 같았다.

한 일 분 정도의 침묵이 이어졌고, 빌라도는 제사장 무리와 이들 너머 주랑 현관 주변에 모여 서 있는 구경꾼들을 쭉 훑어보았다. 그리고 마침내 입을 열었다. "이 사람에게 죄를 물을 만한 아무런 근거도 찾지 못했기에 나는 이 사람을 유죄로 보지 않을 것이오. 그럴 수는 없소. 이 사람의 운명을 결정짓는 일에서 나는 손을 떼겠소. 다만 지혜와 명예로 이 도성을 이끌어 온 존경하는 제사장 여러분을 존중해서, 사형에 해당하는 중범죄를 다스릴 권한을 양도하겠소. 이 사람을 어떻게 하는 게 합당하다고 여기든 그대로 하시오. 가야바, 이 사람을 십자가에 못 박는 게 합당하다고 여긴다면 그렇게 할 수 있는 권한을 당신에게 주겠소."

이 말과 함께 빌라도는 로마 병사 한 사람에게 지시를 내린 후 궁으로 사라졌다.

이 아침의 이 모든 일들 때문에 갈렙은 머리가 핑핑 돌았다. 빌라도가 예수를 무죄로 여긴다고? 이 판결에도 불구하고 주도적 제사장들은 어떻게든 예수를 십자가에 못 박으려 한다고? 빌라도가 사무엘을 풀어 준다고? 폭도로 알려진 자를? 아무리 허무맹랑하기 짝이 없는 꿈을 꾸었다 한들 이런 결과를 예측이나 할 수 있었을까!

주위를 돌아보니 사람들이 마당에서 빠져나가고 있었다. 그리고 갈렙의 머리에는 그날의 임무가 퍼뜩 떠올랐다. 관찰하고 소문내기.

　소문낼 것은 아주 많았다. 하지만 이를 믿을 사람이 있을까?

7.
처형

갈렙

총독 궁 바깥마당에 있던 갈렙은 지시받은 임무를 처음 수행할 곳으로 동쪽으로 여섯 구획 떨어진 유명한 시장으로 갔다. 이 시장은 주로 도성의 중하층 계급을 상대로 다양한 물건을 파는 곳이었다. 이제 겨우 아침 여덟 시여서 시장이 사람들로 북적거리려면 아직 먼 시간이었다. 하지만 이날 저녁이 유월절 잔치였기 때문에 평소보다는 사람이 많은 편이었다. 갈렙은 누군가가 벌써 시장에 와서 조금 전에 있었던 일을 이야기하고 있다는 것을 곧 알게 되었다.

열다섯 명쯤 되는 사람들 무리 한 가운데서 젊은 남녀가 아침 사건에 대한 사람들의 질문에 대답을 하고 있었다. 여자는 재판 현장에서 본 얼굴이었지만 남자는 처음 보는 사람이었다. 가까이 다가가 보니 어떤 사람의 얼굴에서는 눈물이 보였고 어떤 사람의 얼굴에서는 분노가 보였다. 한 남자가 이렇게 물었다. "저들이 그분을 언제 체포했답니까? 어째서 우리는 그 소식을 듣기만 하고 있는 거지요?" 여자가 대답했다. "언제 체포했는지는 저도 잘 몰라요. 저는 그냥 오늘 아침에 본 것만 알아요. 그분은 포박된 채 높으신 제사장들 손에 빌라도 앞으로 끌려갔어요. 대제사장이 직접 끌고 갔다고요!"

"그분은 지난밤에 체포된 게 분명해요." 남자가 말했다.

"그런데 무슨 혐의로 잡혀간 거랍니까?" 또 한 사람이 큰 소리로 물었다.

"치안 방해 혐의랍니다. 도성의 화평을 위협한 거짓 선지자라는 거죠." 여자가 대답했다.

"그리고 그 로마 망나니가 그분에게 유죄 판결을 내렸다고요!" 라고 한 성난 목소리가 말했다.

"아니에요!" 가운데 있는 남자가 소리쳤다. "제대로 안 들었군요! 빌라도는 그분을 풀어 주려고 했어요. 대제사장이 주장하는 혐의에 대해 아무런 근거를 찾을 수 없다고 했다고요."

"헛소리!" 좀 전의 그 성난 목소리가 또 고함쳤다. "그분이 십자가형을 당한다고 말하지 않았소? 죄인을 십자가에 매달 권한이 누구에게 있는지 모르는 사람도 있나!"

"당신이 그 자리에 있었어요?" 무리에 에워싸여 있는 남자도 고함으로 답변했다. "내가 지금 거짓말을 한다는 겁니까? 무슨 일이 있었는지 듣고 싶지 않다면 입 아프게 이야기할 필요도 없겠군요!"

"진정들 하세요!" 여자가 단호히 말했다. "그분을 십자가에 매달라고 한 건 제사장들이지 총독이 아니었어요. 저도 혼란스러웠어요, 하지만 그게 사실이랍니다."

"말도 안 돼요!" 성난 목소리가 말했다.

"맞아요." 여자가 대답했다. "말은 안 되지만 그게 사실이에요."

갈렙은 성난 목소리로 질문하던 사람이 불쾌하다는 듯 두 손을 치켜들고 사람들 사이로 빠져나가는 것을 보았다. 그 사람은 십 미터쯤 떨어진 곳에 모여 있는 또 한 무리의 사람들에게로 가서 또 다른 증인을 향해 예의 그 성난 목소리로 질문을 퍼부었다. 갈렙은 그 사람을 중심으로 비슷한 이야기들이 오가는 것을 들을 수 있었다. 어떤 이는 분노했고, 어떤 이는 슬퍼했지만, 모두 혼란스럽기는 마찬가지였다.

시장 전체에 이미 들불처럼 번져가고 있는 소식을 듣고 갈렙은 두 번째로 지시받은 장소로 갔다. 이번에는 유월절을 맞아 엄청나게 많은 순례자가 묵고 있는 값싼 여관과 선술집이었다. 선술집은 선지자가 체포되어 곧 처형을 앞두고 있다는 이야기로 이미 왁자지껄했다. 여기서도 갈렙은 눈물과 분노를 보았다.

한 사람의 탄식이 모두의 시선을 끌었다. "얼마나 더 견뎌야 합니까?" 남자가 큰 소리로 말했다. "로마 압제자들의 이 폭정을 얼마나 더 견뎌야 할까요? 저들이 우리 민족, 선지자들을 죽이는 것을 보면서도 언제까지 보복 한 번 못해야 합니까? 게다가 이 거룩한 주간에! 행동을 취해야 합니다, 저들을 우리 도성에서 몰아내야 해요!"

비교적 차분한 목소리 하나가 대꾸했다. "그 좌절된 마음 압니다, 형제님. 하지만 소문을 제대로 못 들으셨나 봅니다. 로마 총독은 선지자 예수가 무죄라고 했습니다. 예수의 죽음을 요구한 건 우리 제사장들이었어요. 그렇다면 우리 제사장들을 향해 행동에 나서야 한다는 말인가요? 과연 누가 제사장들을 대적하려고 무기를 들까요? 말씀을 듣자 하니 당신은 이 비극적 사건을 빌미로 반역을 꿈꾸는 것 아닐까 싶군요. 죄송합니다만 거기까지 당신을 따르지는 못하겠네요." 중얼중얼 이 사람을 편드는 소리가 방 안 여기저기서 들렸다.

"우리 제사장들은 로마의 손아귀에 볼모 잡혀 있을 뿐입니다." 앞서 탄식했던 남자가 반박했다. "이 선지자를 잡아서 유죄 판결을 내리는 일에 빌라도가 전혀 관여하지 않았다고, 진심으로 그렇게 믿는다고 말할 수 있는 사람이 여기서 누구이겠습니까?"

젊은 여인 하나가 목소리를 높였다. "제가 그 자리에 있었어요! 그 사람이 무죄라고 빌라도가 선언하는 걸 들었어요! 심지어 빌라도는 자기 진심을 보여 주려고 어떤 유대인 죄수를 풀어 주기까지 했다고요!"

"대중을 우롱하려는 허구일 뿐이오! 로마의 속임수에 걸려들지 마시오!" 남자가 고함치며 대답했다.

갈렙이 보기에는 이 남자의 말이 군중의 공감을 얻는 것 같았다. 남자는 그렇게 지지자를 얻을 수도 있었다. 그러나 그 순간 한 나이

지긋한 여인이 앞으로 나와 사람들에게 호령하듯 말했다. "댁의 말은 맞을 수도 있고 어쩌면 틀릴 수도 있어요. 어느 쪽이든 폭력을 조장하는 것은 바보짓입니다. 이 소식을 들으니 나 역시 슬프고 혼란스럽습니다. 우리는 하나님의 약속이 실현되기를 오랫동안 기다려 왔는데, 여기 계신 많은 분과 마찬가지로 나는 선지자 예수가 그 약속을 실현해 줄 것이라 믿었습니다. 하지만 내 희망이 좌절되었다 해서 그걸 이유 삼아 폭력 사태를 일으키고 내 동족이 피 흘리게 하지는 않을 겁니다. 이 예수가 정말로 하나님의 선지자라면, 하나님께서 선지자와 우리를 구하시겠지요. 하나님의 선지자가 아니라면, 여러분이나 내가 할 수 있는 일이 없어요. 손을 써달라고 하나님께 강요하는 것은 더더구나 우리와는 거리가 먼일입니다!"

동의한다며 웅성거리는 소리가 또 이 구석 저 구석에서 터져 나왔다. 남자는 좀 전에 확보한 자기편을 곧바로 잃은 것이 확실했다.

"겁쟁이들!" 남자가 고함을 질렀다. "약해 빠지고 저항할 줄도 모르면서 그걸 믿음이라 하다니. 당신들은 조상을 욕되게 하고 있어요, 우리 조상들은 하나님의 원수에 맞서 검을 들었고 그런 믿음으로 승리했다고요!" 남자가 자기 뒤에 서 있는 몇몇 청년들을 돌아보며 고개를 끄덕이자 이들은 우르르 술집에서 몰려나갔다. 이들이 나가자 남은 사람들은 아침에 있었던 일에 대해 이런저런 추측들을 쏟아내 놓기 시작했다.

갈렙은 술집에서 나왔다. 가기로 했던 곳이 한 군데 더 있었지만, 가보나 마나 벌써 그곳에까지 소문이 퍼져 있을 것이 틀림없었다.

소문은 도성 곳곳으로 순식간에 퍼져 나가고 있었고, 갈렙은 그 속도를 따라잡을 수가 없었다. 어디를 가든 사람들은 놀라워하고 슬퍼했다. 물론 분노하는 이들도 있었지만, 그 분노가 폭동으로 분출되지는 않을 것 같았다.

갈렙은 그냥 집으로 돌아가 누이의 반응을 살피기로 했다. 오전에는 가게 문을 열지 않기로 했기 때문에 미리암은 고모네 식구들과 집에 머물고 있을 터였다. 이들은 아마 소식을 아직 못 들었을 것이고, 듣게 된다면 몹시 슬퍼할 게 분명했다. 그러나 적어도 사무엘이 풀려난다는 사실에서는 위로를 얻을 수 있을 것이었다.

집까지는 그리 오래 걸리지 않았다. 창문 가리개가 걷혀 있는 걸 보니 다들 일어난 것 같았다. 집 안으로 들어간 갈렙은 거실에 아무도 없는 것을 보고 깜짝 놀랐다. 방으로 가 봤더니 야곱이 등을 돌린 채 침대에 앉아 있었다. 미리암의 방으로 고개를 들이밀어 보니 아무도 없었다.

"다들 어디 갔지?" 큰 소리로 물었으나 아무 대답이 없었다. 야곱의 침묵에 짜증이 난 갈렙은 다시 자기 방 쪽을 향해 야곱을 불렀다. "형!" 방으로 들어간 갈렙은 자기 쪽으로 고개를 돌리는 사람의 얼굴을 보고 심장이 멎을 뻔했다. 유다였다.

"유다! 여기 어쩐 일이야? 우리 식구들은 어디 갔어?"

"형 얼굴까지 보니 반갑네." 유다는 빙긋 웃으며 일어나 갈렙을 포옹했다.

갈렙은 고개를 가로저으며 말했다. "그래… 물론 반갑지… 미안해. 더 반갑게 맞았어야 하는데. 갑자기 보게 되니 놀랐잖아!"

"알아, 형. 신경 쓰지 마. 재미있으라고 그런 거야." 유다는 웃으며 말했다. "놀라게 해서 미안해."

"그런데 여긴 어쩐 일이야?" 갈렙이 물었다. "여기 와도 괜찮은 거야?"

"응, 지금은 괜찮을 거야. 형을 위험하게 만들지는 않을게." 유다가 말했다. "지난 사흘 동안 우리 집 주변에는 밀정이 하나도 없었어. 이제는 나를 감시 안 하는 것 같아. 우리 측 밀정의 말을 들어 보니 나는 이제 로마 군인들 습격 사건으로 추적당하지 않는다더군. 잡혀간 친구들이 로마 측에 입을 다물었나 봐."

"엄청난 소식이네!" 갈렙은 놀란 척하려고 최선을 다했다. "이제 가족들한테 돌아가서 일상을 다시 시작할 수 있겠어!"

"그래, 그럴 수 있을 것 같아." 유다의 말투는 차분했다.

"그런데 우리 집엔 아침부터 무슨 일로?" 갈렙이 물었다. "그리고 우리 식구들은 다 어디 간 거야?"

"오늘 아침에 있었던 일 이야기해 주러 왔지. 못 들었어?"

"예수 소식?"

"응!"

"들었지, 알고 있어." 갈렙은 침착하게 말했다. "오늘 아침 내가 그 현장에 있었거든."

갈렙의 말에 유다는 좀 놀라는 것 같았다. "거기 있었다고? 거긴 왜 갔는데?"

갈렙은 좀 조심할 필요가 있다는 걸 깨달았다. "사실은 그냥 우연히." 갈렙은 거짓말을 했다. "새벽에 자다 깼는데 잠이 안 와서 산책하러 나갔지. 걷다 보니, 지나가는 사람들이 헤롯 궁에서 무슨 일이 일어나고 있다고, 선지자 예수와 관련해 무슨 일이 있다고 이야기하는 소리가 들리기에 궁금증이 생겨서 따라가 봤어. 내가 도착하고 나서 곧 빌라도가 나와, 제사장들이 예수를 체포해서 데리고 오는 걸 맞이하더라고."

"그래서, 사람들 하는 말이 사실이야?" 유다가 물었다. "빌라도가 정말 예수는 무죄라고 했어? 우리 제사장들이 항의하면서 예수를 죽이라고 했다고?"

"맞아!" 갈렙이 말했다. "다 사실이야."

"빌라도가 심지어 어떤 유대인 죄수를 풀어주었다는 것도 사실이야?" 유다가 물었다.

오늘 아침 있었던 일 중 유일하게 좋은 소식을 유다가 아직 모르고 있다는 것을 갈렙은 퍼뜩 깨달았다. "맞아, 그것도 사실이야! 죄수 하나가 풀려났어. 유다, 그 죄수는 사무엘이야!"

유다의 표정은 단 몇 초 사이에 혼란스러움에서 놀라움으로, 다시 기쁨으로 변했다. "사무엘?" 유다는 충격으로 말을 더듬었다. "사무엘이라고?"

"그래, 유다! 사무엘! 사무엘이 풀려났어!" 유다는 갑자기 갈렙을 끌어안고 번쩍 들어 올려서는 방을 한 바퀴 돌았다. 그리고 얼른 갈렙을 내려놓은 유다는 흥분한 목소리로 물었다. "시므온은? 요셉은? 그 친구들도 석방됐어?"

갈렙은 고개를 떨구었다. "유감이야, 유다. 사무엘만 풀려났어. 시므온하고 요셉이 어떻게 되었는지는 전혀 몰라."

"괜찮아, 아직 희망이 있을 수도 있어!" 유다는 여전히 흥분이 가시지 않은 얼굴로 말했다. "사무엘이 석방됐어. 난 사무엘이 죽었다고 생각했는데, 그 친구가 풀려났다고!" 유다는 갈렙을 또 한 번 끌어안아 주고는 얼른 가봐야겠다고 했다.

"잠깐만." 갈렙이 말했다. "어디로 가는데?"

"사무엘을 찾아봐야지!"

"그럼, 그래야지. 그런데 우리 식구들은 어디 간 거지?"

"아, 참! 예수가 죽을 거라는 소식을 내가 전해 주었더니 다들 상심하더군. 그러더니 해골의 곳에 가서 현장을 직접 봐야겠다고 했어. 어떻게든 예수를 돕고 싶었던 것 같아."

유다의 말에 갈렙은 흠칫 놀라기도 했고 소름이 끼치기도 했다. 갈렙은 고개를 가로저었다.

"걱정하지 마, 형. 별일 없을 거야!" 유다는 그렇게 말하며 뛰듯이 문밖으로 나갔다.

그러나 갈렙은 그렇게 생각할 수가 없었다. 십자가형 광경을 눈으로 보고 싶은 마음은 전혀 없었지만, 가족들에게 가 봐야 한다는 생각이 들었다. 그는 약간의 빵과 말린 대추야자를 자루에 챙겨 담았다. 자루를 들고 문밖으로 나서는데, 유다와 함께 사무엘의 석방을 축하하던 기쁨은 어느새 사라지고 지금 가는 곳에서 보게 될 무시무시한 장면에 대한 생각이 머리를 가득 채웠다.

엘르아살

그날 아침 빌라도가 궁으로 들어가는 것을 보면서 엘르아살은 모든 게 착착 잘 진행되고 있다는 사실에 깜짝 놀랐다. 아버지와 빌라도 두 사람이 선지자 예수의 유무죄를 두고 펼쳐지는 갈등극을 설득력 있게 지휘했다. 대 공의회의 제사장파는 거의 이백 명에 가까운 군중을 동원하는 데 성공했다. 이들은 처음부터 끝까지 예수의 죽음을 요구하는 역할을 잘해냈다. 물론 자기들이 그런 역할을 하고 있다는 걸 전혀 깨닫지 못하는 이들도 일부 있었다. 그걸 깨닫지 못했다는 사실 덕분에 이들의 연기는 훨씬 더 설득력 있었던 게 확실했다.

그리고 빌라도는 가벼운 채찍질로 선지자를 괴롭혔을 뿐만 아니라 예수를 풀어 주고 그 대신 진짜 폭도에게 벌을 주자고 제안하는 나름의 묘수를 쓰기까지 했다. 두 가지 행동 모두 이들의 연극에 진짜 같은 분위기를 더해 주었고, 적지 않은 구경꾼이 이 모든 광경을 보고 설득을 당했다. 빌라도가 예수를 풀어 주고 싶어 한다는 이야기를 널리 퍼뜨리라고 여러 밀정에게 지시하긴 했지만, 그날 아침 재판 현장을 지켜본 많은 구경꾼 덕분에 이 소식이 곧 온 도성을 뒤덮을 가능성이 훨씬 높아졌다.

예수를 십자가에 매달 준비를 하고 있을 때, 엘르아살은 로마 병사들이 예수를 조롱하는 것을 보았다. 한 병사가 푸른 나뭇가지 같은 것으로 왕관을 만들어 예수의 머리에 씌웠고, 또 한 병사는 자기 옷을 예수의 어깨에 걸쳐 놓았다. 그러고 나서 두 병사는 예수가 마치 왕이기라도 한 듯 그 앞에서 절을 했다.

병사들의 조롱은 오래가지 않았다. 이 병사들을 지휘하는 백부장이 가야바와 짧은 면담을 마치고 와서 이들을 호되게 꾸짖었기 때문이다. 그러고 나서 백부장은 다시 가야바에게로 가서 나직한 소리로 무언가를 말했다. 백부장이 뭐라고 했는지 몰라도 아버지를 기분 좋게 하는 말은 아닌 것 같았다. 백부장은 자기가 할 수 있는 일은 없다는 듯 그저 두 손을 들어 올려 보이고는 가버렸다. 엘르아살은 둘 사이에 무슨 말이 오갔는지 궁금했다.

엘르아살이 아버지에게 다가가 보니 아버지는 들릴 듯 말 듯한 소리로 빌라도를 욕하고 있었다. "뭐가 잘못됐습니까?" 엘르아살이 물었다. "저 군인이 뭐라고 했기에 화가 나셨습니까?"

"빌라도 때문이다!" 가야바가 말했다. "빌라도가 즉흥적으로 일을 벌여 놓고 수습은 내가 다 하게 만들어 놓았어!"

"무슨 말씀이신지 모르겠습니다. 빌라도가 무슨 일을 벌였습니까?" 아버지가 이렇게 화를 내는 것은 보기 드문 일이었다.

"오늘 우리가 처리해야 할 처형이 두 건이나 더 있다!" 아버지의 목소리는 격앙되어 있었다. "로마 병사 습격 사건으로 세 명을 체포했는데 빌라도가 그 중 전혀 위협이 안 되는 인물 하나는 풀어 주고 나머지 둘은 우리더러 예수와 함께 십자가형에 처하라고 한다는구나."

"그 일을 왜 우리가 합니까?" 엘르아살이 물었다. "우리가 체포한 것도 아니고 재판도 우리가 안 했는데요."

"빌라도는 그런 것 신경 안 쓴다!" 가야바는 화가 단단히 나 있었다. "게다가 사람들이 그런 건 잘 모른다는 걸 빌라도는 알고 있지. 사람들은 우리가 책임지고 그 세 사람을 반란과 치안 방해죄로 처형하는 걸로 알 거다."

"우리 쪽에서 무슨 방도가 없을까요?" 엘르아살이 물었다.

아버지는 고개를 가로저었다. "빌라도는 로마 총독이다, 아들. 빌라도가 나를 임명했고, 나는 그의 명령에 응해야 한다. 지금으로써는 그의 명령을 따르는 것 말고 우리가 할 수 있는 일이 아무것도 없다. 하지만 우리는 이 일을 잊어서는 안 된다."

사환이 와서 처형 준비가 완료되었으니 이제 골고다로 출발해도 된다고 알렸다. 십자가형은 보통 골고다에서 집행되었다. 가야바가 엘르아살, 아론과 함께 행렬을 인도하고, 고위 제사장 집안의 제사장들 다수가 이들을 따르기로 했다. 에스라와 시므온은 성전으로 돌아가 유월절 준비를 감독해야 했다. 가야바가 십자가형을 감독하는 동안 성전에서 처리해야 할 기타 업무는 안나스와 그의 아들들이 자원해서 맡기로 했다.

아버지에게서 그 말을 들은 엘르아살은 아이고, 외할아버지 친절하기도 하시군, 하고 속으로 빈정거렸다. 안나스는 이 선지자의 죽음과 관련해 어떤 공적인 역할을 하는 모습을 이제 더는 보이지 않으려 할 것이다. 엘르아살이 눈여겨본 바로는 빌라도의 재판 때도 안나스는 제사장의 공식 예복 차림이 아니었고 구경꾼들이 자기를 알아보기 어렵게 시종 군중들 후미에만 서 있었다.

골고다로 가는 길에는 로마 병사 여섯 명만 동행했다. 로마인의 존재는 가능한 한 적은 게 좋았지만, 십자가형을 집행하려면 로마 병사가 있어야 했다. 예수가 예루살렘의 유력 제사장들에게 처형당하는 것으로 보이는 게 가장 바람직한 그림이었다. 백성들에게서 항의가 있을 수도 있고, 어쩌면 격렬하게 항의할 위험도 있었지만, 그래도 대제사장의 길을 가로막는 것은 꺼릴 거라는 기대가 있었다. 빌라도도 가야바도 결국은 대제사장이라는 직분을 존중하는 백성들의 마음, 그리고 의롭고 경건한 사람이라는 가야바 개인의 명성에 의지하는 형국이었다.

행렬은 길지 않았다. 처형장은 도성의 북쪽 벽 바깥쪽, 해골을 닮은 언덕에 있었다. 하지만 시내의 도로를 통과해서 가야 했기에 엘르아살은 이 행렬이 사람들에게 어떤 반응을 얻게 될지 염려스러웠다.

마당을 출발한 이들은 첫 번째 도로로 들어섰다. 아직 아침 아홉 시가 안 된 시각이어서 거리에는 오가는 사람이 별로 없었다. 하지만 행렬이 지나가자 집안에 있던 사람들이 창문과 발코니, 지붕으로 모여 구경하기 시작했다. 행렬보다 앞서 달려나가 다른 이들에게 소식을 전하는 사람도 있었다. 사람들의 표정을 살피던 엘르아살이 이들의 얼굴에서 주로 본 것은 슬픔이었다. 눈물로 얼룩진 얼굴이 많았고, 어떤 이들은 큰 소리로 울부짖었다. 한 여인이 달려

나와 예수에게 물 잔을 건넸지만 로마 병사들은 제지하지 않았고, 이를 본 엘르아살은 안도했다. 어떤 얼굴에서는 분노가 보이기도 했으나 제사장들이 가장 두려워하던 일은 끝까지 발생하지 않았다.

사람들은 돌을 던지지도 않았고 폭도로 돌변하지도 않았다. 자신들을 향해 큰소리로 항의하는 사람 하나 없는 것을 보고 엘르아살이 오히려 의아할 지경이었다. 엘르아살은 새벽에 있었던 일 이야기가 이미 사람들에게 다 퍼져 있는 것이라고 결론지었다. 행렬이 지나는 동안 거리는 조용하고 음울했지만 어쨌든 북쪽 성문까지 이들은 무사히 도착했다.

처형장이 점차 가까워지자 큰 무리가 모여 있는 것이 보였다. 십자가형이 집행될 때는 일반적으로 사람들이 많이 모이지 않았다. 십자가형을 당하는 사람이 대개는 그다지 널리 알려진 사람이 아니기 때문이었다. 가족이나 가까운 친구라면 몰라도, 그런 섬뜩한 광경을 굳이 구경하러 오는 사람은 거의 없었다.

하지만 예수는 백성들에게 인기 있는 사람이었기 때문에 이번 십자가형은 이야기가 달랐다. 사랑하는 선지자에게 지지를 표하려고 온 사람도 많을 테고, 새벽에 있었던 재판 소문이 사실인지 확인하려고 온 사람도 틀림없이 있을 것이다. 저들이 갈릴리 선지자에게 정말 유죄를 선언했다고? 빌라도가 정말로 이 선지자를 무죄로 여겼다는 말인가? 이 선지자가 동족 제사장들의 손에 처형당한다고? 보통은 빌라도가 십자가형을 주관하는데 이날은 빌라도가 모습을 보이지 않는다는 것이 이 모든 의문에 대한 답이 될 터였다.

　행렬이 처형장에 이르러 보니 다른 두 죄수는 이미 도착해 있었고, 로마 병사 넷이 보초를 서고 있었다. 죄수들의 옷은 허리까지 벗겨져 있었고, 갇혀 있는 동안 고문을 당한 것이 분명했다. 그리고 이제 이들의 등에는 새로운 채찍 자국이 나 있었다.

　십자가형은 끔찍하고 소름 끼치는 형벌로서, 로마인들이 완성한 처형 방식이었다. 십자가형은 아무도 로마의 권세에 도전하지 못하게 할 의도로 공개적으로 시행하는 처형이었다. 십자가는 로마를 승자로 선언했고, 십자가에 달리는 자를 패자로 선언했다. 십자가에 달리는 사람은 발가벗겨졌으며, 이는 그 자체로서 수치였다. 발가벗겨진 다음에는 십자가에 고정되었는데, 대개 밧줄로 묶였지만 못으로 십자가에 박히는 경우도 있었다. 죄수는 그렇게 매달려 비바람에 노출되고 호흡이 곤란해진 끝에 죽음을 맞았다. 엘르아살은 십자가에 달린 죄수들이 공기를 마시려고 체중을 밀어 올리려 애쓰다가 근육에 경련이 생기고 숨이 차는 고통 속에서 몸부림치는 것을 봤다. 그렇게 몸을 밀어 올릴수록 경련은 심해졌고, 경련이 심해질수록 몸을 더 비틀게 되는 악순환이 생겼으며, 이는 차마 두 눈 뜨고 지켜볼 수 없는 참상이었다. 그 극도의 고통에도 불구하고, 살려는 의지 때문에 죄수가 여러 시간을, 때로는 여러 날을 버티는 경우도 있었다. 하지만 결과는 늘 똑같았다. 목숨을 부지해서 로마의 십자가에서 벗어난 사람은 아무도 없었다. 가능한 한 빨리 죽는 것만이 죄수가 바랄 수 있는 유일한 자비였다.

엘르아살에게는 매우 유감스러운 일이었지만, 로마 병사들은 죄수를 못으로 고정하는 쪽을 더 좋아하는 것 같았다. 엘르아살은 도저히 그 광경을 지켜볼 수가 없었다. 쇠못이 뼈를 바스러뜨리는 소리와 그 뒤에 이어지는 비명만으로도 속이 뒤집어지기에 충분했다. 이 준비 과정만으로도 구경꾼들은 숨이 멎을 듯한 상태로 공포에 질려 눈물을 흘렸다. 십자가형의 순서를 잘 아는 사람도 절대 그런 참상을 지켜볼 마음의 준비를 할 수 없었다.

병사들이 십자가를 일으켜 세우기 전, 각 죄수가 무슨 죄로 처형당하는지를 알려 주는 죄패가 붙었다. 로마 병사들을 죽인 두 사람 머리 위로는 "반란자"라는 죄패가 붙었다. 예수의 머리 위로는 "유대인의 왕"이라 쓰인 팻말이 붙었다. 예수가 처형당하는 것은 정복자, 이스라엘을 이끌고 로마를 전복시킬 메시아 행세를 했기 때문이었다. 이는 혹시 그런 대망을 품었을지도 모르는 사람을 향한 경고이기도 했고, 예수가 그런 구원자이기를 바랐던 모든 이들을 조롱하는 말이기도 했다. 십자가에 달린 메시아라니, 이보다 더 역설적인 것은 없었다.

십자가가 일으켜 세워졌고, 예수는 두 반란자 사이에 매달렸다. 이들의 고통은 이제 시작일 뿐이었고, 군중들 사이에서는 슬픔과 비탄의 울음이 터져 나왔다. 가야바, 엘르아살, 아론은 곧 처형장을 떠났다. 처형 현장에 자리하는 것으로써 이들이 바라던 효과는 다 이뤄졌다. 이제는 성전으로 가서 자신을 정결케 한 뒤 유월절을 준비하는 일에 합류해야 했다. 가야바는 제사장 몇 사람을 지정해 계

속 처형장에 머물며 형 집행을 감독하라고 한 후 나머지는 돌아가
게 했다.

죄수들이 십자가에 매달리는 광경과 그 소리가 머릿속을 맴도
는지라 엘르아살은 이 아침에 거둔 성공을 마음껏 기뻐하기가 힘
들었다. 하지만 계획은 이보다 더 훌륭할 수 없을 만큼 잘 진행되
었다. 이들은 문제 있는 선지자를 제거했고, 적어도 지금까지는 도
성도 평화로웠다. 위기에서 완전히 벗어나지는 못했을지라도 가장
위험한 구간은 통과한 것 같았다.

갈렙

골고다에 도착한 갈렙은 사람들 사이를 헤치고 가족들을 찾아다
녔다. 그 일에 골몰하느라 처음에는 십자가형을 당하는 사람이 하
나가 아니라 셋이나 된다는 사실도 알아차리지 못했다. 누이와 사
촌들이 맞은편 군중들 틈에 서 있는 것을 발견하고서야 그는 죄수
가 여러 명이라는 것을 깨달았다. 갈렙의 시선은 곧장 한가운데 있
는 선지자 예수에게로 향했지만, 선지자의 양옆에 매달린 사람들
에게로 시선을 돌린 순간, 그들을 알아본 갈렙은 공포에 휩싸여 온
몸이 얼어붙었다. 그의 시선 끝에 있는 것은 고통으로 뒤틀린 요셉
과 시므온의 얼굴이었다!

죄책감, 수치심, 견딜 수 없는 후회가 서서히 밀려들었다. 자신의
잘못이었다! 자신의 행동 때문에 저들이 십자가에 매달린 것이다.
자기도 모르게 주저앉아 무릎을 꿇은 갈렙은 온몸을 부들부들 떨

며 걷잡을 수 없는 흐느낌을 토해내기 시작했다.

얼마 후 누군가의 손길이 그의 어깨에 와 닿았다. 고개를 들어 돌아보니 사촌 유다의 얼굴이 보였다. 유다 역시 두 눈에 눈물이 가득했다. 그는 갈렙 옆에 무릎을 꿇고 앉아 어깨를 감싸 안았다.

"형의 고통이 느껴져." 유다가 가만히 말했다. "요셉하고 시므온은 나하고 가장 가까운 친구였지, 형제보다 더 가까운."

갈렙은 유다의 말을 듣고 있었지만, 유다의 말은 어떤 면에서 사실이 아니었다. 그 말이 왜 사실이 아닌지 유다는 절대 알지 못할 터였다. 갈렙이 느끼는 고통은 유다가 결코 느끼지 못할 고통이었다. 갈렙의 고통은 그 자신의 배신행위에 깊이 스며들어 있는 고통이었다.

"이런 일이 생길 수도 있다는 걸 친구들도 알고 있었어." 갑자기 힘이 솟아오르는 듯한 목소리로 유다가 말했다. "우리가 모두 알고 있었지. 로마에 맞서 무기를 드는 순간 십자가가 내 최후가 될지도 모른다는 걸 우리는 다 알아. 이 친구들은 영웅으로 죽는 거야. 그걸 생각하면서 어떻게든 고통을 가라앉히도록 해."

'내가 배신하지 않았다면 친구들은 죽지 않아도 되었을 거야.' 그런 생각이 들었지만, 갈렙은 아무 말 없이 고개만 끄덕였다.

"친구들의 삶은 헛되지 않을 거야. 내 친구들은 저기 가운데서 죽는 저 선지자처럼 죽는 게 아니야. 저 선지자는 다가올 한 나라를 약속했고 그 나라를 실현하는 메시아 행세를 했지만, 따지고 보면 우리 백성들의 뜻을 이뤄 주기 위해 아무것도 한 것이 없어. 하지만 요셉과 시므온은 진짜 로마 놈들의 피를 손에 묻힌 채 죽는 거야. 이 친구들의 믿음은 진짜배기였고, 이들의 열심에는 의문의 여지가 없었지. 하나님의 나라가 임하게 하려면 요셉과 시므온 같은 사람들이 더 많아야 할 거야."

유다의 말이 갈렙에게는 어느 때보다 의미 있게 와 닿았다. 선지자 예수처럼 밝아올 새 시대에 대한 소망을 말한 사람은 너무 많았지만, 이들은 이뤄지지 못한 그 소망과 함께 죽어갔다. 어쩌면 폭력만이 언젠가 하나님의 나라가 실현되는 유일한 길인지도 몰랐다. 그러나 로마와 자기 자신에 대한 증오에 힘을 받은 갈렙은 지금 여기서 유다와 뜻을 같이하기로 마음먹었다. 영광스러운 새 나라를 못 볼지라도 상관없었다. 결과가 어떻든 갈렙은 로마 놈들의 피를 보는 일에, 그 원수를 돕는 자들의 피를 보는 일에 자기를 바치기로 했다. 그렇게 그 일에 몰두하다 보면 혹 자신의 배신행위를 용서받을지도 몰랐다. 어쩌면 죄책감 때문에 결국 그 죄책감을 달래 줄 만한 행동으로 달려 들어가는 것일 수도 있었다. 그러나 어떤 대가를 치르든 밀정으로 사는 날은 이제 끝이었다.

"식구들한테 가 봐야겠어." 갈렙은 유다에게 가만히 말했다.

"그래." 유다는 벌떡 일어나 갈렙이 일어나는 것을 도와주었다.

두 사람은 인파를 헤치고 갈렙의 고모 식구들과 미리암에게로 갔다. 모두 눈물범벅이었다가 갈렙이 나타나자 서로를 포옹하며 위로를 나누었다. 갈렙의 사촌 형 야곱은 선지자 예수에게 큰 기대를 품고 있었는데 이제 그 기대가 사라지자 몹시 힘들어하는 기색이 역력했다. 미리암도 이 선지자를 좋아했지만, 정말 미리암의 가슴을 찢어 놓은 것은 요셉과 시므온의 죽음이었다. 이들은 어릴 때 함께 놀며 자랐다. 사내애들은 미리암의 머리카락을 잡아당기며 놀리곤 했다.

이들은 눈앞에서 벌어지는 비극을 멀리에서도 차마 바라보지 못한 채 한동안 그렇게 함께 서 있었다. 그때 엘리사벳 고모가 마침내 입을 열었다. "여기 더 있어봤자 좋을 게 없어. 마음을 추슬러야 해. 유월절을 지내려면 준비를 해야지. 몸을 움직여 일하는 게 정신 건강에 좋을 거야." 아무 대답이 없었지만 엘리사벳의 말이 옳다는 것을 모두 알아들었다. 엘리사벳이 먼저 걸음을 떼자 모두 천천히 뒤를 따랐다.

유다와 함께 마지막까지 서 있던 갈렙이 유다에게 말했다. "유다, 오늘 내가 너하고 뜻을 함께하기로 마음먹었다는 걸 알아 둬. 너한테 내 목숨을 맡길 게, 무슨 일이든 시키기만 해." 유다는 서글픈 중에도 언뜻 자랑스러움이 비치는 얼굴로 고개를 끄덕였다. 두 사람은 포옹을 나누고 집으로 향했다. 그날 저녁의 유월절 식사는 무거운 분위기일 것이 확실했다.

8.
그 후

빌라도

혼자 저녁 식사를 하려고 발코니에 나와 앉은 빌라도의 온몸으로 봄날 저녁의 산들바람이 시원하게 밀려들었다. 오늘 밤 빌라도는 혼자서 편안히 저녁 식사를 하고 싶었다. 오늘 거둔 승리에 대해 자신에게 상을 주고 싶었던 것이다. 요리사에게 주문한 것은 두툼하게 잘라낸 연한 소갈비(로마에서라면 돼지고기로 해달라고 했을 텐데 유대 지역에서는 돼지고기 구하기가 힘들었다), 고급 이탈리아 치즈 한 덩이, 구운 채소 모둠, 도수 높은 폼페이 산 붉은 포도주였다. 이 정도 구색이면 제국 전역에서 최고급으로 칠 만했다.

이 작은 연회를 즐기면서 빌라도는 오늘 거둔 성공을 곰곰이 되씹어 보았다. 새벽에 있었던 선지자 예수 재판은 더할 나위 없이 멋졌다. 재판 현장에 있던 사람들은 아덴(아테네) 극장의 관객들도 즐겁게 관람했을 만큼 설득력 있는 한 편의 연극을 보았다. 가야바의 제사장들이 제 역할을 잘 해주긴 했지만, 빌라도가 생각하기에 자신의 연기야말로 오늘의 으뜸 연기라 할 만했다. 빌라도가 예수를 풀어 줄까 아니면 한 폭도를 풀어 줄까 했을 때 가야바의 얼굴은 돈 주고도 볼 수 없을 표정이었다! 그 노(老) 제사장은 빌라도가 정말 예수를 석방하고 싶어 한다고 여기는 것 같았다! 그 광경을 떠올리자 빌라도는 웃음이 터져 나왔다. 선지자 앞에서 냉정을 잃은 것이 옥의 티였다. 그를 후려친 것은 세련되지 못한 행동이었고 자칫 위험한 결과를 낳을 뻔했다. 사람들 앞에서 연기할 때도 저절로 분노가 표출될 뻔했는데, 만약 그랬다면 문제가 됐을 것이다. 하지만 하루가 저물어가는 시점에서 돌아보니 모든 계획이 순조롭게 진행되었다. 무엇보다 좋았던 것은, 사람들이 이 연기를 믿었다는 것이다! 격렬한 저항이 있을 경우를 대비해, 병사들과 밀정들을 도성 전역의 전략적 요지에 배치했지만, 그런 사태는 벌어지지 않았다. 분노가 서서히 달아올라 며칠 후 폭발할 위험도 분명 있었지만, 아직 아무 일도 안 일어났다면 앞으로도 아무 일 없을 거라고 빌라도는 자신했다. 유월절 축하하는 데 정신이 팔린 사람들은 새벽에 있었던 일에 신경 쓰지 못할 터였다. 앞으로도 부단히 경계하기는 할 테지만 빌라도는 지금 이 순간만은 마음 편히 숨 쉴 수 있을 것 같은 기분이었다.

　영리한 수완으로 말썽꾼 녀석 둘을 죽이는 일까지 가야바에게 떠넘긴 것을 생각하자 빌라도의 얼굴에는 다시 한 번 미소가 피어

올랐다. 가이사랴에서 함께 온 백부장 고넬료의 말을 들어보니, 예수 외에 두 죄수를 처형하는 일까지 책임져야 한다는 것을 알고 가야바가 매우 불쾌해 했다고 한다. 놀랄 일은 아니었다. 가야바를 골탕먹이려고 일부러 작정한 일이었다. 빌라도는 그 노 제사장을 존중했고, 그가 이 예수 문제를 해결하는 데 도움을 준 것도 만족스러웠다. 그러나 따지고 보면 이 일은 가야바가 자초한 문제였다. 빌라도는 가야바가 자기 잘못을 그냥 잊고 넘어가게 놔둘 마음의 준비가 안 되어 있었다. 게다가 그 두 녀석은 분명 처형당할 만한 짓을 했다. 그 둘은 로마 병사 습격 사건에 가담한 것이 틀림없었다. 하지만 둘 다 입을 다물고 아무 말도 하지 않는 바람에 빌라도는 꽤 애를 먹었다. 엄청난 고문을 당하면서도 두 녀석은 공모자의 이름을 발설하지 않았다. 하나의 대의에 그 정도로 몸과 마음을 바치는 모습이 대단하기는 했지만, 이 골치 아픈 상황을 끝내는 길은 녀석들을 죽이는 것뿐이었다.

빌라도가 석방한 녀석은 십자가형을 당한 녀석들보다 덜 중요한 인물임이 분명했다. 녀석은 별로 정보를 내놓은 게 없었지만 이는 아는 게 별로 없기 때문인 것 같았다. 게다가 녀석은 손을 대기도 전부터 아기처럼 훌쩍였다. 빌라도가 보기엔 이 자가 정말 습격에 가담하기는 한 건지 의심스러울 정도였다. 그 녀석을 풀어 줌으로써 빌라도는 순진한 죄수 하나 석방하는 걸로 생색을 내면서 예수에 대한 자신의 판결에 진정성을 더할 수 있었다.

빌라도는 이번 주 자신에게 닥친 큰 행운에 대해 신들에게 감사하는 기도를 했다. 열심히 계획을 짠 것이 중요한 역할을 하기는 했지만, 빌라도는 행운의 역할을 무시할 만큼 오만하지는 않았다. 그는 신들이 마음만 먹으면 인간이 짜낸 가장 멋진 계획도 다 망쳐 버릴 수 있다는 것을 잘 알고 있었다. 이번 일요일 아침 가이사랴로 돌아가면 정식으로 신들에게 영광을 돌릴 생각이었다. 예수라는 이 위협을 해결한 것은 로마의 지배가 신의 선물임을 보여 주는 또 하나의 증거였으며, 신들은 누구든 이 지배에 저항하려는 자나 저항하려는 시도는 다 좌절시킬 터였다.

식사를 마치기 직전, 빌라도는 이 밤 자신이 연회를 즐기고 있는 것처럼 수많은 유대인도 그러하리라는 생각이 들었다. 유대인들은 외세의 지배에서 구원받은 것을 축하하는 식사에 참여했지만 빌라도는 그런 구원을 저지한 또 한 번의 사례를 축하하고 있었다. 그는 이 역설에서 큰 기쁨을 느꼈다.

엘르아살

선지자 예수를 십자가형에 처한 지 이제 거의 만 이틀이 지났고, 도성은 여전히 평화로웠다. 오늘 가야바는 측근 제사장들을 불러 축하의 점심 자리를 마련했다. 이들에게는 축하할 일이 많았다. 도성의 평화를 위협하는 위험한 인물을 제거했고, 그렇게 했는데도 폭력적 저항 사태는 일어나지 않았다. 그런 와중에 도성 백성들을 이끌고 유월절 축하 행사도 잘 끝냈다. 어린양들이 죽임당했고, 제사가 거행되었고, 백성들은 가족들과 함께 평화롭게 잔치를 벌였다. 게다가 전날 저녁 가야바는 빌라도에게서 개인적인 편지도 받았다. 도성의 평화를 유지하는 데 가야바의 공로가 컸다고 치하하는 내용이었다. 또한 빌라도는 앞으로 어떤 항의 사태가 발생할지 모르지만 그럼에도 불구하고 로마는 예루살렘을 다스리는 대제사장으로서 가야바를 전적으로 지지하고 있다고 안심시켜 주었다. 일주일 전만 해도 가야바의 역할은 그가 그토록 사랑하는 도성의 평화와 마찬가지로 큰 위기에 빠졌으나, 이제는 모든 것이 다 순조로웠다. 실로 축하할 일이 많지 않은가!

제사장들 앞에는 구운 양고기, 신선한 생선, 포도와 무화과, 대추야자, 감람열매, 갓 구워낸 갖가지 빵 등 풍성한 음식이 차려졌다. 포도주도 유대식으로 진하게 빚은 고린도, 알렉산드리아, 심지어 이탈리아 농촌 산 포도주에 이르기까지 종류별로 차려져 있었다. 초대한 손님들이 다 도착하자 가야바는 모두를 향해 짤막한 연설을 했다. "친애하는 형제님들! 이틀 전 우리는 하나님께서 우리 백성을 애굽 땅과 종살이에서 구해내신 신실한 역사를 축하했습니다. 그리고 오늘 우리는 하나님의 또 다른 구원을, 곧 우리 백성을 그릇되고 왜곡된 생각에서 구원하신 것을 축하하고자 모였습니다. 백성들은 외세의 점령을 증오하는 마음 때문에 우리 앞에 펼쳐진 크나큰 기회를 보지 못하고 있습니다. 우리 하나님이 얼마나 크신 분이며 하나님께서 우리에게 어떠한 삶의 방식을 주셨는지 이방 이웃에게 증언할 기회 말입니다. 백성들을 그냥 내버려 둔다면 하나님의 두 번째 심판을 자초할 것입니다. 하나님께서는 전에 바벨론 사람들을 보내 우리 성전을 파괴하게 하신 것처럼, 이번에는 로마인들을 보내 똑같은 일을 하게 하실 수도 있었습니다. 하지만 그 심판이 오늘 임하지는 않을 것입니다!"

이 말과 함께 가야바는 포도주잔을 높이 들었고, 손님들은 이에 화답해서 한목소리로 환호했다. 가야바는 이야기를 이어갔다. "이 상에 둘러앉은 분들의 지혜와 부지런함과 수고, 그리고 우리 하나님의 도움 덕분에 우리는 외세의 압제와 파괴에서 우리 백성들을 또 한 번 구해 냈습니다. 그러므로 오늘은 마음껏 축하하십시다!" 다시 환호가 이어졌다.

식사하는 동안, 그 주간에 있었던 사건들에 관해 서로 채 알지 못했던 이야기들이 입에서 입으로 전해졌다. 수고했다고, 잘해냈다고, 모두 서로를 칭찬했다. 농담도 주고받고 흔한 이야기들을 나누노라니 온 방에 웃음소리가 가득했다. 좋은 결과를 냈고, 거기다 진한 포도주가 곁들여지니 만사가 다 흥겨워 보이는 법이었다.

엘르아살은 아버지가 크게 웃고 즐거워하는 모습이 특히 기뻤다. 아버지는 절제력이 뛰어나고 한평생 좌로나 우로 치우치지 않는 사람이요, 삶의 기쁨을 이런 방식으로 자신에게 허용하는 경우가 거의 없는 사람이었다. 늘 근엄했던 아버지가 이런 모습을 보이는 것은 보기 드문 일이었다. 하지만 엘르아살은 아버지가 지난 몇 달 동안 얼마나 큰 스트레스에 시달렸는지, 이런 종류의 축하 자리가 얼마나 필요했는지 알고 있었다.

대화의 중심은 아론이었다. 아론이 모두가 백 번쯤은 들었을 법한 우스개를 늘어놓고 있을 때 한 종이 들어와 가야바에게 쪽지를 건넸다. 아론은 아랑곳하지 않고 하던 이야기를 계속했지만 엘르아살은 아버지가 쪽지를 읽는 것을 지켜보았다. 처음에는 혼란스러운 표정이 스쳐 지나갔지만, 아버지는 이내 미소를 짓기 시작했다. 아론의 촌철살인 한 마디에 모두 한바탕 웃음을 터트리고 있는데 가야바가 손을 들어 좌중을 주목시켰다. "여러분, 잠깐 주목해 주십시오! 갈릴리 선지자에 관한 소식이 들어왔습니다." 가야바는 냉소가 섞인 진지한 얼굴로 말했다. "제가 들고 있는 이 쪽지는 존경하는 바리새인, 이삭의 아들 요셉이 보낸 쪽지입니다. 십자가형을 당한 선지자의 시신을 빌라도의 허락을 받아 장사 지냈는데, 그 시신이 없어졌다는군요!"

방 안을 둘러보니 어떤 사람은 어리둥절한 얼굴이었고 어떤 사람은 조심스레 미소를 지었다.

"아무래도 중범죄 하나가 우리 소관이 된 것 같습니다!" 가야바는 비꼬듯 말했다. "선지자의 시신을 도둑맞았습니다. 요셉은 이 도성의 정의와 평화를 지키는 사람들로서 우리가 이 사건을 해결해야 한다고 생각하나 봅니다. 어느 분이 이 일을 지휘하면 좋을까요?" 가야바는 잠시 아무 말 없이 좌중을 둘러보다가 입을 열었다. "시므온이 적격이겠군요!" 시므온 쪽으로 고개를 돌린 사람들이 폭소를 터트렸다. 가야바의 동생 시므온은 폭신한 채소 더미에 뺨을 묻은 채 잠에 빠져 있었다.

"최고 능력자를 투입하겠다고 요셉에게 곧 전갈을 보내겠습니다!" 가야바는 그렇게 시므온을 띄워 올렸다.

연회장은 또 한 번 왁자한 웃음소리로 가득 찼다.

갈렙

유월절 이후 거의 두 달이 지났다. 유월절로부터 칠 주 뒤, 첫 결
실에 감사하고 시내 산에서 토라를 주신 것을 축하하는 날인 칠칠
절도 지났고, 갈렙의 고모 가족도 다메섹으로 돌아갔다. 이 두 가지
큰 절기를 치르고 나니 생활도 다시 일상으로 돌아왔다. 장사는 계
속 잘 됐다. 하지만 십자가 사건 전부터 줄곧 연락책이 모습을 보
이지 않았다. 아마 긴급히 정보가 필요한 일이 없기 때문인 듯했다.
하지만 장사가 계속 잘 되고 있고 월수입도 늘어난다는 것은 갈렙
을 고용한 사람이 여전히 그를 고용 상태로 알고 있다는 의미였다.

십자가 사건 직후 며칠 동안 갈렙은 대제사장과의 연결 고리를
완전히 끊는 것만이 앞으로 살아갈 길이라고 생각했다. 제사장들
은 로마의 이득을 위해 갈렙을 이용했다. 이제는 그 사실을 확실히
알 수 있었다. 그런 일은 두 번 다시 없을 터였다.

하지만 지금 자신의 상황을 생각하면 할수록 또 하나의 대안을
자꾸 고려하게 되었다. 어쩌면 계속 밀정으로 남아 있는 것이 유리
할 수도 있다는. 계속 밀정으로 있으면 제사장에게 넘겨 줄 정보를
관리할 수 있을 뿐만 아니라 거짓 정보를 넘겨서 자신이 새로 품은
뜻을 유리하게 펼쳐나갈 수도 있었다. 대제사장 일가와의 연줄을
통해 오히려 자신에게 필요한 정보를 모아들일 수 있을지도 몰랐

다. 결국 갈렙은 그것이 지금 자신의 위치를 가장 적절히 활용하는 방식이라고 판단했다. 이중 첩자가 되어, 자신 측에 해가 되지 않을 정보, 더 나아가 대제사장과 그 일가를 오도(誤導)하는 정보를 제공하면서 다른 한편으로는 유대인을 로마의 권세에서 해방시키는 일을 하는 것이었다.

그래서 갈렙은 한마음으로 자유를 위해 싸우는 투사들의 모임에 참석했다. 이 모임의 창립 회원인 요셉과 시므온이 처형당한 후 처음 소집된 모임이었다. 여전히 무리를 지휘하는 유다가 새로운 모임 장소를 구했다. 로마 병사 습격 사건으로 주목을 받게 되자 유다는 바리새인 솔로몬의 필사실은 이제 안전한 모임 장소가 아니라 생각했고, 그래서 이제 한 작은 식당의 지하실에서 모이게 되었다. 공간은 필사실보다 작았지만, 안전이 안락함보다 훨씬 중요했다. 참석자들 모두 조심에 조심을 거듭했다. 로마의 감시가 계속되고 있다는 증거는 없었지만, 여전히 로마의 의심을 받으며 사는 것은 아닐까 모두 불안해했다.

마지막 모임 이후 일어난 모든 일에 비춰 볼 때, 모임에서 의논할 일이 많았다. 이들은 먼저 요셉과 시므온의 가족들을 위해 기도했고, 두 사람의 삶과 희생을 기리는 묵념 시간을 가졌다. 이들은 큰 부활의 날에 두 사람을 다시 만나게 되리라는 소망에서 위로를 받았다. 그리고 요셉과 시므온의 죽음 때문에 경제적으로 어려움을 겪게 된 이들의 가족을 전체 모임 차원에서 돕기로 약속했다. 갈렙은 꽤 큰 금액을 후원금으로 약속했다.

유다는 전투 요원으로 투입할 만한 새 회원을 몇 명 보충했다고 발표했고, 회원으로 영입할 만한 사람도 꽤 많이 점찍어 놓았다고 했다. 유다 외에 몇몇 회원도 신입 회원이 될 만한 이들을 찾아 놓았다고 했다. 유월절에 집행된 십자가형이 즉각 폭력 사태를 초래하지는 않았지만, 이 일은 많은 사람의 마음에 분노를 불러일으켰고 해방에 대해 더 강렬한 열망을 갖게 했다. 이제 로마의 폭정의 사슬을 끊어야 하며 로마의 권력과 밀접하게 연결된 유대 지도자들을 타도해야 한다고 공공연히 말하는 이들이 전보다 훨씬 더 많아졌다. 유다는 공개적 반대 의견이 점점 많아지고 있으므로 이제 이런 분위기를 이용할 때가 되었다고 선언했다. 물론 신입 회원 후보는 세심히 심사할 필요가 있었지만, 유다는 많은 이들이 곧 자신들과 뜻을 같이할 것으로 자신했다. 그럴 경우 앞으로 더 큰 모임 장소를 구해야 할 테지만, 이는 행복한 고민이었다.

이들은 지난 두 달 동안 예루살렘에 등장한 새로운 움직임에 대해서도 의논했다. 선지자 예수의 측근 제자 몇 사람이 예수가 이제 죽은 상태가 아니라 부활했다고 주장하기 시작했다. 이들은 예수가 자기들에게 나타났다고, 예수를 만져 봤다고, 심지어 예수와 함께 식사까지 했다고 주장했다. 이들은 이 부활이 예수가 정말로 하나님의 메시아이며 오래 기다려 온 하나님의 구원의 마지막 시대가 밝아왔다는 증표라고 봤다.

이런 움직임이 모종의 위협이 된다고 생각하는 회원은 거의 없었다. 그 제자들 집단은 뭔가를 잘못 알고 있는 광신자 분파로서 이

제 곧 소멸할 거라고 쉽게 생각하는 회원들이 대다수였다. 그 제자들의 주장이 얼마나 말이 안 되는지는 지금까지 아무것도 달라진 게 없다는 간단한 사실에서 확실히 드러나지 않는가! 로마는 여전히 이스라엘을 점령하고 있고, 그래서 모든 이들이 심히 압제당한다고 생각하고 있다. 사람들은 여전히 몸이 아프고, 병에 걸리고, 재정적 어려움으로 고통당하고 있다. 하나님의 축복의 마지막 시대가 정말 임한 것이라면, 이는 모든 유대인의 기대에 훨씬 못 미치는 시대임이 틀림없었다! 그러나 놀라운 것은, 그 제자들의 말을 믿고 그쪽으로 회심하는 사람들이 있다는 점이었다. 확신컨대 많은 숫자는 아니었지만, 그럼에도 그 제자들의 활동이 누군가를 설득해 그런 말도 안 되는 개념을 믿게 한다는 게 기이했다.

유다가 또 주목한 것은, 이들이 예수가 십자가에서 죽은 이야기를 자꾸 꺼내고 그 일에 대해 고위 제사장들을 비난함으로써 이 지도자들에게 두통거리가 되고 있다는 점이었다. 이들의 행동은 어떤 실제적 영향력이 거의 없었지만, 자꾸 말도 안 되는 이야기를 늘어놓아서 성전 당국자들을 자극하는 것은 틀림없었다. 유다는 이들이 이렇게 지도자들을 괴롭히는 것은 자신들의 저항 운동이 당국의 눈에 띄지 않도록 덮어 가리는 일종의 보호막이라고 했다.

모임은 요셉과 시므온이 처형당한 데 대한 가혹한 보복으로서 로마의 권력을 타격할 계획을 논의하는 것으로 끝났다. 대제사장과 그 일가를 습격하자는 이야기까지 나왔다. 대부분의 사람들이 보기에 대제사장 일가는 로마 총독의 꼭두각시로서, 총독은 자기가 하기 싫은 지저분한 일을 이들에게 떠안겼다. 이 건에 대해서는 좀 더 정보를 모은 뒤 다음번 모임에서 의견을 펼쳐나가 보기로 했다. 유다는 로마에 실질적 타격을 입히기 위해서는 면밀한 계획이 필요하다고 말했다. 아무리 분노가 치밀어도 참아야 한다고 유다는 모두에게 요구했다. 모임이 끝날 즈음, 유다는 갈렙에게 잠깐 따로 남기를 청했다. 갈렙은 유다가 무슨 이야기를 하려는 건지 궁금했다. 둘만 남자 유다는 신입 회원 충원 문제로 이야기를 시작했다. 그는 다메섹으로 돌아간 갈렙의 사촌 야곱에 관해 물으면서, 유대 땅 외의 지역에 자신들을 지원할 조직을 발전시켜 나가는 게 중요하다고 설명했다. 갈렙은 야곱에 관해 확신은 없었지만, 그래도 생각해 보겠다고 대답했다. 유대 지역 밖으로 지원 조직을 확장하는 게 좋겠다는 생각에는 갈렙도 동의했다. 두 사람은 갈렙의 가게에서 일하는 몇몇 일꾼과 집안의 다른 식구들 두어 명에 대해서도 의견을 나누었다.

이제 의논할 것은 다 했다고 생각하고 있을 때 유다가 돌연 갈렙에게 물었다. "그런데, 이 모든 정보를 대제사장에게 언제 넘길 생각이지?"

갈렙은 그 자리에 얼어붙은 듯 아무 말도 못 하고 유다를 멍하니 쳐다보았다. 거짓말을 할지 진실을 말할지 선택해야 했다. 유다가 진실을 이미 알고 있고 그래서 거짓말을 해봤자 아무 소용없으리라는 것을 갈렙은 본능적으로 알 수 있었다.

"언제부터 알고 있었어?" 갈렙이 말했다. 패배감과 수치심으로 목소리가 잠겼다.

"로마 놈들이 요셉하고 시므온, 사무엘을 잡아가던 날 밤 형을 찾아갔었지. 그 뒤에 곧 알게 됐어. 친구들이 잡혀가자마자 형을 의심했어. 그 전에 있었던 모임에 새로 온 사람은 세 명뿐인데 형이 그중 하나였고, 게다가 갑자기 형네 가게가 잘 되기 시작했잖아. 형을 찾아갔을 때, 내 의심이 틀리기를 바랐어. 형이 부인하는 말을 듣고 희망이 생겼지만, 형 말만 믿고 의심을 거둘 수는 없었어. 형을 미행했지. 처음에 형 행동만 보고는 아무것도 알 수 없었어. 대제사장 집안을 위해 일한다고 알려진 사람과 접촉하는 걸 봤지만, 그것만으로는 충분히 확신할 수가 없었지." 사실은 감시당하고 있으면서도 다행히 그것을 알아차리지 못했다는 것을 알게 되니 갈렙은 묘하게 위로를 느꼈다.

유다가 이야기를 이어갔다. "그런데 형을 찾아가서 우리 가족들을 돌봐 달라고 하던 그날 밤에 확신이 들었어."

"내가 선지자와 제자들에 관해 물었을 때였구나." 갈렙이 말했다. 사실 그 질문을 하면서 갈렙은 유다의 의심을 사지 않을까 염려했었다.

"그래. 형이 단순히 호기심 때문에 물었다고는 생각하지 않았지. 형은 정보를 수집하고 있었고, 정보를 수집한다는 건 단 한 가지 의미밖에 없었지. 그 뒤로 내가 직접 형을 따라다니면서 확인했어. 그날 밤 기억나?"

"그래, 기억하고말고. 그날 난 연락책을 만났고, 그다음에 대제사장의 형을 직접 만났지."

"연락책 만나는 것도 보고 대제사장의 형을 만나는 것도 봤어, 그리고 확신했지." 유다의 목소리에 슬픔이 어려 있었다.

"알았으면서 왜 나를 여태 살려 둔 거지?" 갈렙은 사무적인 어투로 물었다. 진실을 말하기로 한 순간 갈렙은 오늘 밤 자신이 무사하지 못하리라 생각하고 체념한 상태였다. 유다가 이 시점까지 갈렙을 살려 둔 데에는 이유가 있을 테지만 갈렙은 이제 그 이유도 시효를 다했다고 생각했다. 유다가 어떤 일까지 할 수 있는지, 그리고 배신행위를 어떻게 다루는지 갈렙은 잘 알고 있었다.

갈렙의 질문에 유다의 얼굴에 고통스러운 기미가 스쳤다. 갈렙이 무슨 생각을 하고 있는지 잘 알고 있는 표정이었다. "의심이 확신이 되자 화가 났어. 형을 죽이고도 남을 만큼 화가 났지." 유다의 눈에 눈물이 차오르다가 두 뺨을 타고 천천히 흘러내리기 시작했다. "지금 이야기하기는 부끄럽지만, 왜냐하면…" 유다는 말을 잇지 못했다. "왜냐하면 형이 내 가족이기 때문이야." 눈물은 이제 유다의 체면 따위는 봐주지 않고 흘러내렸다.

잠시 마음을 추스른 유다가 다시 입을 열었다. "복수할 마음을 품고 그날 밤 형을 그 선술집까지 쫓아갔지. 형이 술집에서 나올 때 죽일 계획이었어. 날 용서해, 형."

"왜 안 죽였어?" 갈렙도 두 눈에 눈물이 그렁한 채 물었다.

"술집에서 들은 이야기 때문에."

"술집에 들어왔다고?"

유다는 고개를 끄덕였다. "형이 대제사장한테 요구하는 말을 들었어." 유다는 흐느껴 우느라 말을 잇지 못했다. 다시 마음을 추스른 그가 말했다. "이야기를 들어보니, 형이 그날 밤 내 목숨을 구한 거야." 유다는 잠시 또 이야기를 멈추고 마음을 가다듬었다. "나를 그자들에게 넘겨 줄 수도 있었을 텐데, 형은 그렇게 하지 않고 형이 가진 힘을 써서 내 목숨을 구해 줬어." 이 말과 함께 유다는 갈렙의 어깨에 한 손을 얹으며 그를 감싸 안았다.

"요셉과 시므온까지 구할 수 있었다면 좋았을걸." 갈렙이 말했다.

"알아." 유다가 나지막이 말했다.

갈렙은 포옹을 풀고 혼란스러운 표정으로 유다를 쳐다봤다. 유다가 자신을 죽일 거라는 두려움은 거의 사라졌지만, 그가 이렇게 단도직입적으로 나오는 목적이 뭔지, 아니 자신이 밀정이라는 것을 알면서도 오늘 밤 모임에 나오게 한 이유가 뭔지 갈렙은 여전히 알 수가 없었다.

"알고 있었다면, 왜 이번 모임에 나오게 한 거야?"

"사실은 확신이 서지 않아." 유다가 대답했다. "하지만 요셉과 시므온이 십자가에서 죽는 걸 보고 형에게 무언가 변화가 생겼다고 느꼈지. 형에게서 참 슬픔을 봤어. 형이 그 친구들을 사랑한다는 걸 알았고, 친구를 잃어서 고통을 느낄 뿐만 아니라 친구의 죽음에 형이 어떤 역할을 했는지 알기 때문에 더 고통스러워 한다는 걸 알았지. 그날 형이 나한테 무슨 말 했는지 기억해?"

갈렙은 다시 눈물이 그렁그렁한 얼굴로 고개를 끄덕였다. "내 몸을 바쳐 너하고 뜻을 같이하겠다고 했지."

"형은 그날 형 목숨을 내게 맡기겠다고 약속했지, 그리고 난 그 말을 믿었어. 그 말이 형에게 어떤 의미일지, 그리고 대제사장과의 관계에 어떤 영향을 끼칠지 난 몰랐지만, 형이 그걸 깨달을 시간을 주고 싶었어. 오늘 밤 여기 참석하라고 한 진짜 이유는 단지 이렇게 모든 걸 다 털어놓고 이야기하기 위해서가 아니라 지금 형 상황이 어떤지 물어보기 위해서야. 아직도 대제사장을 위해 밀정 노릇을 하는 거야, 아니면 정말로 우리와 뜻을 같이하는 거야?"

갈렙은 잠시 뜸을 들였다. 그 질문에 대한 대답은 좀 복잡했고, 갈렙은 유다가 그걸 이해해 주기를 바랐다. "둘 다… 맞아." 갈렙이 마침내 대답했다. "밀정 노릇도 계속 할 거고, 그 신분을 이용해서 우리 뜻을 펼치기도 할 거야."

유다의 얼굴에 빙긋 미소가 번지는 것을 보고 갈렙은 깜짝 놀랐다. "그렇기를 바라고 있었어. 형이 대제사장과의 관계를 끝낼 수도 있다는 걸 알았지만, 그러지 말아 주기를 바랐지. 지난 두 달 동안 형에게 그런 암시를 주고 싶었어, 대제사장과의 관계를 이용해 우리 목적을 이루는 걸 도와 달라고 말이야. 그런데 결국은 형 스스로 그런 결정을 내리는 게 최선이라고 판단했군."

갈렙은 눈물을 닦아내며 고개를 흔들었다. "넌 늘 나를 놀라게 하는구나, 유다."

"누가 할 말을." 두 사람은 웃음을 터뜨렸다.

이야기를 다 마치고 함께 방을 나서면서 유다가 말했다. "저쪽 밀정인 형이 우리와 함께한다는 건 우리에게 엄청난 무기가 될 거야. 우리 고위 제사장님들, 로마 권력의 꼭두각시인 그 양반들이 그 권력을 무너뜨릴 사람에게 자금을 대다니 아주 깨소금 맛이군."

유다와 함께 밖으로 나온 갈렙은 밤공기를 깊이 들이마시곤 씩 웃으며 말했다. "고소한데, 정말."

저자의 말

　책을 다 읽고 나서 갖가지 의문을 품는 독자들이 많을 것이다. 내가 묘사한 예수의 죽음이 몇 가지 중요한 점에서 전통적 이해와 다르다는 것을 생각하면 특히 더 그렇다. 책에서 읽은 내용 중 어디까지가 사실이고 허구는 어느 정도인지 궁금해하는 독자도 있을 것이다. 이 내러티브가 신약성경의 복음서 내용과 상충하는 것 아닌가 의아한 독자도 있을 것이다. 이런저런 세부 사항에 대한 나의 해석에 이의를 제기하는 이들도 있을 것이다. 이 책이 불러일으키는 모든 의문에 다 답할 수는 없겠지만, 그중 몇 가지에 대해서는 최대한 답변해 보고자 한다.

　첫째, 이 내러티브에서 사실과 허구를 구별하고자 하는 이들에게는 뭐라고 말할 수 있을까? 이는 이야기 속 사건을 사실과 허구 두 가지 범주로 나누는 것만큼이나 어려운 일이다. 그런 접근법은 무엇이 정말로 사실인지 판단하기 어렵다는 점을 무시하는 접근법이다. 예수의 죽음이라는 역사상 사실에 관한 한, 그 사실이 실제로 무엇인가에 대해서는 역사가들과 성경학자들 사이에 견해차가 크고 논쟁도 많다. 신약성경에서 볼 수 있는 모든 시시콜콜한 설명이 다 역사상 사실이라고 간단히 결론 내리는 이들이 있지만, 그렇지 않은 이들도 있다. 복음서의 모든 내용이 다 역사상 사실이라고 받아들이는 이들에게 묻고 싶은 것은, 복음서들 사이에 명백한 불일치를 보이는 부분은 어떻게 이해해야 하느냐는 것이다. 역사가와 성경학자 사이에서도 예수의 삶과 죽음의 진실에 관해서는 광범위한 의견들이 있다. 예수가 의기양양하게 예루살렘으로 입성한 일은 실제로 있었던 일인가? 예수는 정말로 성전 마당을 엉망으로 만들었는가? 정말로 그랬다면 이 행동의 의미는 무엇인가? 예수는 어떤 식으로든 자신을 '메시아'로 제시했는가? 예수는 예루살렘의 평안을 위협하는 존재로 여겨졌을까? 예수는 정말로 유대 당국 혹은 산헤드린에게 재판받았을까? 유다는 정말로 예수를 배반했나? 논쟁적 이슈를 하나하나 제시하자면 끝이 없다. 이 책에서 나의 서사는 무엇이 사실이고 무엇이 허구인가에 대한 나 나름의 해석으로 직조되었으며, 논쟁적 이슈를 여기서 하나하나 자세히 다루는 것은 너무 부담스러운 일이 될 것이다. 그보다 나는 여기서 예수의 죽음의 진실에 관해 학자로서 나 나름의 의견을 개략적으로 설명하고자 한다. 그렇게 하고 나면, 이 책에서 허구임이 확실한 측면들을 좀 더 쉽게 분별할 수 있을 것이다.

예수의 죽음에 관한 나의 이해는 예수가 예루살렘에서 생애 마지막 주간을 보내는 동안 그곳의 사회·정치 환경이 어떠했느냐에서 시작된다. 그 주간은 유월절 축하 기간이었다. 유월절은 하나님께서 애굽의 종살이에서 이스라엘 백성을 구원하신 것을 축하하는 절기였다. 예루살렘과 유대의 유대인들이 당시 외세의 지배 아래

살고 있었다는 것을 생각하면, 그런 절기를 지키는 것이 이들에게 특별히 시의적절한 의미를 지녔을 것이다. 달리 표현하자면, 로마의 지배에서 벗어나는 문제에 유대인들이 너나 할 것 없이 관심을 집중하는 때는 일 년 중 유월절 말고는 없었을 것이다.

로마 제국 내의 다른 도시들과 비교해 볼 때, 예루살렘은 통상적으로 사회 불안과 정치적 긴장이 아주 높은 상태였고, 유월절 기간이 되면 그 불안과 긴장이 훨씬 고조되었다. 실제로 역사가 요세푸스의 말에 따르면, 유월절 같은 절기 때 폭동과 반란이 일어날 위험이 가장 컸다고 한다(요세푸스, 「유대 전쟁사」 1.88). 유월절에는 수많은 유대인 순례자가 예루살렘으로 모여들었다. 대다수 학자는 보통 오만 명에서 십만 명 어간이던 예루살렘 인구가 이 절기 때는 네 배에서 다섯 배까지 늘어났다고 추산한다. 군중을 통제하는 일만으로도 로마 관리들은 아주 골치가 아팠다! 이 책에서 설명하다시피, 긴장도 고조되고 군중도 통제해야 해서 유대와 로마 당국은 유월절 몇 달 전부터 시작해 유월절 기간 내내 고도의 경계 상태를 유지해야 했다. 내가 생각하기에, 유월절 동안 유대 지역의 로마 총독은 어떤 식으로든 치안이 무너지는 일 없이 이 기간이 지나갔으면 하는 것 말고는 다른 소원이 없었을 것이다. 유월절 직전 예수가 예루살렘에 왔을 때, 그분은 작디작은 불똥 하나만 튀어도 폭발할 수 있는 정치적 화약통에 발을 디딘 것이었다.

그런데 예수의 예루살렘 입성을 논하기 전에 예수 자체에 관해 약간의 해설이 선행되어야 한다. 모든 역사가와 학자가 다 동의하지는 않겠지만, 예수가 지극히 인기 높은 선지자요 교사였다는 것이 다수의 주장일 것이다. 그리고 많은 유대인이 예수를 로마의 점령에서 자신들을 구원해 낼 하나님의 메시아라고 기대하거나 믿었을 법하다. 그래서 나는 예수가 유월절을 지키려고 예루살렘으로 오기 훨씬 전부터 로마와 유대 당국의 시선을 끌고 있었을 것이라고 믿는다. 예수가 예루살렘에 오는 것을 저지하려는 어떤 시도나 계획이 과연 있었는지는, 책에서도 내가 암시하다시피 추측일 뿐이라고 일반적으로 인정된다. 하지만 로마가 이 지역을 부단히 경계했다는 점을 고려할 때, 그런 시도가 있었으리라고 보는 게 아주 타당하다. 하나님의 새 나라가 다가오고 있다고 선포하는 인기 있는 선지자라면 로마 당국이 화평에 대한 잠재적 위협으로 보았을 것이 확실하다.

이제 유월절에 예수가 예루살렘으로 입성한 일에 대해 생각해 보자. 어떤 학자들은 복음서가 묘사하는 이 사건의 역사성을 배격하지만, 나는 이 사건의 역사성을 지지할 뿐만 아니라 예수의 죽음이라는 결과를 낳은 그 당시의 정치 현실을 재구성할 때 이 역사성에 상당한 중요성을 부여한다. 예수는 정복왕으로서 예루살렘 성에 들어왔고, 백성들은 "호산나!"("구원" 또는 "우리를 구원하소서"라는 의미)를 외치고 그분을 메시아로 알고 갈채를 보냄으로써 환영했다. 바로 이 입성 사건이 교회가 매년 지키는 종려주일의 중심에 자리 잡고 있지만, 그리스도인들이 예수의 이 행동의 정치적 의미에 관해 잠깐이나마 생각해 보는 경우는 보기 드물다. 로마 당국의 눈으로 볼 때 예수는 사형에 처할 만한 범죄를 저지르고 있다! 로마의 관점에서 볼 때, 그리고 군중의 관점에서 볼 때, 예수는 로마의 압제에서 백성을 구원할 메시아 왕으로서 예루살렘에 들어오고 있다. 어떤 사람이 이런 모습으로 예루살렘에 등장한다는 것은 일 년 중 어느 때라도 극도로 위험한 광경이지만, 유월절에는 특히 더 위험할 터였다. 로마 총독 빌라도는 그런 행동에 대해 곧 보고를 받았을 것이고, 예수를 위험한 정치적 위협으로 여겨 처형하는 데에는 다른 이유가 필요 없었을 것이다. 설상가상으로 예수는 유대인의 성전에서 큰 소동을 일으켰다. 예수는 성전 지도자들을 정죄했는데, 이 지도자들은 로마가 임명한 사람들이고, 따라서 로마의 권세를 대표하는 이들이었다. 이런 행동 또한 사형에 해당하는 범죄로 여겨질 수 있었다.

이런 행동들에도 불구하고 예수는 체포되지 않았다. 당연히 이유가 궁금할 것이다. 복음서 기사를 따라서 나는 예수가 체포되지 않은 것이 그 체포 자체가 로마 당국이 피하고 싶어 하는 일의 촉매가 될지 모른다는, 즉 길거리에서 폭동이 일어나 끝내는 반란으로 이어질지도 모른다는 두려움 때문이었다고 암시했다. 이렇게 예수는 본디오 빌라도에게 이러지도 저러지도 못하는 딜레마가 된다. 체포하지 않으면 예수는 백성들을 이끌어 폭동과 반란을 일으킬지 몰랐다. 반면 체포하면 바로 그 체포 사실 자체가 똑같은 결과를 낳을 수 있었다. 그렇다면 빌라도는 이 예수 문제를 어떻게 해결할 수 있을까?

빌라도가 그 딜레마를 해결하는 과정이 나의 내러티브 중심에 자리하고 있다. 내가 제시한 구도는, 빌라도가 예루살렘의 유대인 당국자들과 결탁해서, 예수를 제거하고 예수 때문에 도성의 평안함이 위협받는 상황을 타개할 전략을 짠다는 것이다. 이 전략은 예수를 체포해서 유대 당국이 심문한 다음, 예수를 처형해 줄 것을 이들이 빌라도에게 공개적으로 정식 요청한다는 것이다. 빌라도는 예수를 무죄로 판단한다고 군중 앞에서 연극을 하되 결국은 유대 당국의 뜻에 부응해 예수를 넘겨주어 십자가형에 처하게 한다. 빌라도는 만약 로마인인 자신이 예수를 처형하는 것으로 보이면 유대인 지도자가 예수의 죽음에 책임이 있는 것으로 보일 때에 비해 폭동과 반란 가능성이 훨씬 높아진다고 유대 당국을 설득한다. 이렇게 나는 예수가 빌라도 앞에서 재판받고 유대 당국이 그 재판에 참여하는 것으로 묘사하는 복음서의 설명을, 일종의 정치 게임을 자기에게 유리하게 조작하는 행위로 제시했다. 이 계략은 이른 아침에 실행된다. 예수 지지자들, 예수가 공개적으로 체포되는 것을 보았다면 격렬히 대응했을지도 모르는 이 사람들은 이 시간에 아직 잠자리에 있거나 이제 막 잠이 깬 참이다. 그리고 이 계략은 공개적이기도 하다. 그래야 목격자들이 빌라도가 창작해낸 내러티브를 도성 곳곳으로 퍼 나를 수 있을 테니 말이다. 도성 사람들은 이 소식을 듣고 슬퍼하기도 하고 분노하기도 하지만, 가장 중요한 점은 예수의 죽음에서 로마의 역할과 관련해 혼란이 빚어진다는 것이다. 이 혼란이 잠재적 반란의 불길을 끈다. 결국 계략은 제대로 작동하고, 빌라도는 처음부터 끝까지 원하던 바로 그것을 얻는다. 폭동이나 반란 사태 없이 위험한 선지자이자 메시아임을 주장하는 자를 죽여 없애는 것 말이다.

이 책에 담긴 내러티브는 예수의 죽음과 그 죽음을 낳은 정치 현실을 이렇게 재구성해서 독자에게 창의적으로 소개하는 하나의 양식이다. 분명히 알 수 있는 것은, 이야기의 여러 부분이 나 자신의 창작이라는 것이다. 역사에 확고한 근거를 지닌 인물은 예수, 예수의 주요 제자(유다를 포함해서), 가야바, 빌라도뿐이다. 갈렙, 갈렙의 사촌 유다, 유다의 공모자들, 가야바의 아들 엘르아살은 허구의 인물이고, 이들이 등장하는 사건과 대화 속의 여러 인물도 마찬가지다. 가야바와 빌라도, 예수 같은 진짜 역사상 인물들 간의 대화도 허구다. 물론 이 대화는 로마 점령 하의 유대와 예루살렘의 사회정치적 현실에 대한 건전한 역사적 이해에 바탕을 두고 구성했다. 이는 곧 유다, 갈렙, 엘르아살 같은 인물이 존재했고, 이야기 속에서 이들의 행동은 분명 있었을 법한 역사상 현실을 반영한다는 뜻이다. 비록 그런 행동이 그 현실 자체는 아닐지라도 말이다.

어떤 이들은 이 내러티브가 신약성경의 복음서와 상충한다고, 혹은 어떤 면에서 복음서의 주장을 훼손한다고 염려할지도 모른다. 이는 내가 의도했던 목표와 완전히 동떨어진 염려다. 신약성경 복음서가 그리고 있는 예수의 죽음을 이해하기 위해서는 그 죽음의 배경이 되는 사회·정치 현실을 알아야 하는데, 그 현실을 좀 더 잘 알 수 있게 도우려는 것이 이 책의 목표다. 복음서는 예수의 죽음과 관련된 모든 상세한 내용을 하나도 남김없이 기록한 역사적 기술이 아니며, 그런 의도로 기록되지도 않았다. 각 복음서는 저마다의 목적을 갖고 예수의 수난과 죽음을 그리고 있으며, 그래서 복음서마다 예수의 죽음을 약간씩 다르게 묘사한다. 복음서 기자들은 당시 사회·정치 정황에 관해 독자가 이미 알고 있다는 전제 아래 많은 부분을 기록해 나가는데, 사실 대다수 현대 독자들에게는 그런 정보가 없다. 그뿐만 아니라, 예수의 죽음과 관련해 적어도 몇 가지 정보는 솔직히 복음서 기자들도 알지 못한 정보였다. 그래서, 신약성경 복음서가 예수의 죽음에 대해 알려 주는 최고의 역사 자료이기는 하지만, 복음서가 그리는 역사를 가장 잘 이해하기 위해서는 역사를 분석하고 재구성하는 추가 작업이 필수적이다. 내가 창작해낸 내러티브는 바로 그렇게 분석하고 재구성한 내용을 반영한다.

한 가지 예를 드는 게 아마 이런 주장을 가장 잘 설명해 줄 것이다. 복음서는 빌라도가 예수를 무죄로 판단했다고 서술하는데, 이는 역사가들과 신약성경 학자들에게 오랫동안 매우 골치 아픈 문제가 되어 왔다. 복음서 기자를 제외한 고대 저자 중 적어도 두 사람이 묘사하는 빌라도는 로마의 권위에 저항하는 움직임을 만나면 거침없이 피를 보는 사람이다._{알렉산드리아의 필로, 「가이오에게 보낸 사절」 299-305, 요세푸스, 「유대 전쟁사」 2.9, 「유대 고대사」 18.35-177)}. 하지만 복음서가 그리는 빌라도는 말썽꾼 유대인 하나 처형하는 것도 내키지 않아 하는 사람이다. 예수가 메시아적 인물로 의기양양하게 예루살렘으로 입성한 것, 백성들에게 큰 인기를 얻은 것, 그리고 로마를 뒷배로 둔 유대 당국을 가혹하게 비난한 것을 역사적 사실로 인정하면, 빌라도가 예수를 무죄로 판단한다는 것이 특히 더 당혹스럽다. 이런 사실 앞에서 우리는 빌라도의 무죄 판결을 어떻게 설명해야 할까? 어떤 학자들은 빌라도가 예수를 무죄로 여겼다는 복음서 기사는 변증적, 논쟁적, 혹은 신학적 이유로 날조된 거짓말이라고 일축했다. 또 어떤 학자들은 복음서의 주장이 진실임을 옹호하는 대안적 설명을 모색해 왔다. 그러나 빌라도가 예수를 무죄로 판단했다는 복음서의 묘사에는 역사에 근거한 후속 설명과 이해가 여전히 필요했다. 복음서는 이 긴장을 해결해 주지 않으며, 이는 복음서의 목적도 아니다.

　빌라도가 예수를 무죄로 판단한다는 문제에 대해 나 자신이 제시하는 해법은, 빌라도가 비공식적으로는 예수를 제거하고 싶어 했으면서도 정치적 이유로 공개적으로는 예수를 무죄로 판단했다는 서사를 제공하는 것이다. 이는 복음서의 기사와 모순되거나 복음서 기사를 부인하는 해법인가? 나는 그렇지 않다고 본다. 복음서는 빌라도가 사람들에게 보여 주고자 했고 도성 전역에 알려지기를 원했던 공개 서사를 제시한다. 하지만 나는 예루살렘의 유력자들이 비밀로 지킨 은밀한 서사가 있었다는 안※)을 제시하고 싶다. 내가 제시하는 서사는 복음서 기사와 상충하는 게 아니라 오히려 복음서가 증언하는 공개적 서사를 확증한다. 그러나 그와 동시에, 나의 서사는 실제 역사와 관련해 복음서에 존재하는 긴장이 설명되고 완화될 수 있는 하나의 방법을 제공한다. 즉, 복음서 기자들이 알지 못했던 어떤 비공식 서사가 있을 수도 있다는 것이다.

　또 하나의 예는 내가 바라바라는 인물을 처리하는 방식이다. 바라바는 각 복음서의 수난 기사마다 등장한다. 빌라도는 예수를 풀어 줄지 바라바라고 하는 사람을 풀어 줄지 결정하라고 자기 앞에 모인 군중에게 선택권을 준다. 그런데 방금 읽은 책에는 바라바라는 이름이 등장하지 않는다는 것을 많은 독자가 아마 알아챘을 것이다. 이 책에서 빌라도는 바라바라는 사람을 풀어 주는 게 아니라 유다의 절친 사무엘을 풀어 준다. 이름이 이렇게 달라진 것은 바라바에 관해 복음서에서 전해지는 내러티브를 둘러싼 역사적 질문과 관계있다. 로마 총독은 유월절에 왜 위험한 정치범을 풀어 주려고 했을까? 로마 황제에게서 이 지역의 평화를 유지할 임무를 부여받은 사람으로서 이것이 과연 적절한 일이었을까? 바라바라는 이름 자체도 정당성의 문제를 제기한다. 이 이름은 아람어에 뿌리를 둔 이름으로, 문자적으로는 '아버지의 아들'(the son of Father)이라는 뜻이다. 그런 뜻을 가진 바라바라는 이름이 어느 한 개인의 이름이 된다는 것도 아주 이상하고, 복음서 자체 외에 고대 문헌 어디를 봐도 이 이름을 가진 어떤 사람이 있었다는 증거가 없다. 많은 학자가 이 이름은 역사에 실재한 인물의 문자 그대로의 이름이나 실제 이름이 아니라 다만 복음서에서 문학적/신학적 목적으로 쓰인 거라고 말한다. 바라바냐 예수냐 하는 선택은 '아버지의 (두) 아들들'(sons of father), 곧 정치적 혁명가이며 폭력으로써 하나님의 나라가 임하게 하려는 자와 참으로 하나님의 메시아이며 자신의 희생적 죽음을 통해 하나님의 나라가 임하게 하려는 분 중에서의 선택이라는 것이다. 어떤 학자는 이 삽화의 어느 부분도 역사에서 근거를 찾을 수 없고, 이는 단지 예수의 방식을 열심당과 혁명가의 방식과 대조하기 위해 쓰인 문학적/신학적 장치일 뿐이라고 결론 내렸다. 또 어떤 학자는 이 전통이 역사에 엄밀한 근거가 있다고 주장했다. 내가 구성한 서사에서는 일종의 절충안을 제공한다. 나의 서사에서는 이 전통의 역사적 근거를 제시한다. 즉 빌라도는 정말로 군중에게 예수냐 아니면 다른 죄수냐를 선택할 수 있게 했다. 비록 이 선택권은 빌라도의 더욱 광범위한 정치적 조작의 한 부분이긴 했지만 말이다. 그러나 그와 동시에, 내가 그 인물의 이름을 사무엘로 바꿨다는 것은, 바라바가 역사에 실재한 인물의 실제 이름이 아니라 문학적/신학적 장치라고 보는 것이 그 이름 자체를^(죄수 하나를 풀어 주는 전통이 아니라) 이해하는 최선의 방식임을 인정하는 것이다.

하지만 이 책의 이야기와 복음서 기사 간의 그 외 명백한 불일치에 대해서는 어떻게 말해야 할까? 유다는 왜 동산에서 예수에게 입을 맞추지 않는가? 유월절 식사 내러티브는 왜 예수의 죽음 전날 밤이 아니라 죽음 후에 나오는가? 예수는 왜 헤롯 안디바 앞에서 재판받지 않는가? 모두 좋은 질문이다. 하지만 내가 구성한 내러티브를 전혀 읽지 않고 오직 복음서만 의지하는 사람들도 이와 똑같은 질문을 할 것이다! 마가복음과 마태복음에서는 유다가 예수에게 입을 맞추지만 누가복음이나 요한복음에서는 그렇게 하지 않는다. 누가는 예수의 마지막 식사(Last Supper)를 유월절 식사로 그리고 있지만, 요한의 기록을 따른다면 유월절 식사는 예수가 죽으신 날 밤에 했을 것이다. 또한 누가는 예수가 헤롯 안디바와 빌라도 두 사람 모두에게 재판을 받은 것으로 묘사하지만, 마태와 마가와 요한은 헤롯 앞에서 재판받은 것은 기록하지 않는다.

복음서 기사가 이런 세부 내용에서 차이가 나는 것은, 복음서마다 기록 목적과 대상이 다르다는 점을 고려하면 크게 성가실 게 없다. 그러나 각 복음서는 여기서 언급한 세부 내용뿐만 아니라 다른 많은 점에서도 서로 다르다는 게 실상이다. 예수의 죽음을 다루는 역사 소설을 창작할 때 저자는 특정 부분에서 이 복음서 기록을 따를지 저 복음서 기록을 따를지 선택해야 하며, 내가 창작한 내러티브는 이런 문제에서 나 자신의 선택을 반영한다. 단 한 가지 요소로 이 모든 것을 다 설명할 수는 없다. 어떤 선택은 내러티브의 통일성이나 일관성에 대한 지향을 반영하고, 어떤 선택은 특정 복음서의 세부 내용에 대한 나 자신의 역사적 판단을 반영한다. 그러나 궁극적으로 내가 내린 모든 결정은 복음서 자체에 어떤 선례가 있다.

이 책의 내러티브가 제시하는 이론은 예수의 죽음에서 정점을 이룬 정치적 현실에 관한 여러 경쟁 이론 중 하나일 뿐이다. 그런 모든 이론마다 나름의 장점과 약점이 있어서, 어떤 한 이론이 다른 이론에 비해 역사 자료의 특정 측면을 더 잘 설명하기도 한다. 위에서 언급한 것처럼, 무엇이 역사의 퍼즐을 완성하는 실제 조각이냐에 관해 모든 학자의 의견이 일치하지는 않는다. 설령 일치한다 하더라도, 모든 학자가 그 조각들을 같은 방식으로 꿰맞추지는 않는

다. 역사 퍼즐에 접근하는 내 방식이 다른 학자의 방식에 비해 우수하다고 다투려는 것은 내 의도가 아니다. 그런 작업을 하려면 별도의 책을 또 한 권 써야 할 것이다! 이 책에서 나는 그저 나 자신의 의견은 이러하니 한 번 고찰해 보라고 생각의 장(場)에 올려놓는 것일 뿐이며, 이 의견의 장점이 무엇인가에 대한 평가는 여러분에게 맡기겠다. 칭찬도 비판도 똑같이 감사히 받아들일 것이다.

예수의 죽음과 반(反)유대주의의 역사

예수의 죽음에 대한 전통 기독교의 묘사와 해석은 오랜 세월 동안 기독교 반유대주의와 씨실과 날실로 엮여 왔다. 예수를 무죄로 판단한 로마 총독, 그리고 예수를 죽이라고 요구하는 성난 유대인 군중에 대한 복음서의 설명을 기정사실로 여긴 그리스도인들은 유대인이 적어도 법적으로나 정치적으로 예수의 십자가형에 대해 책임이 있다고 이해해 왔다.

그래서 지난 이천 년 내내 그리스도인들은 토라 두루마리를 파기하고, 회당을 불태우고, 유대인의 재산을 몰수하고, 유대인의 목숨을 빼앗고, 심지어 종족 학살을 자행하고, 유대인에 대해 "그리스도를 죽인 자들", "하나님을 죽인 자들"이라는 통칭을 써가며 이런 행동을 정당화했다.[14]

비극적인 사실은, 이런 행위 자체뿐만 아니라 이 행위를 특별히 정당화하는 태도를 규탄하는 기독교회의 공식적 가르침에도 불구하고 이런 행위가 끈질기게 계속되었다는 점이다. 오늘날까지도, 예수의 죽음을 그리는 복음서의 기사가 유대인과 그리스도인의 관계에 어떤 함축적 의미를 던지는지에 대해 무지하거나 무신경한 그리스도인이 많다. 그런 역사에 비춰 볼 때, 반유대주의를 다루지 않은 채 예수의 죽음에 대한 책을 쓴다는 것은 아주 무책임한 일일 것이다.

이 책의 한 가지 목적은, 예수의 죽음을 둘러싼 역사적 현실이 복음서의 설명에서 보이는 것보다 더 복잡하다는 점을 보여 주려는 것이다. 복음서는 대중이 목격한 공개 서사를 보여 주지만, 나는 복음서 기자들이 내밀히 관여하지 않은, 그래서 복음서 기사에 포함하지 않은 비공식 서사도 존재했다는 것을 말하고자 한다. 내가 상상으로 재창조한 이 비공개 서사가 유대인이 예수의 죽음에 연루되었다는 사실을 완전히 지워내지는 않지만, 유대인들이 그 죽음에 책임이 있다는 그리스도인들의 인식이 여러 가지 중요한 면에서 순화되었으면 하는 것이 나의 바람이다. 무엇보다 중요한 것은, 내가 재구성한 내러티브는 빌라도가 정말로 예수를 무죄로 여겼다는 인식을 배격하고, 오히려 빌라도야말로 애초부터 예수를 체포해서 처형하기까지 전 과정을 선동하고 지휘한 주범이라고 주장한다. 이런 움직임이 중요한 이유는, 빌라도가 예수를 무죄로 여겼다는 복음서의 기록과 대조해 볼 때 예수의 죽음에 대한 유대인의 죄책이 상대적으로 커 보이기 때문이다. 기독교의 역사가 진행되어 오는 동안 빌라도는 종종 명예를 회복하기도 하고 심지어 훗날 기독교 신앙을 갖게 된 사람으로 제시될 때도 있었지만, 이에 비해 유대인은 아무 죄 없는 사람의 죽음을 요구했다고 비방당해 왔다. 나는 빌라도가 예수의 죽음에 깊이 관여했음을 암시했으며, 이로써 유대인의 죄책에 대한 독자들의 인식이 완화되기를 기대한다.

둘째, 내가 재구성한 내러티브는 예루살렘의 유대인 대다수가 예수를 배척했고 예수 처형을 요구했다는 믿음에 균열을 일으킨다. 이 믿음은 "유대인들이 종려주일에는 예수를 구원자로 환영하다가 성 금요일에는 예수를 거부하고 처형을 요구했다"는 식의 그릇된 메시지가 자주 선포되는 바람에 널리 확산되어 왔다. 그러나 내가 구성한 내러티브(그리고 예수의 죽음을 역사적 사실에 근거해 책임 있게 다루는 모든 자료)가 보여 주다시피, 이 믿음은 심각하게 오도(誤導)된 믿음이다. 예수는 백성들 사이에서 인기가 높았던 것이 분명하며, 이 때문에 유대 땅 유력자들의 눈에 예수는 그 지역의 안정을 위협하는 인물로 보였고 그래서 제거될 필요가 있었다. 예수의 죽음을 요구한 군중은 예루살렘 성 전역에서 예수를 지지하던 사람들 무리가 아니라 대제사장과 빌라도가 친히 지휘한 소규모의 주도적 유대인 제사장들이었던 것 같다. 따라서 예수의 죽음에 관여한 유대인은 예루살렘 주민 중 지극히 소수로서(어쩌면 도성 인구 삼십만 명 중 이백 명 정도였을 것이다) 예수를 향한 유대인들의 태도를 대표하는 자들과는 거리가 멀었다.

마지막으로, 나는 예수의 죽음에 연루된 유대 지도자들이 시기심이나 증오 때문에 무고한 사람을 고의적으로 죽였다는 이론을 배격한다. 예수의 죽음을 재구성하는 서사 전체를 통해 나는 유대 대제사장 가야바가 직면한 정치적 현실의 복잡성을 보여 주고자 했다. 예루살렘 도성의 유대인 형제자매의 안전을 유지해야 할 뿐만 아니라 도성의 화평도 지켜야 한다는 부담감이 가야바의 어깨를 무겁게 짓눌렀을 것이 틀림없다. 예수 같은 인물은 그 안전을 크게 위협했을 것이다. 예수의 행동은 로마의 법 기준으로 볼 때 불법적이고 선동적으로 보였을 것이며, 그래서 가야바가 대제사장으로서 로마의 권한 아래 그 법 기준을 수호할 임무를 부여받았다. 예수의 예루살렘 입성과 성전에서 예수가 한 행동은 로마의 관점에서 볼 때 사형에 처할 만한 중범죄였다. 가야바가 만약 예수를 처형하는 일에서 한 역할을 맡기를 거부했다면, 반역자와 모반자의 편을 들어 로마에 대항하는 것으로 여겨질 수도 있었다. 그래서 결국 가야바는 유대 역사에서 그 당시 대제사장 직분에 수반되는 법적 책무에 따라 행동했으며, 예루살렘 성의 화평을 유지하고 도성 거민들의 안전을 지키려는 동기에서 그렇게 했을 가능성이 크다. 나는 가야바의 직분 및 그가 뚫고 나가려 했던 복잡한 현실을 더 잘 설명함으로써 예수의 죽음이 유대인의 책임이라는(그리고 하나님을 죽이는 데 관여한 역사적 혐의가 있다는) 독자들의 시선을 좀 더 부드럽게 만들고자 한다.

내가 재구성하여 제시한 역사를 보면 대제사장과 그의 집행부가 예수의 죽음에 관련되었다는 내용이 포함된다. 이는 "모든 유대인"이 예수의 죽음에 책임이 있었고 지금도 있다는 가르침의 토대를 허물어뜨린다. 모든 유대인이 예수의 죽음에 책임이 있다는 이 주장이 기독교 반유대주의의 중심에 자리 잡고 있으며, 홀로코스트를 포함해 그 주장이 어떤 결과를 낳았는지는 아주 잘 알려졌다. 바라기는, 이 책에서 재구성된 내용이 예수의 죽음에서 유대인들이 어떤 역할을 했는가에 대한 그리스도인들의 판단에 영향을 끼쳤으면 하고, 그 역할을 이해하고 발전적으로 제시하는 좀 더 책임 있는 방법을 그리스도인들에게 제공했으면 한다. 예수의 죽음에 관해 성경에서 전통적으로 전해지는 내용을 설교할 때나 가르칠 때, 혹은 극적으로 묘사할 때 이 내용을 좀 더 책임 있게 다루려는 그런 노력이 유대인과 그리스도인 사이의 치유와 신뢰를 증진하는 결과로 이어졌으면 하는 것이 나의 기도이다.

01. 유다, 갈렙, 엘르아살, 빌라도 같은 주요 인물은 저마다의 선택에 나름의 동기가 있다. 자기도 모르게 공감하게 된 어떤 선택이 있는가? 있다면, 그 선택에 공감하는 자신에게 스스로 놀라지 않았는가?

02. 그리스도인 중에도 바리새인, 사두개인, 열심당을 연상시키는 정형화된 관념이 많이 존재한다. 이 책은 그런 고정관념에 어떻게 이의를 제기했는가? 이 책은 이런 유대인 분파와 이들의 신념을 더 잘 이해하는 데 어떻게 도움이 되었는가?

03. 내가 만약 가야바나 엘르아살 같은 유대인 지도자라면, 예수 및 예수가 백성들 사이에서 영향력이 있는 상황에 어떻게 대처했을 것이라 생각하는가?

04. 이 책이 예수와 예수의 행동을 묘사하는 방식 중 가장 두드러져 보이는 것이 있다면 무엇인가?

_____

_____

05. 이 책을 읽기 전 세례 요한과 예수의 사역이 정치적으로 어떤 의미를 지녔을지에 대해 생각해 본 적이 있는가? 이 두 인물이 1세기 유대 지역의 정치에 영향을 끼친 방식에 대한 나름의 이해와 관련해 이 책은 어떤 정보를 주었으며 어떤 이의를 제기했는가?

_____

_____

06. 이 책에 등장하는 여러 인물은 "하나님의 나라"를 어떻게 이해하고 있는가? 이들의 견해는 그 나라에 관한 예수의 가르침에 대해 내가 알고 있는 것과 어떻게 대조되는가?

_____

_____

07. 이 책에서 그리고 있는 예수의 예루살렘 입성 광경(종려주일)은 기독교의 가르침과 글에서 듣고 보아온 내용과 어떻게 비교되는가?

_____

_____

08. 이 책에서 빌라도가 예수에게 대처하는 모습을 보면서 어떤 생각을 했는가? 이 두 인물은 어떻게 대조되며 이들의 권력 개념은 또 어떻게 대조되는가?

_____

_____

09. 예수의 죽음에 대한 반유대주의적 해석은 어떤 면에서 성경과 역사의 증거에 합치되지 못하는가?

_____

_____

10. 1세기 예루살렘의 정치·사회·경제 현실에 대해 알면 복음서를 읽을 때 어떤 식으로 조명을 해주는가?

_____

_____

11. 예수의 죽음을 둘러싼 사건들에 대한 저자의 해석 중 어떤 면이 설득력 있게 여겨지는가? 설득력이 없다고 여겨지는 부분은 무엇인가?

_____

_____

12. 이 책의 논제나 이 책이 제기하는 의문 중 좀 더 탐구하고 싶은 것이
    있다면 무엇인가?

    _____

    _____

| 주 |

1. 위태로운 평화

1. 다가오는 유월절: 유월절은 하나님께서 이스라엘 백성을 애굽의 종살이에서 구해내신 것을 기념하는 절기다.

2. 토라 연구: 토라(Torah), 혹은 '교훈'은 히브리어 성경(혹은 기독교의 구약성경)의 처음 다섯 책을 가리킨다. 이 다섯 책은 창세기, 출애굽기, 레위기, 민수기, 신명기다. 1세기 유대인들의 입장에서 이 다섯 책에는 하나님과의 언약 관계를 위한 규정들이 담겨 있었고, 그래서 매우 소중하게 여겨졌다. 물론 내용에 대한 해석은 다양했다.

3. 사두개파 중에서: 사두개파는 주로 예루살렘의 상류층으로 구성된 유대교 분파다. 예루살렘의 주도적 제사장들 다수, 그리고 대제사장과 그 일가가 대개 사두개파였다.

4. 헤롯 1세: 이 헤롯은 나중에 헤롯 대왕으로 밝혀진다.

5. 소아시아: 소아시아는 현대의 터키 지역을 가리킨다.

6. 헬라의 실루기아(Seleucids, 셀레우코스) 왕조: 실루기아 왕조는 알렉산더 대왕의 제국에서 등장한 헬라 왕조였다. 주전 198년부터 주전 167년 유대인들이 이들에 맞서 폭동을 일으킬 때까지 이스라엘 땅을 지배했다. 마카비의 반란으로 알려진 이 폭동은 유대의 독립이라는 결과를 낳았다.

2. 다가오는 폭풍우

7. 헤롯과 헤로디아의 불법적 결혼: 로마가 임명한 갈릴리 통치자 헤롯 안디바는 이복동생 빌립의 아내와 결혼했다. 빌립은 로마를 대신해 인근의 이두래와 드라고닛 지역을 다스렸다. 두 사람 모두 종속왕(client king) 헤롯 대왕의 아들들로서, 둘 중 누구도 '왕'이라는 호칭을 지니지 못했고 대신 '분봉왕(tetrarch)'이라는 칭호를 받았는데, 이는 '영토의 1/4 통치자'라는 뜻이다[헤롯 안디바와 헤롯 빌립 두 사람 모두 전에 아버지가 다스리던 지역의 1/4을 각각 통치했다] [저자는

헤로디아의 첫 남편 빌립과 이두래/드라고닛의 분봉왕 빌립을 동일 인물로 보지만 유대역사가 요세푸스는 두 사람을 다른 인물로 보며, 요세푸스의 견해를 따르는 이들은 두 사람을 각각 '헤롯 빌립'과 '분봉왕 빌립'으로 구별한다-옮긴이]

8. 데칼로그(Decalogue)의 제5계명: 데칼로그는 십계명으로 더 널리 알려졌다. 여기서 내가 말하는 5계명은 유대 식으로(그리고 대다수 개신교에서 쓰는 방식으로) 계산한 것이지만, 로마가톨릭 식으로는 4계명이다.

9. 예루살렘 보병대: 보병대는 대략 육백 명의 병사로 구성되었다. 로마의 1개 군단은 보통 열 개의 보병대로 구성되었다.

10. 종속왕 헤롯 아켈라오: 헤롯 아켈라오는 헤롯 대왕의 아들이자 헤롯 안디바의 형제이고 빌립의 이복형제다. 아버지가 다스리던 나라의 절반을 통치할 수 있는 권리를 부여받았으나, 실정을 하는 바람에 폐위되었고 로마 총독이 대신 다스리게 되었다.

11. 150 드라크마: 드라크마는 그리스에서 흔히 쓰인 은화(銀貨)로, 로마의 데나리온과 마찬가지로 1드라크마의 가치는 대략 하루치 임금에 해당하였다. 예수 생전에 유대 지역에서는 로마의 데나리온이 쓰였다고 많은 학자가 추측하지만, 로마 화폐에 관한 최근의 연구는 그렇지 않다는 사실을 강력히 시사한다. 이 최근 연구의 결실이 이 책에 반영되어 있다.

4. 위기

12. 예루살렘에 입성하는 시므온 마카비우스: 시므온 마카비우스(흔히 불리는 이름으로는 시몬 타시[Simon Thassi])는 유다스 마카비우스의 형이었다. 유다스는 유대와 사마리아에서 유대교를 금지시킨 실루기아 왕 안티오쿠스 4세에 맞서 유대인들을 이끌고 반란을 일으켰다. 이 반란에서 유다스는 예루살렘 성은 탈환했으나, 안티오쿠스 4세가 예루살렘 아주 가까이에 지은 헬라의 군사 요새 아크라(Acra)는 빼앗지 못했다. 아크라는 헬라 군대가 차지하고 있었고, 이십 년 이상 예루살렘과 유대 지역 유대인들에게 끈질긴 골칫거리였다. 주전 141년, 시몬 마카비우스가 마침내 아크라를 탈취했다(그가 아크라를 파괴했는지 혹은 빼앗은 뒤 그곳에서 거주했는지에 대해서는 역사 자료들마다 내러티브가 다르다). 이 큰 업적을 축하하여 시몬은 노래, 찬양, 종려나무 가지로 환영받으며 입성했다(외경 마카비상 13:51을 보라).

13. 라트로네스(latrunes) 경기: 라트로네스는 체스 게임과 아주 비슷한 로마식 보드 게임이었다.

14. "하나님을 죽인 자들": 그리스도의 수난 서사와 반유대주의 사이의 이 관계에 대한 논의로는 Jeremy Cohen, *Christ Killers: The Jews and the Passion from the Bible to the Big Screen* (Oxford: Oxford University Press, 2007)를 보라.

   공식적 가르침: 예를 들어, Vatican Council II, "*Nostra aetate*: Declaration of the Relationship of the Church to NonChristian Religions" (1965), section 4, 좀 더 근래의 연구로는 the United States Conference of Catholic Bishops' Committee for Ecumenical and Interreligious Affairs (1988)에서 나온 *Criteria for Evaluation of Dramatizations of the Passion*을 보라.